세상의 속도를
따라잡고 싶다면

Do it!

데이터 분석 프로젝트 전 과정 수록!

쉽게 배우는
R 데이터 분석

통계 분석 · 텍스트 마이닝 · 지도 시각화 · 인터랙티브 그래프 · 공공데이터 분석 등
가장 인기 있는 최신 R 패키지로 실습하며 빠르게 배운다!

데이터 분석가 김영우 지음

이지스퍼블리싱

세상의 속도를 따라잡고 싶다면 **Do it!**
변화의 속도를 즐기게 됩니다.

Do
it!

Do it!
쉽게 배우는
R 데이터 분석
Do it! R for Data Analysis

초판 발행 • 2017년 07월 20일
초판 16쇄 • 2022년 11월 18일

지은이 • 김영우
펴낸이 • 이지연
펴낸곳 • 이지스퍼블리싱(주)
출판사 등록번호 • 제313-2010-123호
주소 • 서울특별시 마포구 잔다리로 109 이지스빌딩 4층(우편번호 04003)
대표전화 • 02-325-1722 / **팩스** • 02-326-1723
홈페이지 • www.easyspub.co.kr | **페이스북** • www.facebook.com/easyspub
Do it! 스터디룸 카페 • cafe.naver.com/doitstudyroom | **이메일** • service@easyspub.co.kr

기획 및 책임 편집 • 최윤미 / **표지 디자인 및 내지 디자인** • 트윈글터 / **교정교열** • 안종군
전산편집 • 트윈글터 / **베타 테스터** • 강주영, 문정현, 한혜인 / **마케팅** • 박정현 / **인쇄 및 제본** • 보광문화사
영업 및 강의자료 PPT 문의 • 이주동(nlrose@easyspub.co.kr) / **독자지원** • 오경신

ISBN 979-11-87370-94-9 13000
가격 20,000원

R을 처음 시작하는 사람을 위해

데이터에는 사람들이 살아온 흔적, 세상이 움직인 흔적이 담겨 있습니다. 데이터 분석은 이런 흔적에서 패턴을 찾아내는 일입니다. 세상에는 인식의 한계를 넘어설 만큼 많은 일이 일어나기 때문에 각각 떼어놓고 보면 잘 이해되지 않습니다. 하지만 데이터를 분석해 패턴을 찾아내면 사람들이 어떻게 살아가고 있는지, 세상이 어떻게 움직이는지 이해할 수 있게 됩니다. 미래를 예측하고, 세상을 더 아름답게 만들 방법을 찾아낼 수도 있습니다. 데이터를 분석한다는 건 멋지고 신나는 일입니다.

이 책은 쉽습니다.

데이터 분석을 처음 시작하는 분들을 위해 이 책을 만들었습니다. IT 전공이 아니어도 괜찮습니다. 데이터 분석에 대해 아는 게 전혀 없어도 괜찮습니다. 태어나서 프로그래밍 근처에도 가본 적 없어도, 데이터 분석을 한 번도 해 본 적 없어도, 차근차근 실습을 따라 하다 보면 자연스럽게 R 코드에 익숙해지도록 구성했습니다. 실습을 마칠 때쯤이면 어느새 데이터 분석 기술을 습득하게 될 겁니다.

데이터 분석에 집중합니다.

이 책은 데이터 분석 기술을 익히는 데 집중합니다. R 프로그래밍 문법은 데이터를 분석하는 데 필요한 만큼만 다룹니다. 프로그래밍을 처음 해보더라도 좌절하지 않고 데이터 분석의 세계에 들어갈 수 있습니다.

백과사전식이 아니라 실습 중심의 책입니다.

기초 문법과 함수들을 나열해 가며 하나하나 익힌 후, 마지막에 데이터 분석 실습을 하는 백과사전식이 아니라 처음부터 데이터를 분석하면서 그때그때 필요한 기능을 익히는 실습 중심의 책입니다.

데이터 분석의 모든 과정을 경험하게 됩니다.

데이터를 정제하고, 가공하고, 분석하고, 그래프를 만들면서 실제 현업에서 데이터 분석 프로젝트를 할 때 거치게 되는 모든 과정을 경험하게 됩니다. 끝에 가서는 공공 데이터를 이용해 자신만의 훌륭한 데이터 분석 프로젝트를 완수하게 됩니다.

데이터 분석의 세계에 오신 것을 환영합니다.

데이터를 분석한다는 건 멋지고 신나는 일입니다. R을 익히면 전 세계 데이터 분석가들이 축적해 놓은 지식과 기술을 활용해 자유자재로 데이터를 분석할 수 있습니다. 독자 옆에 앉아 차근차근 설명한다는 마음으로 썼습니다. 이 책이 데이터 분석의 세계에 첫발을 내딛는 데 도움이 되었으면 좋겠습니다. 감사합니다.

데이터 분석가 **김영우**(stats7445@gmail.com)

Do it! 시리즈답게 직접 해 보면서 R에 입문할 수 있게 해 줍니다

R은 간단한 것부터 정교하고 복잡한 것까지 다양한 기능을 제공하는 훌륭한 데이터 분석 언어입니다. R은 이미 많은 사람이 사용하고 있지만, 처음 시작하는 사람들 입장에서는 쉽게 적응되지 않는 문제가 있는 것도 사실입니다. 입문자들은 어디서부터 공부해야 할지, 또 어디까지 알아야 하는지 대부분 고민하게 됩니다. 기존의 R 입문용 책들은 내용이 좋더라도, 많은 내용을 빠짐없이 다루려다 보니 두꺼워지는 문제점에 봉착하는 것을 흔히 볼 수 있습니다.

《Do it! 쉽게 배우는 R 데이터 분석》은 처음 시작하는 사람들이 겪는 어려움을 해소해 주는 Do it! 시리즈의 장점이 그대로 드러나 있습니다. 이 책은 무리하게 모든 것을 가르쳐주기보다 **자주 사용하게 될 대표적인 부분들을 독자가 직접 해 보면서 이해할 수 있도록 하는 것에 초점을 맞췄습니다.** 재미있는 데이터 분석 예제를 사용해 읽기에 편안하고 부드러운 표현으로 자연스럽게 풀어 가려는 저자의 노력이 느껴집니다.

데이터 분석을 공부하고자 하는 이들이 처음 손에 쥐기에 더없이 적절한 책이라 강력하게 추천합니다.

전용준 • 리비젼컨설팅 대표컨설턴트

다른 사람의 도움 없이도 쉽고 빠르게 R을 배울 수 있습니다

김영우 님이 쓰신 《Do it! 쉽게 배우는 R 데이터 분석》의 원고를 받고 나서 아주 오랜만에 R 서적을 처음부터 끝까지 천천히 읽어보았습니다. 이 책은 IT를 전공하지 않은 사람도 데이터 분석에 대해 전혀 모르는 사람도 누구나 쉽게 읽고 따라 할 수 있도록 쓰여 있을 뿐 아니라 초급자는 물론 중급자까지도 활용할 수 있도록 쓰여 있습니다.

만약 제가 책을 쓴다면 설명하지 않고 넘어갔을 만한 부분들도 친절하고 이해하기 쉽게 설명되어 있고, 실습들을 처음부터 끝까지 따라 하다 보면 자연스럽게 데이터 분석 프로세스를 이해할 수 있게 구성되어 있습니다. 특히, 이 책은 저자가 **실제로 R을 사용하며 겪었던 크고 작은 문제들과 R을 처음 다루면 누구나 한 번쯤 경험하게 되는 문제들을 정리**하여 설명해 주고 있어서 다른 사람의 도움 없이도 쉽고 빠르게 R을 배울 수 있습니다. 또한 실제 데이터 분석 사례를 설명하고 있어 좀 더 심도 있는 분석을 배우려는 독자들에게도 충분히 매력적인 책입니다. **프로그래밍도 처음이고, R도 처음 사용하는 분들이 항상 곁에 두고 볼 책을 하나 선택해야 한다면 망설임 없이 이 책을 추천하고 싶습니다.**

이 책을 시작으로 중급자, 고급자, 전문가를 위한 김영우 님의 R 책이 계속 나오길 기대합니다.

박진수 • (주)라온비트 대표

R이 처음이라면 이 책으로 시작해 보세요!

'데이터의 시대'라고 할 수 있을 만큼 데이터가 중요해진 요즘, R은 데이터를 분석하는 대표적인 도구로 성장해 많은 인기를 누리고 있습니다. 몇 년 전 저자이신 김영우 님과 R 스터디를 시작할 당시만 해도 국내에 R 관련 책이 많지 않았습니다. 지금은 기초 서적이 많아졌지만 여전히 R 입문자들에게는 장벽이 높습니다.

《Do it! 쉽게 배우는 R 데이터 분석》은 차근차근 설치부터 알려주기 때문에 통계와 프로그래밍에 익숙하지 않은 입문자에게 좋은 책입니다. 특히 사회 과학 분야 전공자/연구자/실무자를 위한 기초 서적으로 그 가치가 큽니다. 이 책을 보면서 함수 소개, 예시, 응용이 적절한 흐름으로 전개되고 있어 김영우 님의 꼼꼼함과 실용적 안배를 느낄 수 있었습니다.

기초는 기초에 맞는 책이 있습니다. 이 책은 그 눈높이에 잘 맞춰진 책입니다. 많은 분이 이 책을 통해 데이터 분석의 세계에 들어가는 첫걸음을 순탄하게 디딜 수 있으리라 생각합니다.

김무성 · 데이터 분석 공부 모임 〈싸이그래머〉 운영 멤버

R에서 가장 인기 있는 패키지들을 중심으로
효과적인 분석 방법을 소개하는 책!

R은 분석 실무에서 매우 중요한 도구로 인식되고 있습니다. 특히 통계 처리와 시각화 부분에서는 다른 어떤 도구보다 우월합니다. 최근에는 파이썬 라이브러리를 R에서 활용할 수 있는 패키지도 나와 파이썬에서 유명한 텐서플로(TensorFlow)까지 자유롭게 사용할 수 있게 되었습니다. R을 효율적으로 사용하기 위해서는 통계적인 지식뿐만 아니라 R의 다양한 패키지를 적시적소에 잘 활용하는 게 중요합니다. 저자는 이 부분에 초점을 맞춰 **가장 최신의, 가장 인기 있는 패키지들을 중심으로 효과적인 분석 방법을 소개**하고 있습니다. 게다가 각종 패키지나 함수를 사용할 때 발생할 수 있는 문제에 대한 해결책을 소개하고 있어 입문자분들이 R을 처음 배우는 데 불편함이 없도록 배려하고 있습니다.

이 책의 장점이면서 동시에 단점이라 생각하는 부분은 설명이 너무 친절하다는 것입니다. 물론 저와 같은 숙련자의 관점에서 단점이고, 만일 독자가 책과 함께 실습하며 너무 친절하다는 장점이 점점 단점으로 보이기 시작한다면 책을 통해 R 중급 이상으로 점프하셨다고 생각하면 될 겁니다. 이 책을 통해 빠르게 기초를 섭렵해 자신의 문제에 R을 자유자재로 활용할 수 있는 분석가가 되기를 바랍니다.

전희원 · SK Telecom 데이터 과학자

이 책은 차근차근 실습을 따라 하다 보면 자연스럽게 R 코드에 익숙해지도록 구성되어 있습니다. 실습을 마칠 때 쯤이면 어느새 데이터 분석 기술을 습득하고 자신만의 훌륭한 데이터 분석 프로젝트를 완수하게 됩니다.

첫째마당 | R이랑 친해지기

R 스튜디오와 친숙해지기
R 기초 문법 익숙해지기

01

02

둘째마당 | 본격 실습! 데이터 갖고 놀기

데이터 파악하기
자유자재로 가공하기
그래프 만들기

셋째마당 | 실전! 데이터 분석 프로젝트

'한국인의 삶을 파악하라!
성별에 따른 월급 차이
나이와 월급의 관계
성별 직업 빈도
종교 유무에 따른 이혼율

03

04

넷째마당 | R로 하는 다양한 데이터 분석의 세계

텍스트 마이닝
지도 시각화
인터랙티브 그래프
통계적 가설 검정

힙합 가사 텍스트 마이닝부터 직업별 연봉 분석까지!

통계 분석은 물론, 텍스트 마이닝, 지도 시각화, 인터랙티브 그래프 등 최근 주목받는 다양한 데이터 분석 기법
들을 다룹니다.

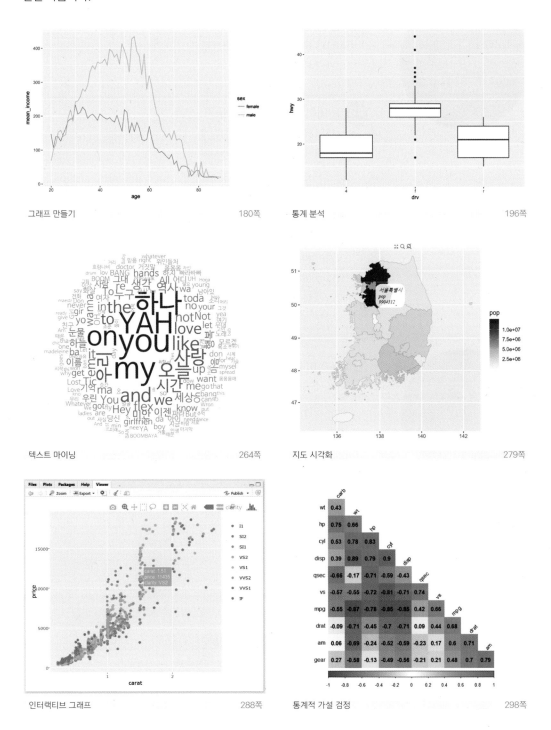

그래프 만들기   180쪽   통계 분석   196쪽

텍스트 마이닝   264쪽   지도 시각화   279쪽

인터랙티브 그래프   288쪽   통계적 가설 검정   298쪽

차례

머리말   3
이 책을 먼저 본 이 분야 전문가들의 한마디   4

첫째마당

R이랑 친해지기

01 안녕, R?   16
01-1 R이 뭔가요? - R 이해하기   17
01-2 R이 강력한 이유   25

02 R 데이터 분석 환경 만들기   31
02-1 R과 R 스튜디오 설치하기   32
02-2 R 스튜디오와 친숙해지기   38
02-3 프로젝트 만들기   46
02-4 유용한 환경 설정   54

03 데이터 분석을 위한 연장 챙기기   58
03-1 변하는 수, '변수' 이해하기   59
03-2 마술 상자 같은 '함수' 이해하기   66
03-3 함수 꾸러미, '패키지' 이해하기   70

둘째마당

본격 실습! 데이터 갖고 놀기

04 데이터 프레임의 세계로!   80
04-1 데이터는 어떻게 생겼나? - 데이터 프레임 이해하기   81
04-2 데이터 프레임 만들기 - 시험 성적 데이터를 만들어 보자!   85
04-3 외부 데이터 이용하기 - 축적된 시험 성적 데이터를 불러오자!   89
[정리하기]   98

05 데이터 분석 기초! - 데이터 파악하기, 다루기 쉽게 수정하기   99
05-1 데이터 파악하기   100
05-2 변수명 바꾸기   110
05-3 파생변수 만들기   113
[정리하기]   122
[분석 도전!]   123

06 자유자재로 데이터 가공하기   124
06-1 데이터 전처리 - 원하는 형태로 데이터 가공하기   125
06-2 조건에 맞는 데이터만 추출하기   126

06-3 필요한 변수만 추출하기   134
06-4 순서대로 정렬하기   139
06-5 파생변수 추가하기   142
06-6 집단별로 요약하기   145
06-7 데이터 합치기   151
[정리하기]   158
[분석 도전!]   160

07 데이터 정제 - 빠진 데이터, 이상한 데이터 제거하기   161
07-1 빠진 데이터를 찾아라! - 결측치 정제하기   162
07-2 이상한 데이터를 찾아라! - 이상치 정제하기   171
[정리하기]   179

08 그래프 만들기   180
08-1 R로 만들 수 있는 그래프 살펴보기   181
08-2 산점도 - 변수 간 관계 표현하기   183
08-3 막대 그래프 - 집단 간 차이 표현하기   189
08-4 선 그래프 - 시간에 따라 달라지는 데이터 표현하기   194
08-5 상자 그림 - 집단 간 분포 차이 표현하기   196
[정리하기]   199

[꿀팁 01] 초보자가 자주 하는 실수   200
[꿀팁 02] 에러 메시지 이해하기   203

셋째마당

실전! 데이터 분석 프로젝트

09 데이터 분석 프로젝트 - '한국인의 삶을 파악하라!'   208
09-1 '한국복지패널데이터' 분석 준비하기   209
09-2 성별에 따른 월급 차이 - "성별에 따라 월급이 다를까?"   213
09-3 나이와 월급의 관계 - "몇 살 때 월급을 가장 많이 받을까?"   220
09-4 연령대에 따른 월급 차이 - "어떤 연령대의 월급이 가장 많을까?"   225
09-5 연령대 및 성별 월급차이 - "성별 월급 차이는 연령대별로 다를까?"   228
09-6 직업별 월급 차이 - "어떤 직업이 월급을 가장 많이 받을까?"   233
09-7 성별 직업 빈도 - "성별로 어떤 직업이 가장 많을까?"   240
09-8 종교 유무에 따른 이혼율 - "종교가 있는 사람들이 이혼을 덜 할까?"   244
09-9 지역별 연령대 비율 - "노년층이 많은 지역은 어디일까?"   254

넷째마당

R로 하는
다양한 데이터
분석의 세계

10 텍스트 마이닝 264
10-1 힙합 가사 텍스트 마이닝 265
10-2 국정원 트윗 텍스트 마이닝 273

11 지도 시각화 279
11-1 미국 주별 강력 범죄율 단계 구분도 만들기 280
11-2 대한민국 시도별 인구, 결핵 환자 수 단계 구분도 만들기 284

12 인터랙티브 그래프 288
12-1 plotly 패키지로 인터랙티브 그래프 만들기 289
12-2 dygraphs 패키지로 인터랙티브 시계열 그래프 만들기 293

13 통계 분석 기법을 이용한 가설 검정 298
13-1 통계적 가설 검정이란? 299
13-2 t 검정 - 두 집단의 평균 비교 300
13-3 상관분석 - 두 변수의 관계성 분석 303

14 R Markdown으로 데이터 분석 보고서 만들기 308
14-1 신뢰할 수 있는 데이터 분석 보고서 만들기 309
14-2 R 마크다운 문서 만들기 310

15 R 내장 함수, 변수 타입과 데이터 구조 317
15-1 R 내장 함수로 데이터 추출하기 318
15-2 변수 타입 325
15-3 데이터 구조 332
[정리하기] 338

16 데이터 분석 기술을 효율적으로 익히는 방법 339
16-1 집중할 방향 정하기 340
16-2 데이터 분석 기술을 효율적으로 익히는 방법 342
16-3 오픈 소스 생태계와 어울리기 347

정답 352

찾아보기 371

빠르게 끝내고 싶다면 이렇게 목표를 세워 공부해 보세요!

2주
집중 코스

| R이랑 친해지기 / 데이터 갖고 놀기 | 실전! 데이터 분석 프로젝트 | 다양한 데이터 분석의 세계 |

1일차 [월 일]	2일차 [월 일]	3일차 [월 일]	4일차 [월 일]	5일차 [월 일]
01~03장 R 기초	04~05장 데이터 프레임, 데이터 파악	06장 데이터 가공	07장 데이터 정제	08장 그래프 만들기
6일차 [월 일]	**7일차** [월 일]	**8일차** [월 일]	**9일차** [월 일]	**10일차** [월 일]
09장 (09-1~09-3) 데이터 분석 프로젝트	09장 (09-4~09-6) 데이터 분석 프로젝트	09장 (09-7~09-9) 데이터 분석 프로젝트	10장 텍스트 마이닝	11장 지도 시각화
11일차 [월 일]	**12일차** [월 일]	**13일차** [월 일]	**14일차** [월 일]	
12장 인터랙티브 그래프	13장 통계 분석 기법	14장 R Markdown	15장 R 내장 함수, 변수 타입과 데이터 구조	

끝!
수고하셨습니다!

실습에 사용할 데이터 파일을 다운로드하세요

• 깃허브에서 다운받기

이 책의 실습에 사용할 데이터 파일을 저자의 깃허브에서 다운로드하세요.

깃허브 http://bit.ly/start_r

• csv_exam.csv 파일 다운로드

① 깃허브에서 [Data] 폴더 클릭 → ② 다운로드할 파일 클릭 → ③ Raw 또는 Download 버튼 마우스 오른쪽 클릭 → ④ [다른 이름으로 링크 저장] 클릭 → '파일 이름' 뒤에 확장자 .csv 삽입(csv_exam.csv) → '파일 형식'을 '모든 파일'로 변경한 후 [저장] 클릭

✔참고 엑셀 파일(.xlsx)이나 텍스트 파일(.txt)은 [다른 이름으로 링크 저장]을 클릭한 후 바로 [저장]을 클릭하면 됩니다.

• 이지스퍼블리싱 자료실에서 다운받기

이지스퍼블리싱에 회원가입을 하면 압축 파일로 한 번에 내려받을 수 있습니다.

이지스퍼블리싱 홈페이지 - [자료실] www.easyspub.co.kr

강의용 프레젠테이션 자료를 다운로드하세요

이 책을 강의 교재로 사용하시는 분들을 위해 강의용 프레젠테이션 자료를 준비해 두었습니다. 저자의 깃허브에서 다운로드할 수 있습니다.

저자 깃허브 http://bit.ly/doit_lecture

이 책에 대한 질문과 이야기를 나눌 수 있는 곳

데이터 분석 커뮤니티 https://www.facebook.com/groups/datacommunity

* 비공개 커뮤니티이므로 가입해야 내용을 볼 수 있습니다.

공부하다가 궁금한 점이 생기면 저자가 운영하는 페이스북 커뮤니티인 '데이터 분석 커뮤니티'에 질문해 주세요. 이곳에서는 데이터 분석을 공부하기 시작한 사람들이 활동하고 있으니 질문과 답변을 주고받으면서 함께 공부할 수 있습니다. 질문할 때는 실습하면서 작성한 코드나 캡쳐한 이미지를 함께 올려 주시는 것이 좋습니다.

Do it! 공부단에서 같이 공부할 친구를 찾아보세요!

'Do it! 공부단'에서 같이 공부할 친구를 찾아보세요. 이 책뿐만 아니라 다른 IT 도서도 스터디할 수 있습니다.

Do it! 공부단 http://cafe.naver.com/doitstudyroom

별도의 프로그램 설치 없이 실습 결과를 확인하고 싶다면?

온라인 코딩 교육 플랫폼인 엘리스(https://academy.elice.io)에서 별도의 프로그램 설치 없이 내가 짠 코드의 결과를 확인할 수 있습니다. 책과 동일한 과정으로 실습하고 싶다면 개인 PC에 직접 프로그램을 설치해서 진행하기를 권장합니다.

실습 방법: 회원가입/로그인 → 상단 탭의 '전체 과목' 클릭 → 'Do it! 쉽게 배우는 R 데이터 분석' 찾기

첫째마당

R이랑
친해지기

R의 세계에 오신 것을 환영합니다. 첫째마당에서는 R이 전 세계의 데이터 분석가로
부터 사랑받는 이유가 무엇인지 알아보고, PC에 R과 R 스튜디오를 설치하는 방법
과 기초적인 사용법을 익힙니다.

01 안녕, R?

02 R 데이터 분석 환경 만들기

03 데이터 분석을 위한 연장 챙기기

안녕, R?

R은 데이터 분석가들이 가장 많이 사용하는 데이터 분석 전문 도구입니다. 이 장에서는 R이 왜 강력한지, R로 어떤 일을 할 수 있는지 알아봅니다.

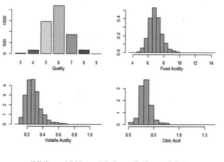

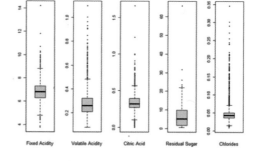

R에서 출력한 통계 분석 결과(출처: http://bit.ly/hzmcf)

01-1 R이 뭔가요? - R 이해하기

01-2 R이 강력한 이유

01-1
R이 뭔가요? - R 이해하기

R이란?

R은 데이터를 분석하는 데 사용되는 소프트웨어입니다. 기업, 학계, 언론 등 다양한 분야의 데이터 분석가들이 R을 사용하고 있고, 이제 막 데이터 분석 공부를 시작한 입문자들도 R을 익히고 있습니다. R은 수많은 데이터 분석 도구들 사이에서 큰 인기를 끌고 있으며 점유율도 계속 높아지고 있습니다.

R을 어디에 쓰나요?

많은 사람이 R을 사용하는 가장 큰 이유는 다양성입니다. R은 범용 분석 툴이기 때문에 R 하나만 잘 다루면 어떤 형태의 데이터든 자유롭게 분석할 수 있습니다. R로 할 수 있는 데이터 분석 사례들을 통해 R의 무궁무진한 가능성을 살펴보겠습니다.

통계 분석

데이터의 특성을 살펴보는 기초 통계 분석부터 가설검정에 사용되는 고급 통계 분석 기법에 이르기까지 다양한 통계 분석 기법을 활용할 수 있습니다.

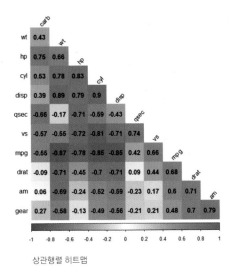

상관행렬 히트맵

머신러닝 모델링

머신러닝(Machine Learning)은 다량의 데이터를 이용해 특정 변수를 예측할 수 있는 예측 모형을 만드는 기법을 말합니다. R에서는 랜덤 포레스트, SVM, 딥러닝 등 최신 머신러닝 알고리즘을 쉽게 활용할 수 있습니다.

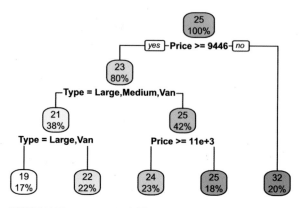

의사결정 나무(Decision Tree) 시각화(출처:http://bit.ly/2s592z)

텍스트 마이닝

텍스트 마이닝 기술을 이용하면 문자로 이루어진 데이터를 분석할 수 있습니다. 예를 들어, 문장에서 자주 등장하는 단어를 찾거나 어떤 감정을 나타낸 단어가 자주 사용되는지 분석할 수 있습니다.

힙합 가사 텍스트 마이닝(본문 265쪽)

소셜 네트워크 분석

트위터, 페이스북과 같은 소셜 네트워크 서비스에서 사람들이 어떤 관계를 형성하고 있는지, 어떤 경로로 메시지가 퍼져 나가는지 분석하는 소셜 네트워크 분석 기술을 활용할 수 있습니다.

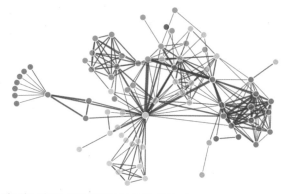

네트워크 데이터 시각화(출처: http://bit.ly/2ukkza)

지도 시각화

위도, 경도 등의 지리 정보와 지역 통계를 활용해 국가별 GDP, 시군구별 범죄율 등 지역별 특성을 지도로 표현할 수 있습니다.

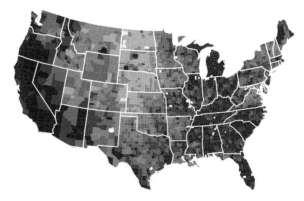

미국 지역별 실업률 지도 시각화(출처: http://bit.ly/2rjxv)

주식 분석

온라인에서 주식 관련 데이터를 수집해 분석할 수 있습니다. 주식 투자에 사용되는 지표들을 계산하거나 그래프로 표현할 수 있고, 실제 투자에 사용되는 투자 시스템을 구축할 수도 있습니다.

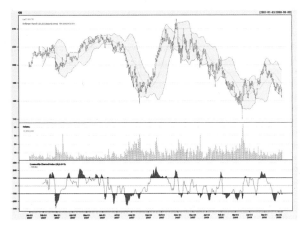

주식 분석(출처: http://bit.ly/2razuc)

이미지 분석

사진, 그림 등의 이미지에서 속성을 추출해 데이터로 변환할 수 있습니다. 추출한 데이터
는 이미지 식별 등 영상 처리 알고리즘을 개발하는 데 사용할 수 있습니다.

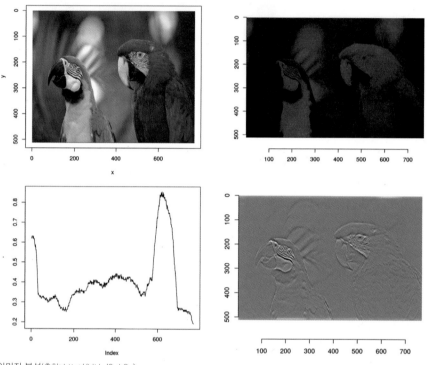

이미지 분석(출처: http://bit.ly/2rdr9v)

사운드 분석

소리 데이터에서 음량, 진폭 등의 속성을 추출해 데이터로 변환하거나 시각화할 수 있습니다.
추출한 데이터는 음성 인식 등 사운드 처리 알고리즘을 개발하는 데 사용할 수 있습니다.

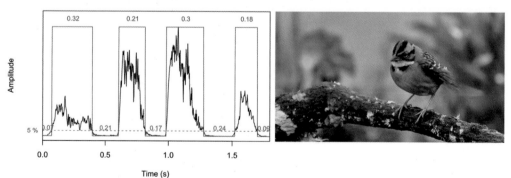

새소리에서 추출한 진폭 데이터로 생성한 그래프(출처: http://bit.ly/2mwvj)

웹 애플리케이션 개발

데이터를 활용한 웹 애플리케이션을 쉽게 개발할 수 있습니다. 이용자가 입력한 값에 반응해 그래프를 생성하거나 머신러닝 알고리즘을 적용한 결과를 보여주는 등 데이터 분석 기반의 웹 애플리케이션을 구현할 수 있습니다.

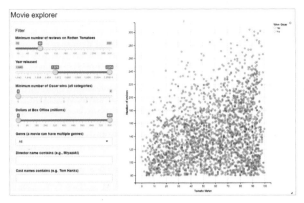

R Shiny 패키지로 만든 웹 애플리케이션(출처: http://bit.ly/2r329zf)

전 세계 데이터 분석가들이 사용하는 R

어떤 도구를 사용하는 사람이 많다는 것은 큰 이점입니다. 문제에 봉착했을 때 많은 사람으로부터 경험에서 우러나온 조언을 얻을 수 있기 때문입니다. 전 세계의 수많은 R 사용자들이 활발하게 커뮤니티 활동을 하고 있습니다. R을 사용하다 막히는 부분이 있을 때 온라인 커뮤니티에 질문을 올리면 비슷한 문제를 해결한 경험이 있는 사람들로부터 친절한 답변을 받을 수 있습니다. 특히 초보자들이 겪는 문제는 다른 사람들도 겪어봤기 때문에 검색하면 질문과 답변을 쉽게 찾을 수 있습니다. 문제를 해결하는 방법을 설명한 글과 R 코드가 함께 올라와 있기 때문에 코드를 그대로 활용해 자신의 문제를 해결할 수 있습니다.

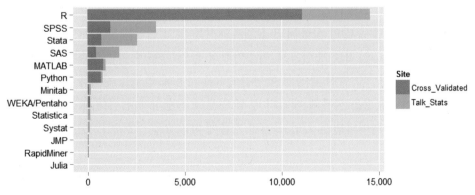

포럼 사이트에 올라온 데이터 분석 도구별 질문 수(출처: http://bit.ly/2rvupy)
빨간색 막대와 초록색 막대는 각각 데이터 분석 관련 글이 많이 올라오는 2개의 사이트(Cross Validated와 Talk Stats)를 나타냅니다.

앞쪽의 그래프는 데이터 분석과 관련된 질문과 답변이 올라오는 포럼 사이트에 어떤 데이터 분석 도구에 관한 질문이 많은지 나타내고 있습니다. R에 관한 질문이 다른 도구들에 비해 압도적으로 많이 올라오고 있다는 것을 알 수 있습니다.

연구자들이 사용하는 R

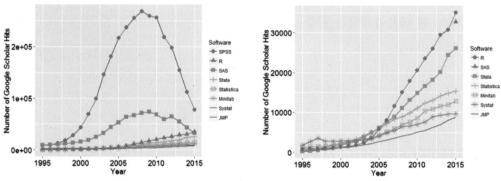

학술 논문에 사용된 데이터 분석 도구(출처: http://bit.ly/2rvupy)

위 그래프는 구글 스칼라(scholar.google.com)에 등록된 학술 논문들에서 어떤 데이터 분석 도구가 사용됐는지 나타내고 있습니다. 왼쪽 그래프를 보면 전통적으로 학계에서 가장 많이 사용되어왔던 SPSS와 SAS를 사용한 논문의 수는 해가 갈수록 급격히 줄어드는 반면, R을 사용한 논문의 수는 지속적으로 증가하고 있다는 것을 알 수 있습니다. 오른쪽 그래프는 SPSS를 제외하고 R을 중심으로 표현한 그래프입니다. R의 증가 속도가 그 어떤 도구보다 빠르고 심지어 2015년에 접어들어서는 SAS를 앞질렀다는 것을 알 수 있습니다.

어떤 분석 도구가 학계에서 많이 사용되면 산업계에서도 많이 사용하게 됩니다. 학계에서 최신 기술에 대한 논의들이 R을 중심으로 이루어지고 있기 때문에 이를 도입하려는 기업들 역시 R을 선호합니다. 석·박사 과정의 학생들도 R을 사용해 연구를 진행하기 때문에 졸업하고 기업에 들어가면 R을 사용해 데이터 분석 업무를 진행하게 됩니다. R을 사용한 최신 연구의 비중이 점차 늘어나면서 기업도 이런 흐름에 따라 R을 선호하고 있습니다.

세계적인 기업들이 사용하는 R

세계적인 규모의 기업들이 R을 사용하고 있다는 점도 R이 인기를 끄는데 한몫하고 있습니다. 특히 데이터 분석 기술 분야를 선도하고 있는 구글, 페이스북, 마이크로소프트가 R을 사용하고 있습니다. 오른쪽 그림은 R을 사용하고 있는 대표적인 기업들입니다.

구글(Google)

페이스북(Facebook)

마이크로소프트(Microsoft)

트위터(Twitter)

우버(Uber)

에어비앤비(Airbnb)

버즈피드(BuzzFeed)

뉴욕타임스(The New York Times)

 알아두면 좋아요! } **R을 받아들이기 시작한 마이크로소프트**

마이크로소프트는 2015년 1월, R 기반 데이터 분석 도구 Revolution R을 개발한 레볼루션 애널리틱스(Revolution Analytics) 사를 인수하고, 얼마 후 'Microsoft R Open' 이라는 R 기반 데이터 분석 도구를 내놨습니다. 또한 데이터 분석 도구인 Power BI, 소프트웨어 개발 도구인 비주얼 스튜디오(Visual Studio), 클라우드 플랫폼인 애저(Azure)에 R을 활용할 수 있는 기능을 추가하고, 온라인 강의 사이트인 edX에 R 사용법 강좌를 개설했습니다. 적극적으로 R 사용자를 고려하는 마이크로소프트의 행보를 보면 R의 영향력을 짐작할 수 있습니다.

데이터 분석 대회 참가자들이 사용하는 R

캐글(www.kaggle.com)이라는 온라인 데이터 분석 대회가 있습니다. 기업들이 당면한 문제와 데이터를 사이트에 올리면 개인 참가자들이 알고리즘을 개발해 제출하는 방식으로 대회가 진행됩니다. 가장 성능이 좋은 알고리즘을 제출한 우승자는 거액의 상금과 함께 데이터 분석가로서의 명성을 얻게 되고, 기업은 현업에 적용할 수 있는 훌륭한 알고리즘을 얻게 됩니다. 캐글은 전 세계의 데이터 분석가들이 실력을 검증 받는 동시에 다양한 사람들의 아이디어가 모여 데이터 분석 기법이 발전해 나가는 현장입니다. 캐글 창립자이자 CEO인 앤서니 골드블룸(Anthony Goldbloom)은 2011년 미국 샌프란시스코에서 열린 데이터 분석가 모임 행사 'Crowdsourcing Data Science'에서 캐글에 참가하는 사람들이 가장 많이 사용하는 데이터 분석 도구가 R이라고 발표했습니다. 참가자의 3분의 1 이상이 R을 사용했고, 대회 우승자의 반이 R을 사용해 알고리즘을 개발했습니다(bit.ly/2slop).

R을 사용하는 기업이 늘고 있는 한국

세계적인 추세와 마찬가지로 한국에서도 R을 사용하는 기업이 빠르게 늘어나고 있습니다. 특히 데이터 관련 업무가 많은 SKT, KT와 같은 통신회사나 넥슨, 엔씨소프트와 같은 게임 회사들은 오래전부터 데이터 분석 업무에 R을 활용하고 있습니다. 구인·구직 사이트를 살펴보면 카카오, 롯데멤버스, 멜론, 롯데카드, 신한은행, 한화생명, SBS, 한국철도공사 등 데이터 분석 담당자를 채용하는 대다수 조직들이 R 사용 경험을 중요시한다는 것을 알 수 있습니다.

01-2
R이 강력한 이유

R은 무료로 사용할 수 있는 오픈 소스!

다른 데이터 분석 소프트웨어에 비해 R을 사용하는 사람이 압도적으로 많은 이유 중 하나는 무료라는 점입니다. R은 뉴질랜드의 오클랜드 대학교 통계학과 교수인 로스 이하카(Ross Ihaka)와 로버트 젠틀맨(Robert Gentleman)이 만들었습니다. 이들은 많은 사람이 손쉽게 통계 분석을 할 수 있길 바랐고, 누구든 자유롭게 R을 사용할 수 있도록 온라인에 공개했습니다. 심지어 소스 코드까지 공개해서 R을 응용해 소프트웨어를 개발하거나 상업화할 수 있도록 허용했습니다.

SAS, SPSS처럼 전통적으로 많이 사용되어온 데이터 분석 소프트웨어들은 대부분 유료입니다. 이런 상용 툴을 사용하려면 적게는 수십만 원, 많게는 수천만 원의 비용을 지불해야 합니다. 반면, R은 무료임에도 상용 툴이 제공하는 기능을 대부분 갖추고 있고, 심지어 훨씬 더 많은 기능을 활용할 수 있습니다. 수십 년간 상용 툴을 사용해 오던 학계와 산업계가 점차 기존 툴 대신 R을 사용하는 데는 R이 오픈 소스이기 때문에 비용이 들지 않는다는 측면이 중요하게 작용하고 있습니다.

 알아두면 좋아요! } **R이 가져온 데이터 분석의 대중화**

R은 데이터 분석 기술의 장벽을 낮추는 역할을 하고 있습니다. 과거에는 대기업이나 대학처럼 상용 툴을 구입하는데 비용을 지불할 여력이 있는 조직에서만 데이터 분석 기술을 활용할 수 있었습니다. 하지만 R이 등장하면서 규모가 작은 기업이나 개인 사용자들도 손쉽게 데이터 분석 기술을 활용할 수 있게 됐습니다. 최근 들어 데이터 분석 기술에 대한 관심이 높아진 이유는 R과 같은 오픈 소스가 기술 장벽을 낮췄기 때문입니다.

오픈 소스 생태계 - 다양한 패키지, 최신 분석 기법

오픈 소스 생태계야말로 R이 각광받는 가장 큰 이유입니다. SAS, SPSS 등과 같은 상용 분석 툴을 사용한다면 새로운 분석 기법이 등장하더라도 다음 버전이 나올 때까지 기다렸다가 유료로 구매해야 합니다. 반면 R은 새로운 분석 기법이 등장하면 며칠 내로 패키지가 업로드되기 때문에 바로 다운로드해 사용할 수 있습니다. 전 세계의 전문가들이 패키지를 만들어 온라인에 공개하고 있습니다. R 사용자들이 패키지를 만들어 공유하는 사이트인 CRAN(cran.r-project.org)에는 1만 개가 넘는 패키지가 공개되어 있습니다(2017년 6월 기준). 패키지가 업로드되는 속도가 지속적으로 빨라져 최근에는 한 해에 수천 개가 넘는 패키지가 새롭게 업로드되고 있습니다. 마치 논문 심사를 하듯이 심사자들의 까다로운 심의 과정을 통과한 패키지에 한해서만 CRAN에 정식 등록되기 때문에 CRAN을 통하지 않고 Github, FTP 등 다양한 경로를 통해서 패키지들이 공개되고 있다는 점을 생각하면, R 생태계의 규모를 짐작할 수 있습니다.

 참고 CRAN에 등록된 패키지 수는 https://cran.r-project.org/web/packages에서 확인할 수 있습니다.

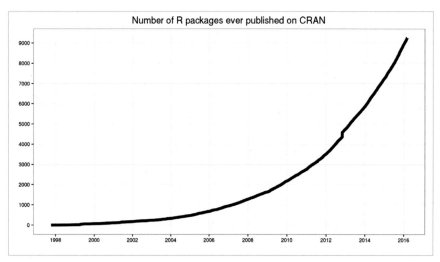

매해 증가하는 패키지 수(출처: http://bit.ly/2rdvmb)

특히 최근에는 온라인 서비스를 중심으로 텍스트, 이미지, 동영상 등과 같은 비정형 데이터가 많이 만들어지기 때문에 이런 데이터를 다루는 분석 기법들이 새롭게 등장하고 있습니다. 또한 머신러닝이 주목을 받으면서 성능이 개선된 머신러닝 알고리즘도 계속 등장하고 있습니다. 이런 새로운 분석 기법과 알고리즘이 등장하는 것과 거의 동시에 R 패키지가 개발되어 업로드됩니다. R 사용자들은 오픈 소스 생태계 덕분에 최신 분석 기법이 등장하면 실시간에 가까운 속도로 활용할 수 있습니다. 최신 기술을 활용해야 하는 여러 분야의 전문가들이 R을 선호하는 이유는 바로 이 때문입니다.

참고 연봉, 학점처럼 규칙이나 구조가 있는 데이터를 '정형 데이터'라고 하고, 텍스트나 이미지처럼 정해진 규칙이나 구조가 없는 데이터를 '비정형 데이터'라고 합니다.

다양한 교육 재료

사용자가 많은 만큼 책, 온라인 강의, 온라인 문서 등 R을 다루는 다양한 교육 콘텐츠가 개발되어 있습니다. 교육 재료가 많다는 것은 기술을 익히기 시작하는 입문자에게 반가운 일입니다. 영어로 된 자료가 많지만, 최근에는 한국어로 된 콘텐츠도 점점 많아지고 있습니다.

R과 관련된 온라인 강의들(왼쪽 coursera, 오른쪽 edX)

다양한 그래프를 구현할 수 있다!

데이터 분석가들이 R을 많이 사용하는 데에는 그래프 구현 성능도 한몫합니다. 데이터 분석 작업은 대부분 분석 결과를 이해하기 쉽도록 그래프를 만드는 작업으로 마무리됩니다. 다른 분석 도구들도 대부분 그래프를 만드는 기능을 제공하고 있지만, 조작이 불편하고 결과물의 품질이 떨어지기 때문에 별도의 프로그램을 이용하는 경우가 많습니다. 반면, R에는 멋진 그래프를 만들 수 있는 다양한 기능이 있습니다. 코드 몇 줄이면 학술 논문이나 출판물에 사용할 수 있을 정도의 고품질 그래프를 만들 수 있습니다. R을 사용하면 데이터 분석부터 그래프 작업까지 하나의 도구로 완성할 수 있기 때문에 매우 효율적입니다.

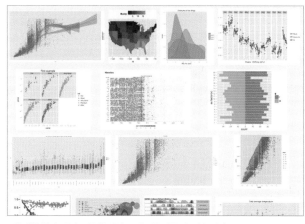

R을 이용하면 거의 모든 형태의 그래프를 만들 수 있습니다(출처: http://bit.ly/2rwiab).

전문적인 데이터 분석까지 할 수 있는 '프로그래밍 방식'이다!

데이터 분석 도구에는 'GUI 방식'과 '프로그래밍 방식'이 있습니다. GUI(Graphic User Interface) 방식은 엑셀이나 SPSS처럼 화면의 메뉴와 버튼을 마우스로 클릭하면서 작업하는 형태를 말하고 프로그래밍 방식은 R이나 SAS처럼 키보드로 명령어를 입력하면서 작업하는 형태를 말합니다.

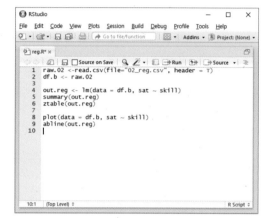

GUI 방식의 SPSS(왼쪽)와 프로그래밍 방식의 R(오른쪽)

GUI 방식의 분석 도구는 마우스 조작만으로도 분석 작업을 할 수 있기 때문에 상대적으로 다루기 쉽습니다. 데이터의 크기가 작고 절차가 단순하다면 GUI 방식의 분석 도구로도 충분하지만 데이터의 크기가 크고 절차가 복잡하다면 프로그래밍 방식의 도구를 이용하는 게 좋습니다. 비유하자면, GUI 방식의 분석 도구는 사용하기 쉽지만 고품질의 사진을 찍기 어려운 스마트폰 카메라라고 할 수 있고, 프로그래밍 방식의 분석 도구는 상대적으로 조작이 까다롭지만 예술 작품 수준의 결과물을 만들어 낼 수 있는 DSLR 카메라라고 할 수 있습니다. 프로그래밍 방식의 분석 도구는 전문적인 데이터 분석 작업을 할 수 있을 뿐만 아니라 GUI 방식의 분석 도구에 비해 아래와 같은 장점을 가지고 있습니다.

> ✔참고 분석 도구를 카메라에 비유한 설명은 '헬로 데이터 과학' 사이트의 '데이터 과학을 위한 도구의 선택(김진영)'을 참고했습니다(http://www.hellodatascience.com/?p=136).

재현성이 확보된다

분석 방법과 데이터가 같다면 누가 분석을 하든 같은 결과물을 얻을 수 있어야 하는데, 이를 재현성(Reproducibility)이라고 합니다. 과학적인 연구를 수행하거나 머신러닝 모델을 만드는 것처럼 데이터에 기반을 둔 작업을 할 때는 재현성을 반드시 확보해야 합니다. 데이터 분석 과정을 재현할 수 있어야만 신뢰할 수 있기 때문입니다. R과 같은 프로그래밍 방식의 분석 도구를 사용하면 데이터 분석의 전 과정이 코드에 고스란히 드러나기 때문에 재현성이 확보됩니다.

오류가 줄어든다

GUI 방식의 분석 도구를 사용하면서 마우스로 메뉴를 클릭하며 작업하다 보면 조작 실수를 할 때가 있습니다. 간단한 실수는 실행 취소 기능을 이용해 되돌릴 수 있지만, 복잡한 작업을 하다가 실수를 하면 되돌리기가 어렵습니다. 어떤 작업을 하다가 문제가 발생했는지 알기가 어렵기 때문입니다. 더욱 위험한 점은 실수를 하더라도 자신이 실수했다는 것을 알아차리기 힘들다는 것입니다.

R과 같은 프로그래밍 방식의 도구를 이용하면 이런 문제가 해소됩니다. 모든 작업 과정이 코드에 나타나 있기 때문에 분석 결과에 이상이 발견되더라도 오류를 쉽게 파악하여 수정할 수 있습니다. 다른 사람에게 코드를 검토해달라고 부탁할 수도 있습니다. 자신이 직접 분석하지 않았더라도 코드와 실행 결과를 보면 오류를 찾을 수 있기 때문입니다.

공동 작업을 할 수 있다

GUI 방식의 분석 도구를 사용하면 분석 결과만 남고 분석 과정은 기록되지 않기 때문에 여러 사람이 함께 작업을 하기에는 어려움이 있습니다. 반면, 프로그래밍 방식의 분석 도구를 사용하면 모든 분석 과정이 코드로 남기 때문에 코드를 공유하면서 공동 작업을 할 수 있습니다. 분석 과정을 데이터 정리, 통계 분석, 시각화 등 몇 단계로 나눠 여러 사람이 동시에 작업하면 데이터를 효율적으로 분석할 수 있습니다.

R과 파이썬은 뭐가 다른가?

최근 R과 함께 파이썬(Python)도 데이터 분석 도구로 주목받고 있습니다. 서로 다른 목적에서 개발된 만큼 두 도구는 다른 특징을 지니고 있습니다. 우선 R은 데이터 분석용으로 만들어진 언어이기 때문에 데이터 처리와 통계 분석 기능에 특화되어 있습니다. 특히 프로그래밍 지식이 많지 않아도 쉽고 간단한 문법으로 데이터를 분석할 수 있다는 장점이 있습니다. 반면 파이썬은 소프트웨어를 개발하는데 사용하는 프로그래밍 언어입니다. 대표적으로 유튜브, 인스타그램, 드롭박스 같은 웹 서비스가 파이썬으로 개발됐습니다. 파이썬은 다른 프로그래밍 언어에 비해 데이터를 분석할 수 있는 기능이 잘 구축되어 있고, 특히 텐서플로(TensorFlow)처럼 딥러닝을 활용할 수 있는 라이브러리가 등장하면서 주목받고 있습니다.

둘 중 무얼 택할지 고민이라면 어떤 용도로 도구를 활용할 것인지를 중심에 놓고 판단하면 됩니다. 만약 데이터를 분석하는 데 목적이 있다면 R을 사용하길 권합니다. 파이썬의 데이터 분석 라이브러리도 훌륭하지만 R에 비해 프로그래밍 지식이 더 필요하고, 동일한 분석을 하는 데 더 많은 작업을 해야 합니다. 반면 웹 서비스나 소프트웨어를 개발하는 데 데이터 분석을 활용하고자 한다면 파이썬을 사용하길 권합니다. R에도 웹 애플리케이션을 만드는 기능이 있지만 파이썬처럼 자유롭게 구현하기는 어렵습니다.

어떤 알고리즘이 한 언어에서 주도적으로 개발되는 경우가 있는데, 이는 도구를 선택할 때 중요하게 고려할 사항은 아닙니다. 시간이 지나면 대부분 양쪽 모두에서 사용할 수 있게 개발되기 때문입니다. 게다가 지금은 파이썬의 기능을 R에서 사용하거나, 이와 반대로 R의 기능을 파이썬에서 사용할 수 있게 해 주는 도구들이 개발되어 있기 때문에 알고리즘에 관한 한 언어 간 제한이 거의 없습니다.

02

R 데이터 분석 환경 만들기

이 장에서는 인터넷에서 R과 R 스튜디오를 다운로드해 설치하고 R 스튜디오를 다루는 방법을 알아봅니다.

02-1 R과 R 스튜디오 설치하기

02-2 R 스튜디오와 친숙해지기

02-3 프로젝트 만들기

02-4 유용한 환경 설정

02-1
R과 R 스튜디오 설치하기

R을 익히려면 PC에 R과 R 스튜디오가 설치되어 있어야 합니다. R을 먼저 설치한 후에 R 스튜디오를 설치하면 됩니다. R 스튜디오는 R을 사용하기 편리하게 만들어주는 IDE 소프트웨어입니다. R 스튜디오를 사용하면 다양한 부가 기능을 활용해 데이터를 효율적으로 분석할 수 있습니다.

 알아두면 좋아요! } IDE 소프트웨어란?

IDE(Integrated Development Environment, 통합 개발 환경)는 코딩, 파일 관리, 배포 등 프로그래밍에 필요한 다양한 작업을 수행할 수 있는 소프트웨어입니다.

 R 다운로드 및 설치하기

R 설치 파일은 R 프로젝트 공식 사이트의 CRAN 미러 페이지에서 다운로드할 수 있습니다. 한국에서 접속할 경우, 한국에 서버를 두고 있는 미러 사이트를 이용하면 빠르고 안정적으로 다운로드할 수 있습니다.

CRAN 미러 페이지 https://cran.r-project.org/mirrors.html

1. 사이트에 접속한 후, 스크롤을 내려 'Korea'에 해당하는 부분을 살펴보면, 한국 서버 링크를 볼 수 있습니다. 이 중 어떤 것을 클릭해도 같은 내용의 사이트에 접속됩니다.

Korea	
http://healthstat.snu.ac.kr/CRAN/	Graduate School of Public Health, Seoul National University, Seoul
http://cran.biodisk.org/	The Genome Institute of UNIST (Ulsan National Institute of Science and Technology)

각국의 미러 사이트에 동일한 설치 파일이 올라와 있으니 이 중 자신과 가까운 국가의 사이트에 접속하면 됩니다.

2. 페이지 위쪽에 OS별로 설치 파일을 다운로드할 수 있는 링크가 있습니다. 이 중 자신의 PC에 설치된 OS에 해당하는 링크를 클릭합니다.

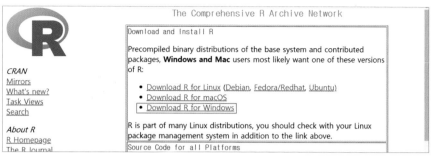

미러 사이트 페이지

✔참고 맥 사용자라면 'Download R for (Mac) OS X'를 클릭하세요.

3. [Download R for Windows]를 클릭하면 아래와 같은 페이지로 연결됩니다. 페이지 상단의 [install R for the first time]을 클릭합니다.

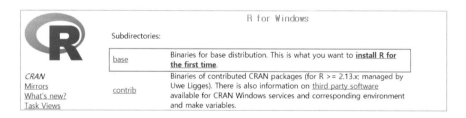

4. 페이지 위쪽의 'Download R x.x.x for Windows'를 클릭하면 설치 파일이 다운로드됩니다. 윈도우 버전과 비트(32/64)는 구별하지 않습니다.

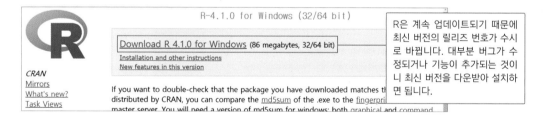

R은 계속 업데이트되기 때문에 최신 버전의 릴리즈 번호가 수시로 바뀝니다. 대부분 버그가 수정되거나 기능이 추가되는 것이니 최신 버전을 다운받아 설치하면 됩니다.

5. 다운로드한 설치 파일 'R x.x.x-win.exe'를 실행해 설치합니다. 설치 화면의 옵션은 수정하지 않아도 됩니다. [다음(N)] 버튼을 반복 클릭해 설치를 마무리합니다.

 **R GUI 실행하기**

R GUI는 R 코드를 작성하고 실행할 수 있는 소프트웨어입니다. 최근에는 대부분의 사용자들이 R GUI보다 편리하고 다양한 기능을 갖춘 R 스튜디오를 사용합니다. 여기서는 R GUI가 어떤 식으로 작동하는지 간단히 살펴보고 넘어가겠습니다.

1. 윈도우 시작 메뉴의 프로그램 목록에서 R 폴더에 있는 아이콘을 클릭해 실행합니다.

✔️참고 자신의 윈도우가 몇 비트인지 모른다면 [제어판] → [시스템 및 보안] → [시스템] 항목을 확인해 보세요.

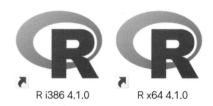

R i386 4.1.0   R x64 4.1.0

윈도우 32비트용(왼쪽)과 64비트용(오른쪽) 실행 아이콘

2. R GUI를 보면 'R Console'이라는 이름의 창이 열려 있고, 위쪽에 R에 대한 설명이 출력되어 있습니다. 아래쪽에는 오른쪽을 향한 빨간색 부등호 표시 >와 그 오른쪽에 깜빡이고 있는 세로 막대 |를 볼 수 있는데, 이를 프롬프트(Prompt)라고 합니다. 프롬프트에 데이터 분석에 필요한 명령어를 입력하고, (Enter)를 누르면 명령어가 실행되면서 분석 결과가 도출됩니다.

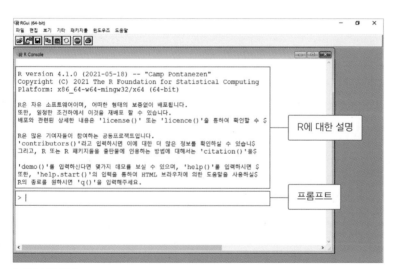

R GUI 실행 화면

3. 간단한 연산을 수행하는 명령어를 실행하겠습니다. 프롬프트에 1+1을 입력하고 Enter를 누르면 명령어 밑에 2가 출력됩니다. 1+1이라는 명령어를 실행한 결과가 출력된 것입니다.

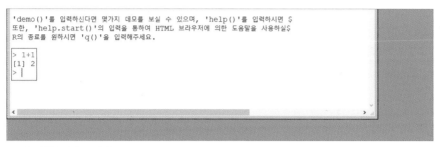

```
'demo()'를 입력하신다면 몇가지 데모를 보실 수 있으며, 'help()'를 입력하시면 $
또한, 'help.start()'의 입력을 통하여 HTML 브라우저에 의한 도움말을 사용하실$
R의 종료를 원하시면 'q()'을 입력해주세요.

> 1+1
[1] 2
> |
```

1+1을 실행한 결과로 2가 출력됐습니다.

✔참고 출력 결과 왼쪽에 표시된 대괄호 안의 숫자는 인덱스(Index, 위치값)입니다. 인덱스는 출력값이 몇 번째 순서에 위치하고 있는지 표현합니다. 여기서는 출력값이 1개이기 때문에 [1]이 표시됩니다. 인덱스는 뒤에서 자세히 다루겠습니다.

4. 이번에는 프롬프트에 2*3을 입력하고 Enter를 눌러보겠습니다. 2*3이라는 명령어를 실행한 결과로 6이 출력됩니다.

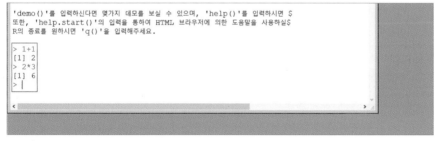

```
'demo()'를 입력하신다면 몇가지 데모를 보실 수 있으며, 'help()'를 입력하시면 $
또한, 'help.start()'의 입력을 통하여 HTML 브라우저에 의한 도움말을 사용하실$
R의 종료를 원하시면 'q()'을 입력해주세요.

> 1+1
[1] 2
> 2*3
[1] 6
> |
```

2*3을 실행한 결과로 6이 출력됐습니다.

✔참고 곱하기는 *로 표시하고, 나누기는 /로 표시합니다.

이처럼 R은 명령어를 입력하고 실행하면 곧바로 결과물이 출력됩니다. 이런 방식으로 한 줄씩 명령어를 입력하고 결과를 확인하는 과정을 반복하면서 데이터를 분석합니다.

이제 오른쪽 위에 있는 ☒ 버튼을 클릭하여 R GUI를 종료합니다. 작업 공간 이미지를 저장하겠느냐고 묻는 창이 나타나면 [아니오]를 누릅니다.

✔참고 R처럼 명령어를 실행하면 곧바로 결과물을 출력하는 프로그래밍 언어를 '인터프리터(Interpreter) 방식'이라고 하고, 입력된 명령어 전체를 한꺼번에 실행해 결과물을 출력하는 프로그래밍 언어를 '컴파일러(Compiler) 방식'이라고 합니다.

 **R 스튜디오 다운로드 및 설치하기**

R을 설치하고 작동 방식을 확인해봤으니 이제 R 스튜디오를 설치하겠습니다. **R 스튜디오를 사용하려면 R이 먼저 설치되어 있어야 합니다.** R 스튜디오는 R과 마찬가지로 무료로 다운로드하여 사용할 수 있습니다.

1. R 스튜디오 사이트의 다운로드 페이지에 접속하면 R 스튜디오 설치 파일을 다운로드할 수 있습니다.

> **R 스튜디오 다운로드 페이지** https://www.rstudio.com/products/rstudio/download

✅**참고** 32비트 윈도우에서는 R 스튜디오 1.1 이하 버전을 다운받아 설치하세요(http://bit.ly/2udnk).

2. 페이지 하단의 'All Installers' 항목을 보면 OS별 설치 파일 다운로드 링크가 있습니다. 여기에서 자신이 사용하고 있는 OS에 해당하는 링크를 클릭하여 설치 파일을 다운로드합니다. 윈도우를 사용하고 있다면 .exe 파일을, 맥을 사용하고 있다면 .dmg 파일을 클릭하면 됩니다.

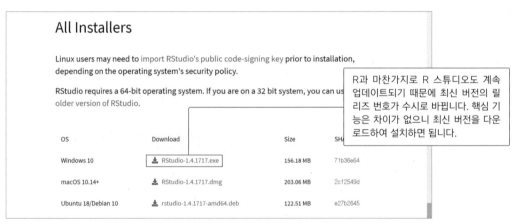

R 스튜디오 다운로드 페이지

3. 다운로드한 설치 파일을 실행해 설치합니다. 옵션을 변경하지 않고 [다음] 또는 [계속] 버튼을 반복 클릭하여 설치를 마무리합니다. 설치가 완료되면 윈도우 시작 메뉴의 프로그램 목록에서 RStudio 폴더에 있는 아이콘을 클릭해 실행합니다.

윈도우 사용자의 경우, R 스튜디오를 실행했을 때 오류가 발생할 수 있습니다. 아래 방법에 따라 설정을 바꾼 후 R 스튜디오를 다시 실행해 보세요.

오류 1. R 스튜디오가 관리자 권한으로 실행되지 않은 경우

R 스튜디오가 관리자 권한으로 실행되지 않으면 오류가 발생할 수 있습니다. 이 경우, 아래와 같은 방법으로 설정을 변경하고 R 스튜디오를 다시 실행하면 됩니다.

(1) R 스튜디오 바로가기 아이콘을 마우스 오른쪽 버튼으로 클릭한 후 [속성] → [호환성]을 클릭합니다.

(2) [관리자 권한으로 이 프로그램 실행]에 체크한 후 [확인] 버튼을 누릅니다.

오류 2. 윈도우 사용자 계정이 한글로 되어 있는 경우

윈도우 사용자 계정이 한글로 되어 있으면 오류가 발생할 수 있습니다. 이 경우에는 영문으로 된 사용자 계정을 새로 만들어 로그인한 후 R 스튜디오를 다시 실행하면 됩니다.

(1) [Windows 설정]에서 [계정] → [가족 및 다른 사용자] → [이 PC에 다른 사용자 추가]를 클릭합니다.

(2) '이 사람의 로그인 정보를 가지고 있지 않습니다'를 클릭한 후 'Microsoft 계정 없이 사용자 추가'를 클릭합니다.

(3) '사용자 이름'에 영문자 이름을 입력한 후 [다음]을 클릭합니다.

(4) ⊞ + ⊠를 누른 후 [종료 또는 로그아웃] → [로그아웃]을 클릭해 로그아웃합니다.

(5) 윈도우 시작 화면에서 화면 왼쪽 아래에 있는 새로 만든 영문 계정을 클릭해 로그인합니다.

02-2
R 스튜디오와 친숙해지기

R 스튜디오를 다루는 방법을 익혀보겠습니다. R 스튜디오를 실행하면 아래와 같이 화면이 여러 개의 창으로 나뉘어 있는 것을 볼 수 있습니다. 처음 실행하면 왼쪽에 콘솔(Console) 창, 오른쪽 위에 환경(Environment) 창, 오른쪽 아래에 파일(Files) 창이 열립니다. 콘솔 창의 오른쪽 가장자리를 보면 네모 2개가 겹쳐 있는 모양의 🗖 버튼이 있습니다. 이 버튼을 클릭하면 콘솔 창이 작아지면서 소스(Source) 창이 나타납니다. R 스튜디오를 처음 실행했을 때는 소스 창이 닫혀 있지만 항상 사용하기 때문에 열어 두어야 합니다. R 스튜디오의 화면은 이렇게 4개의 창으로 구성되어 있습니다. 각 창에는 몇 개의 탭이 있고, 서로 다른 기능을 합니다.

창 축소 버튼

각 창의 오른쪽 끝에 있는 버튼을 클릭하면 창을 축소하거나 확대할 수 있고, 창 사이의 막대를 드래그하면 크기를 조절할 수 있습니다. 이제부터 각각의 창이 어떤 기능을 하는지 알아보겠습니다.

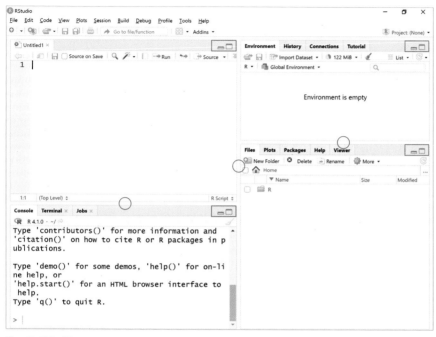

창 크기 조절 버튼

명령어를 실행하는 콘솔 창

왼쪽 아래에 위치하고 있는 콘솔 창은 R GUI의 콘솔 창과 같은 기능을 합니다. 프롬프트에 명령어를 입력하고 실행하면 결과가 출력됩니다.

앞서 R GUI에서 했던 것처럼 간단한 연산을 수행하는 명령어를 실행하겠습니다. 1+1을 입력하고 실행하면 2가 출력되고, 2*3을 입력하고 실행하면 6이 출력됩니다.

명령어를 기록하는 소스 창

왼쪽 위에 위치하고 있는 소스 창은 메모장 같은 일종의 문서 편집기입니다. 여기에 명령어나 메모를 자유롭게 기록할 수 있습니다. 소스 창에 입력한 명령어로 만들어진 문서를 스크립트(Script)라고 합니다.

소스 창에 아래와 같이 세 줄의 명령어를 입력해 보겠습니다. 첫 번째 행에 4+5를 입력한 후 Enter 를 누르면 다음 행으로 내려갑니다. 두 번째 행에 4*5를 입력한 후 Enter 를 누르면 다음 행으로 내려갑니다. 이와 마찬가지 방식으로 세 번째 행에 9/3을 입력해 보겠습니다.

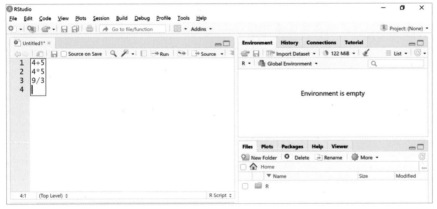

소스 창에 명령어 입력하기

소스 창에 명령어를 입력해도 프로그램은 아무런 반응을 하지 않습니다. 입력한 명령어를 실행하려면 실행하려는 행을 클릭해 마우스 커서를 위치시킨 후 Ctrl + Enter 를 눌러야 합니다. Ctrl + Enter 를 누르면 소스 창의 명령어가 콘솔 창으로 넘어가 실행되고 결과물이 출력됩니다.

첫 번째 행의 명령어를 실행해 보겠습니다. 먼저 첫 번째 행을 클릭하여 마우스 커서를 위치시킵니다. 행의 맨 앞, 맨 뒤, 중간 어디를 클릭해도 괜찮습니다. 그런 다음 Ctrl + Enter 를 누릅니다. 소스 창의 첫 번째 행에 있던 마우스 커서가 두 번째 행으로 넘어가고, 왼쪽 아래 콘솔 창에 4+5가 실행되어 명령어의 결과물인 9가 출력됩니다.

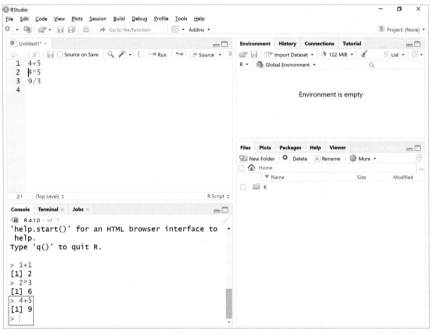

첫 번째 행이 실행되어 9가 출력됐습니다.

이번에는 두 번째 행과 세 번째 행의 명령어를 실행해 보겠습니다. 마우스 커서가 이미 두 번째 행으로 넘어와 있으니 행을 클릭해 마우스 커서를 위치시키는 과정은 건너뛰고, 곧바로 Ctrl + Enter 를 누르면 됩니다. 두 번째 행이 실행되어 결과가 출력되고 나면, 다시 Ctrl + Enter 를 눌러 세 번째 행을 실행해 결과를 확인하겠습니다.

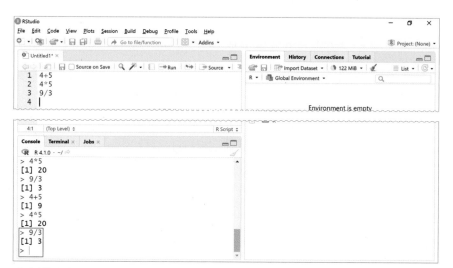

세 번째 행이 실행되어 3이 출력됐습니다.

소스 창의 명령어를 한 줄씩 실행할 수도 있지만, 한 번에 여러 줄의 명령어를 실행할 수도 있습니다. 마우스로 드래그하거나 Shift+방향키를 눌러 실행하려는 명령어를 블록으로 지정한 후 Ctrl + Enter 를 누르면 됩니다. 이렇게 하면 여러 줄의 명령어가 순차적으로 콘솔 창에 입력되면서 결과가 나타납니다.

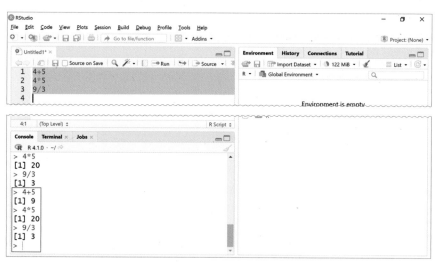

세 줄을 블록 지정하여 한 번에 실행한 결과

생성한 데이터를 보여 주는 환경 창

환경 창은 분석 과정에서 생성한 데이터를 보여 주는 기능을 합니다. 지금은 아직 아무런 데이터를 생성하지 않았기 때문에 환경 창이 비어 있는 상태입니다.

명령어를 실행해 데이터를 생성해 보겠습니다. 소스 창의 네 번째 행은 한 줄 띄우고, 다섯 번째 행에 a <- 1이라고 입력합니다. 'a라는 변수를 만들어 1을 집어넣으라'는 의미의 명령어입니다. 명령어를 입력하고 Ctrl + Enter 를 누르면 콘솔 창에서 명령어가 실행되고, 환경 창의 Values 목록에 a가 생깁니다. 오른쪽에는 a에 들어 있는 1이 표시됩니다.

✔참고 변수는 뒤에서 자세히 다룹니다. 여기서는 환경 창이 작동하는 방식만 간단히 확인하겠습니다.

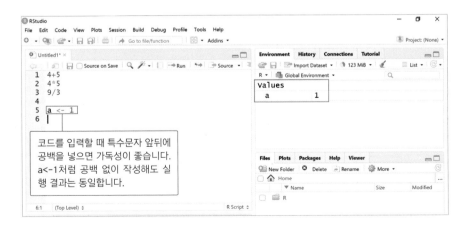

이번에는 **b <- 2**라는 명령어를 실행해 보겠습니다. 환경 창의 Values 목록에 **b**가 생기고
오른쪽에 2가 표시된 것을 볼 수 있습니다.

폴더에 있는 파일을 보여 주는 파일 창

오른쪽 아래에 있는 파일 창은 윈도우의 파
일 탐색기, 맥의 파인더와 비슷한 기능을 합니
다. 파일 창은 R 스튜디오에서 파일을 불러오
거나 저장할 때 참조할 위치인 '워킹 디렉터리
(Working Directory)'의 내용물을 보여 줍니다. 기
본적으로 내문서 폴더가 워킹 디렉터리로 지정
되어 있습니다.

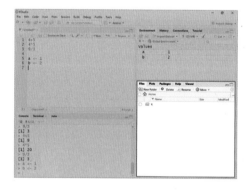

파일 창의 윗부분에 있는 탭을 클릭하면 각각 다른 기능을 가진 창이 나타납니다. 각 창의 기능은 뒤에서 자세히 다루겠습니다.

❶ Files - 워킹 디렉터리를 보여 줍니다.

❷ Plots - 그래프를 보여 줍니다.

❸ Packages - 설치된 패키지 목록을 보여 줍니다.

❹ Help - `help()` 함수를 실행하면 도움말을 보여 줍니다.

❺ Viewer - 분석 결과를 HTML 등 웹 문서로 출력한 모습을 보여 줍니다.

알아두면 좋아요! } 워킹 디렉터리란?

워킹 디렉터리(Working Directory)는 R에서 파일을 불러오거나 저장할 때 사용하는 폴더를 말합니다. 파일을 불러오는 명령을 실행하면 워킹 디렉터리에 있는 파일을 불러오고, 파일을 저장하는 명령을 실행하면 워킹 디렉터리에 저장합니다. 워킹 디렉터리는 원하는 폴더로 지정할 수 있습니다. 뒤에서 프로젝트를 생성하는 방법을 익힐 때 자세히 다루겠습니다.

알아두면 좋아요! } 기타 유용한 기능들

• History 탭 : 지금까지 어떤 명령어를 실행했는지 확인할 수 있습니다.

• Connections 탭 : SQL, Spark 등 다양한 데이터베이스에 연결할 수 있습니다.

• Tutorial 탭 : 튜토리얼을 이용해 R 기초 문법을 익힐 수 있습니다.

• Terminal 탭 : 시스템 쉘을 이용해 운영 체제를 조작할 수 있습니다.

• Jobs 탭 : 여러 R 스크립트를 동시에 병렬로 실행할 수 있습니다.

02-3
프로젝트 만들기

R 스튜디오에서 데이터 분석을 시작하기 전에 먼저 프로젝트(Project)를 만들어야 합니다. 데이터 분석을 하다 보면 소스 코드, 이미지, 문서, 외부 프로그램에서 생성된 자료 등 수많은 파일을 활용하게 되는데, 프로젝트 기능을 이용하면 이런 파일들을 효율적으로 관리할 수 있습니다. 여러 가지 분석 작업을 동시에 진행할 때도 파일들을 프로젝트 폴더별로 관리하면 편리합니다.

 **프로젝트 만들기**

프로젝트를 만드는 방법을 알아보겠습니다.

1. R 스튜디오 오른쪽 위에 대문자로 R이라고 쓰여 있는 육각형 모양의 ⬡ 버튼을 클릭한 후 맨 위의 [New Project]를 클릭합니다.

✔참고 [File → New Project]를 클릭해도 됩니다.

[Save workspace image to ~/.RData?]라는 확인 창이 나타나면 [Don't Save]를 클릭합니다. 작업한 내용을 저장할 것인지 묻는 것인데, 아직까지는 중요한 작업을 하지 않았으니 저장하지 않고 넘어가겠습니다.

2. [Create Project] 창이 나타나면 맨 위의 [New Directory] 버튼을 클릭합니다.

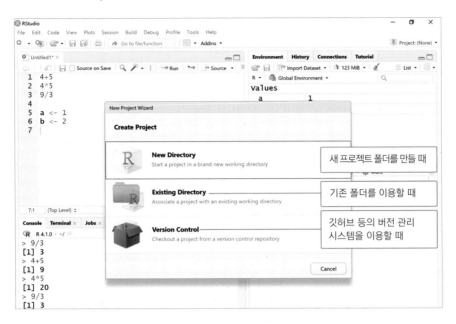

3. [Project Type] 창이 나타나면 맨 위의 [New Project] 버튼을 클릭합니다.

4. [Create New Project] 창이 나타나면 [Directory name] 항목에 새로 만들 프로젝트 이름을 입력합니다. 여기서는 'easy_r'을 입력하겠습니다. **프로젝트 이름과 폴더 경로에 한글이 들어가면 오류가 발생할 수 있으니 주의하세요.**
[Create project as subdirectory of] 항목에는 어떤 위치에 프로젝트 폴더를 만들지 지정합니다. [Browse]를 클릭해 원하는 위치를 선택하면 됩니다. 여기서는 D 드라이브를 지정하겠습니다.

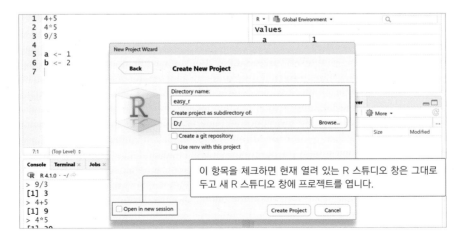

두 항목을 모두 채워 넣은 뒤 오른쪽 아래의 [Create Project]를 클릭합니다. 그러면 새 프로젝트가 만들어지고, R 스튜디오가 재시작되면서 3개의 창이 나타납니다. 소스 창을 나타나게 하려면 콘솔 창 오른쪽 위의 🔲 버튼을 클릭하면 됩니다.

프로젝트를 만들면 파일 창에 표시되는 위치가 프로젝트 폴더로 바뀝니다. 파일 창의 윗부분에는 'D:>easy_r'의 형태로 프로젝트 폴더 위치가 나타나 있고 내용을 보면 'easy_r.Rproj'라는 프로젝트 파일이 생성된 것을 볼 수 있습니다.

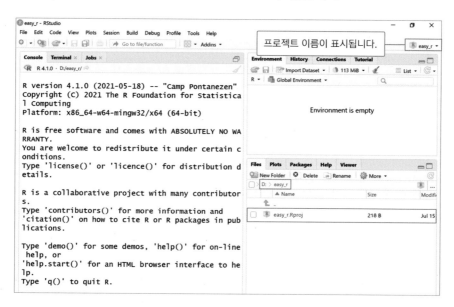

윈도우 탐색기 또는 맥의 파인더로 프로젝트를 만들 때 지정한 폴더를 열어보면 프로젝트 이름으로 된 새 폴더가 생성된 것을 볼 수 있습니다. 폴더를 열어보면 R 스튜디오의 파일 창과 마찬가지로 'easy_r.Rproj'라는 프로젝트 파일이 생성된 것을 볼 수 있습니다.

프로젝트 활용 - 스크립트 관리하기

한 프로젝트에서 하나의 스크립트만 이용해 작업할 때도 있지만, 여러 개의 스크립트를 동시에 활용하면서 작업하는 경우도 있습니다. 이번에는 스크립트를 저장하는 방법과 새 스크립트를 만드는 방법을 알아보겠습니다.

 스크립트 저장하기

스크립트 파일을 저장하지 않은 상태일 때는 소스 창 왼쪽 위에 'Untitled1'이라는 임의의 이름이 표시되고, 저장하면 지정한 이름으로 바뀝니다.

1. 먼저 소스 창에 아래 상자에 있는 내용과 같이 두 줄로 된 코드를 작성하겠습니다. 첫 번째 줄은 a라는 변수를 만들어 1을 넣으라는 의미이고, 두 번째 줄은 앞에서 만든 변수 a에 2를 더하라는 의미입니다.

```
a <- 1
a+2
```

2. 단축키 Ctrl + S 를 눌러 스크립트를 저장합니다. [File → Save]를 클릭하거나 소스 창 왼쪽 위의 디스켓 모양 🖫 버튼을 클릭해도 됩니다.

3. 저장 메뉴에 들어가면 프로젝트 폴더 위치가 표시됩니다. '파일 이름'에 원하는 이름을 입력하고 [저장] 버튼을 클릭합니다. 여기서는 'script1'을 입력하겠습니다.

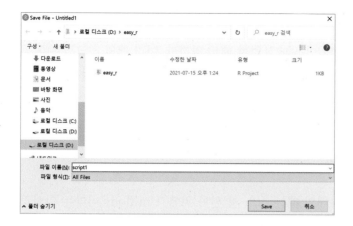

4. 스크립트 파일을 저장하면 'Untitled1'로 되어 있던 이름이 저장한 이름으로 바뀝니다. 소스 창 왼쪽 위에 'script1.R'이라는 파일명이 표시된 것을 볼 수 있습니다. 파일 창을 보면 프로젝트 폴더 안에 'script1.R' 파일이 생성된 것을 볼 수 있습니다.

참고 R 스크립트 파일은 '*.R'로 저장됩니다.

5. 새 스크립트 만들기

이번에는 새 스크립트 파일을 만들어 보겠습니다. [File] 메뉴 아래에 있는 새 문서 버튼을 클릭한 후 맨 위의 [R Script]를 클릭합니다.

✔참고 [File → New File → R Script]를 클릭해도 됩니다.

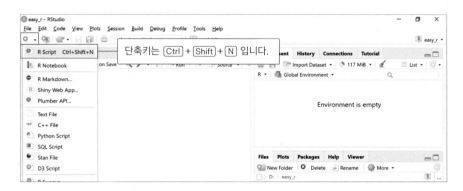

6. 방금 전에 저장한 'script1.R'의 오른쪽에 'Untitled1'이라는 이름의 새 스크립트가 생긴 것을 볼 수 있습니다.

7. 새로 만든 스크립트에 아래 상자에 있는 내용과 같이 코드를 작성하겠습니다. script1.R 과 마찬가지로 두 줄짜리 코드지만 내용이 약간 다릅니다. 첫 번째 줄은 b라는 변수를 만들어 2을 넣으라는 의미이고, 두 번째 줄은 앞에서 만든 변수 b에 3을 곱하라는 의미입니다.

```
b <- 2
b*3
```

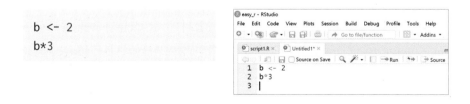

8. 작성이 완료되면 Ctrl + S 를 누르고 'script2'라는 이름으로 저장합니다. 소스 창 왼쪽 위를 보면 'Untitled1'로 되어 있던 이름이 'script2.R'로 바뀐 것을 볼 수 있습니다. 그리고 파일 창을 보면 프로젝트 폴더 안에 'script2.R' 파일이 생성된 것을 볼 수 있습니다.

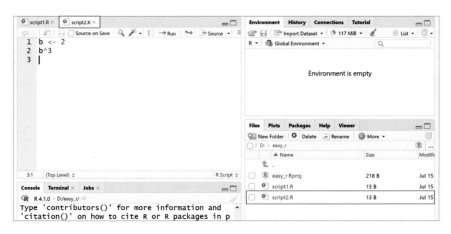

프로젝트 폴더를 열어보면 R 스튜디오의 파일 창에서 본 것과 마찬가지로 script1.R 파일과 script2.R 파일이 생성되어 있습니다. 이 파일들은 모두 'D:/easy_r' 폴더에 들어 있고, easy_r이라는 이름의 프로젝트에서 관리됩니다. 즉, 여러 개의 스크립트 파일을 하나의 프로젝트 안에서 관리할 수 있습니다.

9. 저장하기

R 스튜디오는 기본적으로 자동 저장 기능을 갖추고 있습니다. R 스튜디오를 종료하면 [Save workspace image to D:/easy_r/.RData]라는 확인 창이 나타납니다. [Save]를 클릭하면 분석 과정에서 생성한 데이터가 저장되면서 R 스튜디오가 종료됩니다. 생성한 데이터가 없을 경우에는 곧바로 R 스튜디오가 종료됩니다. R 스튜디오를 다시 실행하면 최근에 사용한 프로젝트와 데이터를 자동으로 불러옵니다.

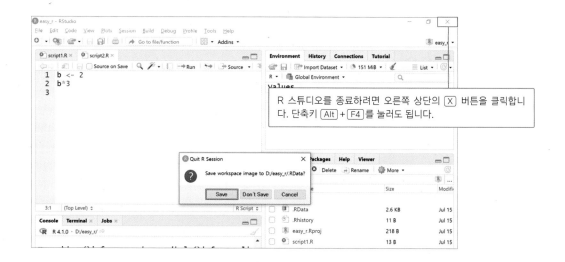

분석 과정에서 데이터를 생성하고 동시에 스크립트도 수정했을 경우, 데이터와 스크립트를 모두 저장할 것인지 묻는 창이 나타납니다. [Save Selected]를 클릭하면 데이터와 스크립트가 저장되면서 R 스튜디오가 종료됩니다. 체크 박스를 이용해서 둘 중 원하는 것을 선택해 저장할 수 있습니다.

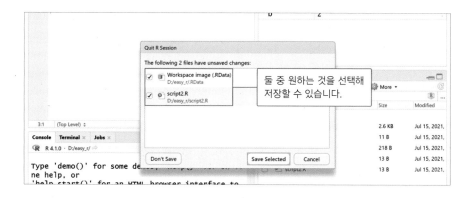

워킹 디렉터리

분석 결과를 저장하거나 외부에서 파일을 불러올 때 사용하는 폴더를 '워킹 디렉터리(Working Directory)'라고 합니다. 프로젝트를 만들면 프로젝트 폴더가 워킹 디렉터리로 지정됩니다. 지금은 'D:/easy_r' 폴더가 워킹 디렉터리이므로 파일을 불러오는 코드를 실행하면 'D:/easy_r' 폴더에 있는 파일을 불러오고, 이미지 파일이나 엑셀 파일 등 작업물을 파일로 저장하는 코드를 실행하면 'D:/easy_r' 폴더에 저장합니다.

> ✅참고 파일을 불러오거나 저장할 때 기본적으로 워킹 디렉터리를 참조하지만 다른 폴더를 참조하도록 경로를 직접 지정해서 코드를 작성할 수도 있습니다. 외부 파일을 불러오거나 저장하는 방법은 04-3절에서 다룹니다.

02-4
유용한 환경 설정

R 스튜디오에는 두 종류의 환경 설정 메뉴가 있습니다.

글로벌 옵션 (Global Options)	R 스튜디오 사용 전반에 영향을 미치는 옵션
프로젝트 옵션 (Project Options)	해당 프로젝트에만 영향을 미치는 옵션. 프로젝트가 열려 있는 상태에서만 활성화됩니다.

Global Options에서 설정한 사항은 R 스튜디오 사용 전반에 영향을 미치는 반면, Project Options에서 설정한 사항은 해당 프로젝트에만 영향을 미칩니다. 따라서 프로젝트마다 서로 다른 방식으로 Project Options를 설정해둘 수 있습니다.

✔ 참고 Project Options 메뉴들은 Global Options와 비슷합니다. 일반적으로 Project Options는 변경하지 않고 기본 설정대로 두고 작업합니다.

R 스튜디오의 환경 설정 중 미리 설정해 두면 좋은 옵션들을 소개하겠습니다.

Soft-wrap 자동 줄바꿈 옵션 설정하기

Soft-wrap 기능을 설정해두면 소스 창에서 코드가 화면을 벗어날 정도로 길어질 경우 자동으로 줄이 바뀝니다. 다른 옵션들은 기호에 따라 설정하면 되지만 Soft-wrap 기능은 기본적으로 설정해두는 게 좋습니다.

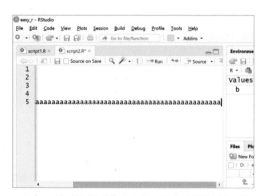

Soft-wrap이 설정되지 않은 소스 창. 코드가 길어지면 화면 밖으로 벗어납니다.

Soft-wrap 기능이 설정된 소스 창. 코드가 길어지면 자동으로 줄이 바뀝니다.

[Tools → Global Options]를 클릭한 후, [Code] 탭을 클릭하고 [Soft-wrap R source files] 항목을 체크합니다.

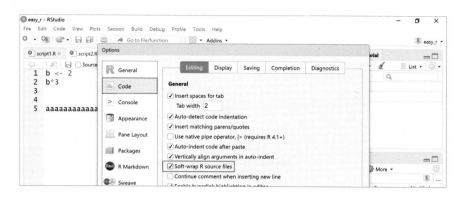

알아두면 좋아요! } **Global Options의 메뉴 알아보기**

Global Options는 아래와 같은 탭으로 구성됩니다.

하위 메뉴	내용
General	R 버전, 워킹 디렉터리, 자동 저장 등 기본 설정
Code	들여쓰기, 줄 바꿈, 하이라이트 등 코드 작성 관련 기능 설정
Console	콘솔 창 출력 화면 설정
Appearance	화면 크기, 테마, 글씨체, 글씨 크기 등 화면 설정
Pane Layout	창 위치 설정
Packages	CRAN mirror 서버, 패키지 다운로드 등 패키지 관련 설정
R Markdown	R 마크다운 문서 작성 도구 설정
Sweave	LaTeX, PDF 등 문서 출력 기능 설정
Spelling	오타 검토 기능 설정
Git/SVN	버전 관리 시스템 설정
Publishing	온라인 배포 설정
Terminal	터미널 탭 설정
Accessibility	웹 접근성 설정
Python	파이썬 인터프리터 설정

인코딩 방식 설정하기

인코딩 방식을 설정하는 것도 중요합니다. 스크립트 내용 중 한글 부분이 깨져 나오는 경우가 있는데, 이는 대부분 인코딩 설정이 달라 생기는 문제입니다.

[Tools → Project Options]를 클릭한 후 [Code Editing] 탭을 클릭합니다.

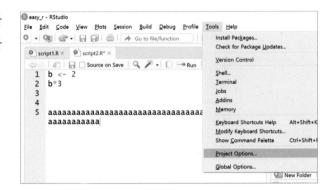

[Text encoding] 항목을 확인해 보면 인코딩이 UTF-8로 설정되어 있는 것을 볼 수 있습니다. 만약 다른 인코딩으로 되어 있을 경우 [Change…]를 클릭해 'UTF-8'로 바꾸면 한글로 작성된 스크립트도 정상적으로 출력됩니다.

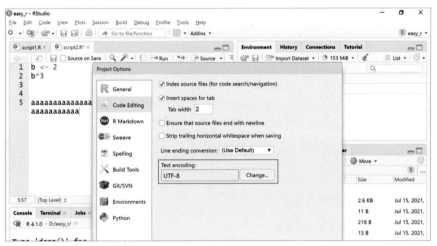

Code Editing 탭의 인코딩 설정 항목

✔참고 인코딩(Encoding)은 컴퓨터가 문자를 표현하는 방식을 의미합니다. 문서 파일에 따라 인코딩 방식이 다르기 때문에 문서 파일과 프로그램의 인코딩이 맞지 않으면 문자가 깨지는 문제가 생깁니다.

3장부터는 이렇게 공부하세요!

지금까지 R 스튜디오 사용 방법과 기본적인 설정에 대해 알아봤습니다. 3장부터 본격적으로 실습하면서 R의 기초를 배웁니다. 책에 설명된 코드를 직접 R 스튜디오 소스 창에 입력한 후 Ctrl + Enter 를 눌러 같은 결과가 출력되는지 확인하면서 실습하세요.

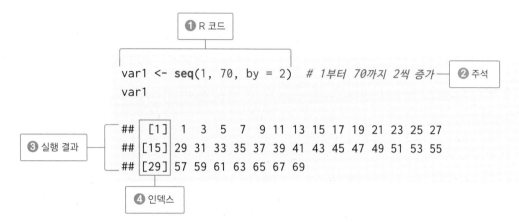

❶ 박스에서 영문자로 시작하는 부분은 R 코드입니다. 이 내용을 소스 창에 입력한 다음 실행하면 됩니다.

❷ 샵이 1개(#) 표시되고 기울임체로 된 부분은 '주석'입니다. 주석은 코드를 설명하는 일종의 메모로, 코드를 실행했을 때 결과에 영향을 미치지 않습니다. 중간중간 주석을 달아 놓으면 코드를 이해하는 데 도움이 됩니다.

❸ 샵이 2개(##) 표시된 행은 코드를 실행해서 콘솔 창에 나타난 출력 결과입니다.

❹ 실행 결과의 앞에 표시된 대괄호 안 숫자는 결괏값이 몇 번째 순서에 위치하는지 의미하는 인덱스(Index) 값입니다. 실행 결과가 한 줄에 출력되면 [1]이 표시됩니다. 실행 결과가 많아서 여러 줄에 출력될 경우, 각 줄마다 첫 번째 값의 인덱스가 표시됩니다. 콘솔 창 너비를 조절하면 한 줄에 출력되는 결괏값의 개수가 달라지기 때문에 인덱스 값도 달라집니다.

• 코드는 한 스크립트에 계속 이어서 작성하면 됩니다. 원한다면 스크립트를 여러 개 만들어도 됩니다. 단, 동일한 프로젝트 폴더에 저장해야 합니다.

• 실습이 끝나면 Ctrl + S 를 눌러 스크립트를 저장하세요. R 스튜디오를 종료했다가 다시 실행하면 최근에 사용한 프로젝트, 스크립트, 저장된 데이터를 자동으로 불러옵니다.

만약 책과 똑같이 코드를 입력하고 실행했는데 에러 메시지가 나타나거나 다른 결과가 출력된다면 코드에 오류가 있거나 실행 순서가 틀렸기 때문입니다. 이럴 땐 200쪽의 '꿀팁 01 − 초보자가 자주 하는 실수'를 참고하세요.

03

데이터 분석을 위한 연장 챙기기

이 장에서는 데이터를 분석하는데 필요한 기본 개념인 변수, 함수, 패키지를 알아보고 R에서 사용하는 방법을 익힙니다.

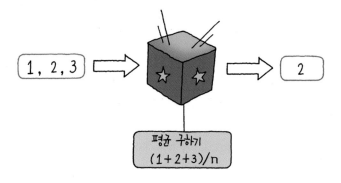

03-1 변하는 수, '변수' 이해하기

03-2 마술 상자 같은 '함수' 이해하기

03-3 함수 꾸러미, '패키지' 이해하기

03-1
변하는 수, '변수' 이해하기

변수는 '변하는 수'다

아래 표는 소득, 성별, 학점, 국적의 네 가지 정보를 담고 있습니다. 여기서 소득, 성별, 학점은 국적과 달리 다양한 값을 지니고 있다는 특징이 있습니다. 어떤 사람의 소득은 1,000만 원부터 4,000만 원까지의 범위로 분포되어 있습니다. 성별은 남자 또는 여자일 수 있고, 학점은 2.6~4.5점의 범위로 분포되어 있습니다. 이처럼 다양한 값을 지니고 있는 하나의 속성을 '변수(Variable)'라고 합니다. 데이터는 변수들의 덩어리라고 할 수 있습니다. 여러 변수가 모여 데이터가 됩니다.

변수			상수
소득	성별	학점	국적
1,000만 원	남자	3.8	대한민국
2,000만 원	남자	4.2	대한민국
3,000만 원	여자	2.6	대한민국
4,000만 원	여자	4.5	대한민국

변수는 데이터 분석의 대상

변수는 데이터 분석의 대상이 됩니다. 위 데이터를 이용하면 성별에 따라 소득이 다른지, 성별에 따라 학점에 차이가 있는지, 학점과 소득은 어떤 관계가 있는지 분석할 수 있습니다. 데이터 분석은 변수 간에 어떤 관계가 있는지 파악하는 작업입니다.

상수는 분석할 게 없다

위 표에서 국적은 다른 속성들과 달리 '대한민국'이라는 고정된 값을 지니고 있습니다. 이처럼 하나의 값으로만 되어 있는 속성을 '상수(Constant)'라고 합니다. 상수는 변수와 달리 분석 대상이 될 수 없습니다. 위 자료로는 모든 사람이 같은 국적을 가지고 있기 때문에 국적에 따른 소득 차이나 국적에 따른 여성 비율을 분석할 수 없습니다.

R에서 변수를 만드는 방법을 알아보겠습니다. 변수를 만들 때는 왼쪽을 향한 화살표 기호 <-를 사용합니다. 예를 들어, a <- 1은 '변수 a를 만들어 1을 집어넣으라'는 의미가 됩니다. a라는 이름의 빈 그릇에 1이라는 내용물을 담는다고 생각하면 됩니다.

✔참고 화살표 기호는 변수에 값을 할당한다는 의미에서 '할당 연산자(Assignment Operators)'라고 합니다.

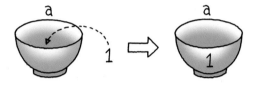

1. 변수를 만들고 나서 a를 실행해 보세요. a에 들어 있는 1이 출력됩니다.

```
a <- 1   # a에 1 할당
a        # a 출력

## [1] 1
```

2. 같은 방식으로 변수를 몇 개 더 만들어 보겠습니다.

```
b <- 2
b

## [1] 2

c <- 3
c

## [1] 3

d <- 3.5
d

## [1] 3.5
```

✔참고 a = 1처럼 화살표 대신 등호(=)를 사용해도 됩니다. 하지만 R에서는 등호가 변수를 만드는 것 외에도 다른 기능을 하기 때문에 변수를 만들 때는 헷갈리지 않도록 화살표 기호를 사용하길 권합니다.

3. 변수를 만들면 변수를 이용해 연산할 수 있습니다. 변수끼리 연산할 수도 있고, 변수와 숫자를 조합해 연산할 수도 있습니다. 앞에서 만든 변수를 이용해 연산해 보겠습니다.

```
a+b

## [1] 3

a+b+c

## [1] 6

4/b

## [1] 2

5*b

## [1] 10
```

변수명 생성 규칙

여기서는 변수를 만드는 과정을 익히기 위해서 변수명을 단순하게 알파벳으로 정했습니다. 하지만 실제 분석에서는 score, sex, grade처럼 알아보기 쉽고 기억하기 쉽도록 의미를 담아 이름을 정합니다. 변수명은 문자, 숫자, 언더바(_)를 조합해 정할 수 있습니다. 단, 문자로 시작해야 합니다.

변수명은 한글로 정해도 되지만, 간혹 오류가 발생되는 경우가 있으니 영문으로 하길 권장합니다. 또한 대소문자를 구분하기 때문에 헷갈리지 않도록 모든 변수를 소문자로 만드는 습관을 들이는 게 좋습니다.

✔참고 변수명을 대문자와 소문자를 혼합해 만들면 오류가 발생했을 때 스크립트에서 오타를 찾느라 고생하는 경우가 많습니다.

 **여러 값으로 구성된 변수 만들기**

변수에는 여러 개의 값을 넣을 수도 있습니다. c() 함수는 변수에 여러 개의 값을 넣는 기능을 합니다. 괄호 안에 쉼표를 이용해 숫자를 나열하는 형태로 사용합니다.

✔참고 c() 함수의 'c'는 '합치다'를 의미하는 'Combine'의 머리글자입니다. 함수는 특정한 기능을 수행하는 명령어입니다. 앞으로 실습을 하면서 다양한 함수들을 다루게 됩니다.

1. c() 함수를 이용해 다섯 개의 숫자로 된 변수를 만들어 보겠습니다.

```
var1 <- c(1, 2, 5, 7, 8)   # 숫자 5개로 구성된 var1 생성
var1

## [1] 1 2 5 7 8
```

✔참고 변수명 var1에서 'var'은 '변수'를 의미하는 'Variable'의 머리글자입니다.

2. 콜론(:)을 이용해 시작 숫자와 마지막 숫자를 입력하면 1씩 증가하면서 연속된 숫자로 변수를 만듭니다.

```
var2 <- c(1:5)   # 1~5까지 연속 값으로 var2 생성
var2

## [1] 1 2 3 4 5
```


3. seq() 함수로도 연속 값을 지닌 변수를 만들 수 있습니다. seq() 함수는 괄호 안에 시작 숫자와 마지막 숫자를 쉼표로 구분하여 입력하는 형태로 사용합니다.

```
var3 <- seq(1, 5)   # 1~5까지 연속 값으로 var3 생성
var3

## [1] 1 2 3 4 5
```

✔참고 seq() 함수에서 'seq'는 '연속'을 의미하는 Sequence의 머리글자입니다.

by 파라미터를 이용하면 일정한 간격을 두고 연속된 숫자로 된 변수를 만들 수 있습니다.

```
var4 <- seq(1, 10, by = 2)   # 1~10까지 2 간격 연속 값으로 var4 생성
var4

## [1] 1 3 5 7 9
```

✔참고 파라미터는 함수에 특정한 기능을 설정하는 일종의 옵션입니다. 파라미터는 뒤에서 자세히 다룹니다.

```
var5 <- seq(1, 10, by = 3)   # 1~10까지 3 간격 연속 값으로 var5 생성
var5

## [1]  1  4  7 10
```

4. 여러 값으로 구성된 변수로도 연산할 수 있습니다. 앞에서와 마찬가지로 변수끼리 연산할 수도 있고, 변수와 숫자를 조합해 연산할 수도 있습니다. 1부터 5까지 5개의 숫자로 된 변수 var1에 2를 더해 보겠습니다. 그러면 순서대로 다섯 개의 숫자에 2를 더한 값이 출력됩니다.

```
var1

## [1] 1 2 5 7 8

var1+2

## [1]  3  4  7  9 10
```

5. 여러 값으로 구성된 변수끼리 연산하면 같은 순서에 위치한 값끼리 연산합니다. 변수 var1과 var2를 더하면 첫 번째 값은 var1의 첫 번째 값인 1과 var2의 첫 번째 값인 1을 더해 2가 되고, 두 번째 값은 var1의 두 번째 값인 2와 var2의 두 번째 값인 2를 더해 4가 되는 식입니다.

```
var1

## [1] 1 2 5 7 8

var2

## [1] 1 2 3 4 5

var1+var2

## [1]  2  4  8 11 13
```

문자로 된 변수 만들기

1. str1에 소문자 a를 넣어 변수를 만들어 보겠습니다. 변수에 문자를 넣을 때는 문자 앞 뒤에 따옴표 "를 붙여야 합니다.

```
str1 <- "a"
str1

## [1] "a"
```

str1을 실행하자 "a"가 출력됐습니다. 출력된 값의 앞뒤에 따옴표가 붙어 있으면 문자로 구성된 변수라는 것을 의미합니다.

> **✔참고** 변수명 **str1**에서 'str'은 '문자열'을 의미하는 'String'의 머리글자입니다.

2. 문자 변수에는 하나의 문자, 여러 개의 문자로 구성된 단어, 여러 개의 단어로 구성된 문장을 넣을 수 있고, 띄어쓰기나 특수문자를 넣을 수도 있습니다.

```
str2 <- "text"
str2

## [1] "text"

str3 <- "Hello World!"
str3

## [1] "Hello World!"
```

3. 변수를 여러 개의 숫자로 만들었던 것과 마찬가지로 c() 함수를 이용하면 여러 개의 문자로 구성된 변수를 만들 수 있습니다. 변수에 넣을 문자를 쉼표를 사용해 나열하면 됩니다. 이때 각 문자의 앞뒤에 따옴표를 넣어야 합니다.

```
str4 <- c("a", "b", "c")
str4

## [1] "a" "b" "c"

str5 <- c("Hello!", "World", "is", "good!")
str5

## [1] "Hello!" "World"  "is"      "good!"
```

여러 문자로 구성된 변수를 실행하면 여러 문자들이 동시에 출력됩니다. 출력 결과를 보면 각 문자의 앞뒤에 따옴표가 붙어 있는 것을 확인할 수 있습니다.

✔참고 단어들 중 가장 긴 단어의 길이를 기준으로 출력 구간을 정하기 때문에 "is"와 "good!" 사이의 간격이 벌어진 형태로 출력됩니다.

문자로 된 변수로는 연산할 수 없다

숫자로 된 변수로는 연산할 수 있지만, 문자로 된 변수로는 연산할 수 없습니다. 문자 변수로 연산하면 에러 메시지가 출력됩니다. 단어들을 붙이거나 자르는 등 문자로 된 데이터로 분석 작업을 하려면 문자 처리 기능을 가지고 있는 함수를 이용해야 합니다.

✔참고 문자를 처리하는 함수는 68쪽에서 다룹니다.

```
str1+2

## Error in str1 + 2 : non-numeric argument to binary operator
```

03-2
마술 상자 같은 '함수' 이해하기

데이터 분석은 함수로 시작해 함수로 끝난다

데이터 분석은 '함수를 이용해서 변수를 조작하는 일'이라고 할 수 있습니다. 대부분의 분석 작업은 함수를 다루는 것으로 시작해 함수를 다루는 것으로 끝납니다. 데이터 분석 공부는 함수들의 기능과 조작 방법을 익히는 과정입니다. 다양한 함수를 능숙하게 다룰수록 의도한 대로 데이터를 분석할 수 있게 됩니다.

함수는 마법 상자 같은 기능을 한다

마술사가 상자에 물을 한 컵 넣고 뚜껑을 닫습니다. 주문을 외우고 뚜껑을 열었더니 비둘기가 튀어나옵니다. 상자가 어떤 작용을 해서 물을 비둘기로 바꾼 것입니다.

함수는 마법 상자 같은 기능을 합니다. 함수에 값을 넣으면 특정한 기능을 수행해 처음과 다른 값이 만들어집니다.

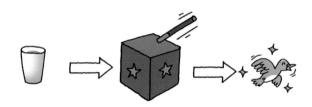

마법 상자 같은 역할을 하는 함수

함수에 3개의 숫자 1, 2, 3을 넣었더니 2가 나왔습니다. 무슨 일이 일어난 것일까요? 함수는 평균을 구하는 기능을 했습니다. 숫자를 모두 더한 후 개수로 나눠 2를 출력한 것입니다.

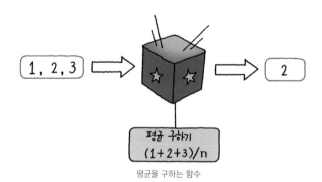

평균을 구하는 함수

> ✔참고 한자어 '함수(函數)'는 '숫자를 담는 상자'라는 의미를 지니고 있고, 함수를 뜻하는 영단어 'Function'은 '기능'이라는 의미를 지니고 있습니다.

숫자를 다루는 함수 이용하기

R에서 함수를 이용하는 방법을 알아보겠습니다. 함수는 '함수 이름'과 '괄호'로 구성됩니다. 함수 이름을 쓰고 그 뒤에 괄호를 입력한 후 함수의 기능을 적용할 값이나 변수를 입력하면 됩니다. 앞에서 이미 c()라는 함수를 다뤄본 적이 있습니다. c() 안에 쉼표로 값을 나열해 여러 값으로 구성된 변수를 만들어봤습니다.

1. 평균을 구하는 함수인 mean()을 사용해 보겠습니다. 우선 c()를 이용해 3개의 숫자 1, 2, 3으로 구성된 변수를 만들고, 이렇게 만든 변수를 mean()에 넣어 평균을 구해 보겠습니다.

```
# 변수 만들기
x <- c(1, 2, 3)
x

## [1] 1 2 3

# 함수 적용하기
mean(x)

## [1] 2
```

2. 위와 같은 방식으로 max()를 이용해 최댓값(숫자들 중 가장 큰 숫자)을 구하고, min()을 이용해 최솟값(숫자들 중 가장 작은 숫자)을 구해 보겠습니다.

```
max(x)

## [1] 3

min(x)

## [1] 1
```

 **문자를 다루는 함수 이용하기**

문자로 된 변수를 다루려면 문자 처리 전용 함수를 이용해야 합니다. 여기서는 여러 문자를 합쳐 하나로 만드는 함수인 paste()를 사용해 보겠습니다.

1. 03-1절에서 만든 변수 str5를 실행하면 4개의 단어가 각각 출력되는 것을 확인할 수 있습니다. str5를 paste()에 넣어 하나로 합치겠습니다. 이때 collapse = ","를 입력해 단어들을 쉼표로 구분하도록 설정하겠습니다.

```
str5

## [1] "Hello!" "World"  "is"      "good!"

paste(str5, collapse = ",")   # 쉼표를 구분자로 str5의 단어들 하나로 합치기

## [1] "Hello!,World,is,good!"
```

출력 결과를 보면 4개의 단어가 쉼표로 구분되어 하나로 합쳐진 것을 알 수 있습니다. 따옴표가 맨 앞과 맨 뒤에 하나씩만 있는 것을 보면 이 값이 여러 단어로 각각 구성된 게 아니라 하나로 구성되어 있다는 것을 알 수 있습니다.

2. 함수의 옵션 설정하기 - 파라미터

앞에서 paste()를 이용할 때 collapse = ","를 사용해 단어들이 쉼표로 구분되도록 설정했습니다. 이처럼 collapse는 단어를 구분할 문자를 지정하는 기능을 합니다. 이번에는 쉼표 대신 빈칸을 지정해 단어를 한 칸씩 띄우고 합쳐 보겠습니다.

```
paste(str5, collapse = " ")

## [1] "Hello! World is good!"
```

collapse처럼 함수의 옵션을 설정하는 명령어를 '파라미터(parameter)' 또는 '매개변수'라고 합니다. 함수들은 저마다 다른 기능을 하는 파라미터를 가지고 있고, 이를 조정해서 원

하는 결괏값을 얻을 수 있습니다. 따라서 어떤 파라미터가 있는지 알고 있어야 함수를 자유자재로 활용할 수 있습니다.

3. 함수의 결과물로 새 변수 만들기

함수의 결과물을 바로 출력할 수도 있지만, 새 변수에 집어넣을 수도 있습니다. 변수를 만들 때처럼 함수 앞에 변수명과 화살표를 입력하면 됩니다.

```
x_mean <- mean(x)
x_mean

## [1] 2

str5_paste <- paste(str5, collapse = " ")
str5_paste

## [1] "Hello! World is good!"
```

03-3
함수 꾸러미, '패키지' 이해하기

패키지란?

앞에서 함수를 특정한 기능을 가지고 있는 상자에 비유했습니다. '패키지(packages)'는 이런 상자들이 여러 개 들어 있는 상자 꾸러미에 비유할 수 있습니다. 하나의 패키지 안에는 다양한 함수가 들어 있습니다.

함수를 사용하려면 패키지 설치 먼저!

R에서는 그래프를 만들고, 텍스트 데이터를 분석하고, 머신러닝 알고리즘을 구현하는 등 다양한 기능을 하는 함수를 이용할 수 있습니다. 함수를 이용하려면 먼저 함수가 들어 있는 패키지를 설치하고 불러들여야 합니다. 예를 들어, 그래프를 만들 때 가장 많이 사용하는 패키지인 ggplot2에는 ggplot(), qplot(), geom_histogram() 등 수십 가지 그래프 관련 함수가 들어 있습니다. ggplot2 패키지를 설치하고 R에서 불러들이면 이 함수들을 이용할 수 있게 됩니다.

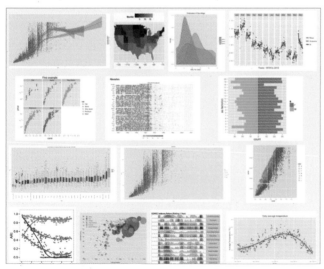

ggplot2 패키지로 만든 그래프(출처: http://bit.ly/2rwiab)

스마트폰에 앱을 깔듯 입맛대로 골라 설치할 수 있다

R의 가장 큰 장점은 다양한 패키지들이 존재한다는 점입니다. 전 세계의 R 사용자들이 패키지를 만들어 온라인에 공개하고 있습니다. 마치 스마트폰에 입맛에 맞는 앱을 깔듯, 누구든지 무료로 다운로드해 사용할 수 있습니다.

 **ggplot2 패키지 설치하기**

패키지를 설치하고 사용하는 방법을 알아보겠습니다. 패키지를 사용하려면 패키지를 설치한 후 로드해야 합니다. 로드(load)는 패키지를 사용할 수 있도록 불러들이는 작업을 의미합니다.

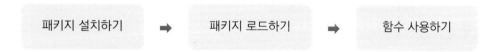

패키지는 한 번만 설치하면 되지만 **패키지를 로드하는 작업은 R 스튜디오를 새로 시작할 때마다 반복해야 합니다.** 패키지를 로드하지 않은 상태에서 함수를 실행하면 함수를 사용할 수 없다는 에러 메시지가 출력됩니다.

✔참고 앞에서 다룬 c(), paste(), mean() 같은 함수들은 R에 기본적으로 내장되어 있기 때문에 별도로 설치하지 않아도 됩니다.

1. ggplot2 패키지 설치하기

여기서는 데이터를 그래프로 표현하는 작업을 할 때 가장 많이 사용하는 패키지인 ggplot2를 설치하겠습니다. 패키지를 설치할 때는 install.packages()를 이용합니다. 괄호 안에 설치할 패키지의 이름을 입력하면 됩니다. 이때, **패키지 이름의 앞뒤에 반드시 따옴표를 넣어야 합니다.** install.packages("ggplot2")를 입력한 후 실행해 보세요.

```
# ggplot2 패키지 설치
install.packages("ggplot2")
```

✔참고 패키지는 서버에서 다운로드해야 하기 때문에 인터넷에 접속되어 있어야 합니다.

✔참고 패키지를 설치하거나 로드하는 과정에서 오류가 발생했다면 37쪽 'R 스튜디오 실행 오류 해결하기'를 참고해 설정을 바꾼 다음 다시 시도해 보세요.

코드를 실행하면 CRAN 서버에서 **ggplot2** 패키지를 다운로드해 자동으로 설치합니다. 서버에서 패키지 관련 파일들을 다운로드해 하드디스크에 설치하는 과정이 콘솔 창에 출력되고 R 스튜디오 화면 중앙에 패키지를 얼마나 다운로드했는지 보여 주는 창이 나타납니다.

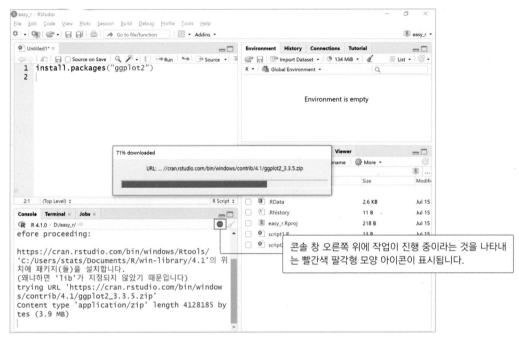

설치 중 화면. 다운로드 속도가 빠르면 창이 순식간에 나타났다가 사라져서 보지 못할 수도 있습니다.

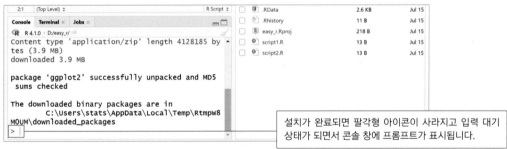

다운로드와 설치가 완료된 화면

2. 설치가 완료되면 R에서 함수를 사용할 수 있도록 패키지를 로드해야 합니다. 패키지를 로드할 때는 library()를 사용합니다. 괄호 안에 로드할 패키지 이름을 입력하면 됩니다. install.packages()를 이용해 패키지를 설치할 때와 달리, 패키지 이름의 앞뒤에 따옴표를 넣어도 되고 넣지 않아도 됩니다. library()를 이용해 앞에서 설치한 ggplot2를 로드하겠습니다.

```
# ggplot2 패키지 로드
library(ggplot2)
```

3. 함수 사용하기

패키지를 로드하고 나면 패키지에 들어 있는 다양한 함수를 이용할 수 있습니다. ggplot2를 로드했으니 이제 그래프를 만드는 함수들을 이용할 수 있는 상태가 됐습니다. ggplot2 패키지에 들어 있는 qplot() 함수를 이용해 간단한 빈도 막대 그래프를 만들어보겠습니다. 빈도 막대 그래프는 값의 개수(빈도)를 막대의 길이로 표현한 그래프입니다.

먼저 여러 개의 문자로 구성된 변수를 만든 후, 이 변수를 qplot()에 넣어 실행하겠습니다.

```
# 여러 문자로 구성된 변수 생성
x <- c("a", "a", "b", "c")
x

# 빈도 막대 그래프 출력
qplot(x)
```

R 스튜디오의 오른쪽 아래 플롯(Plots) 창에 그래프가 출력된 것을 볼 수 있습니다.

 **ggplot2의 mpg 데이터로 그래프 만들기**

패키지에는 함수의 기능을 테스트할 수 있는 예제 데이터가 들어 있습니다. `ggplot2` 패키지에 들어 있는 `mpg` 데이터를 이용해서 그래프를 만들어 보겠습니다. `mpg`(Mile Per Gallon) 데이터는 미국 환경 보호국(US Environmental Protection Agency)에서 공개한 자료로, 1999~2008년 사이 미국에서 출시된 자동차 234종의 연비 관련 정보를 담고 있습니다.

함수의 다양한 기능 이용하기

`paste()` 함수에서 문자들 사이에 넣을 구분자를 지정할 때 사용했던 `collapse`처럼, 함수들은 저마다의 기능을 설정하는 파라미터를 가지고 있습니다. 파라미터를 활용하면 함수의 다양한 기능을 이용할 수 있습니다.

1. 파라미터 설정을 바꿔보면서 qplot()의 기능이 어떻게 달라지는지 살펴보겠습니다. qplot()의 data 파라미터에 mpg 데이터를 지정하고, 그래프의 x축을 결정하는 x 파라미터에 hwy를 지정해 '고속도로 연비별 빈도 막대 그래프'를 만들겠습니다. hwy는 자동차가 고속도로에서 1갤런에 몇 마일을 가는지 나타낸 변수입니다.

✔참고 여기서는 파라미터에 따라 함수의 기능이 달라지는 것만 간단히 확인하고 그래프를 만드는 방법은 8장에서 자세히 다룹니다.

```
# data에 mpg, x축에 hwy 변수 지정해 그래프 생성
qplot(data = mpg, x = hwy)
```

2. qplot()의 파라미터를 바꿔 가며 코드를 실행해 보겠습니다. 파라미터를 바꿀 때마다 그래프 형태가 어떻게 달라지는지 확인해 보세요.

```
# x축 cty
qplot(data = mpg, x = cty)

# x축 drv, y축 hwy
qplot(data = mpg, x = drv, y = hwy)

# x축 drv, y축 hwy, 선 그래프 형태
qplot(data = mpg, x = drv, y = hwy, geom = "line")

# x축 drv, y축 hwy, 상자 그림 형태
qplot(data = mpg, x = drv, y = hwy, geom = "boxplot")

# x축 drv, y축 hwy, 상자 그림 형태, drv별 색 표현
qplot(data = mpg, x = drv, y = hwy, geom = "boxplot", colour = drv)
```

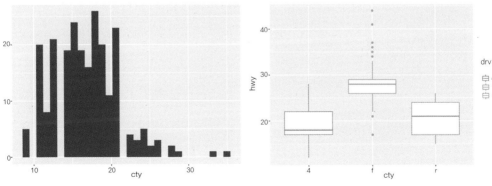

파라미터를 바꾸면 그래프 형태가 달라집니다.

함수의 기능이 궁금할 땐 Help 함수를 활용해 보세요

함수를 사용하다 보면 파라미터를 지정하는 방식 등 문법이 기억나지 않거나 헷갈릴 때가 있습니다. 이럴 때 함수명 앞에 물음표를 넣어 Help 함수를 실행하면 R 스튜디오의 Help 창에 매뉴얼이 나타납니다. 매뉴얼에는 함수 소개, 파라미터 사용법, 예제 코드가 들어 있습니다.

```
# qplot 함수 매뉴얼 출력
?qplot
```

✔참고 함수가 들어 있는 패키지를 로드한 상태에서만 매뉴얼을 출력하는 코드가 실행됩니다.

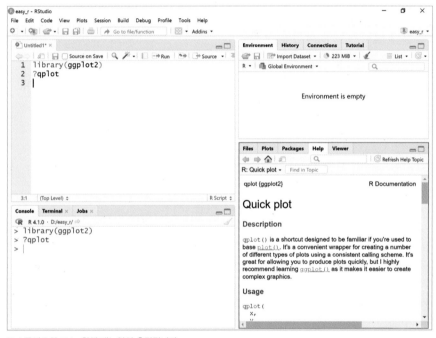

R 스튜디오의 Help 창에 매뉴얼이 출력됩니다.

앞에서 익힌 기능들을 활용해 분석 문제를 해결해 보세요.

Q1 시험 점수 변수 만들고 출력하기
다섯 명의 학생이 시험을 봤습니다. 학생들의 시험 점수를 담고 있는 변수를 만들어 출력해 보세요. 각 학생의 시험 점수는 아래와 같습니다.

```
80, 60, 70, 50, 90
```

Q2 전체 평균 구하기
앞 문제에서 만든 변수를 이용해 이 학생들의 전체 평균 점수를 구해 보세요.

Q3 전체 평균 변수 만들고 출력하기
전체 평균 점수를 담고 있는 새 변수를 만들어 출력해 보세요. 앞 문제를 풀 때 사용한 코드를 응용하면 됩니다.

정답: 352쪽

둘째마당

●

본격 실습!
데이터 갖고 놀기

변수와 함수, 패키지를 익혔으니 이제 본격적으로 데이터를 다뤄볼 차례입니다. 둘째마당에서는 데이터의 구조를 파악하는 것부터 데이터 추출하기, 합치기, 그래프 만들기에 이르기까지 데이터를 자유자재로 가지고 놀 수 있는 방법을 익힙니다.

04 데이터 프레임의 세계로!

05 데이터 분석 기초! - 데이터 파악하기, 다루기 쉽게 수정하기

06 자유자재로 데이터 가공하기

07 데이터 정제하기 - 빠진 데이터, 이상한 데이터 제거하기

08 그래프 만들기

04

데이터 프레임의 세계로!

이 장에서는 가장 많이 사용하는 데이터 형태인 '데이터 프레임'에 대해 알아봅니다. 데이터 프레임을 만들고, 저장하고, 외부에서 생성된 데이터를 불러와 데이터 프레임으로 변환하는 방법을 익혀 보겠습니다.

이름	영어 점수	수학 점수
김지훈	90	50
이유진	80	60
박동현	60	100
김민지	70	20

04-1 데이터는 어떻게 생겼나? - 데이터 프레임 이해하기

04-2 데이터 프레임 만들기 - 시험 성적 데이터를 만들어 보자!

04-3 외부 데이터 이용하기 - 축적된 시험 성적 데이터를 불러오자!

04-1

데이터는 어떻게 생겼나? - 데이터 프레임 이해하기

데이터 프레임(Data Frame)은 가장 많이 사용하는 데이터 형태로, 행과 열로 구성된 사각형 모양의 표처럼 생겼습니다. 한 기업에서 연봉에 영향을 미치는 요인이 무엇인지 파악하기 위해 회사원들을 대상으로 조사를 했다고 가정해 보겠습니다. 조사 결과를 아래와 같이 표로 정리했습니다.

성별	연령	학점	연봉
남자	26	3.8	2,700만 원
여자	42	4.2	4,000만 원
남자	35	2.6	3,500만 원

위 표는 4개의 열과 3개의 행으로 구성된 데이터 프레임입니다. 열은 성별, 연령, 학점, 연봉의 네 가지 속성으로 되어 있고, 행을 보면 세 명의 자료임을 알 수 있습니다. 이 표는 '4개의 속성에 대한 3명의 자료로 구성된 데이터 프레임'이라고 할 수 있습니다.

'열'은 속성이다

세로로 나열되는 열은 속성을 나타냅니다. 열은 '컬럼(Column)' 또는 '변수(Variable)'라고 불립니다.

4개의 열

A	B	C	D

성별	연령	학점	연봉
남자	26	3.8	2,700만 원
여자	42	4.2	4,000만 원
남자	35	2.6	3,500만 원

만약, 어떤 데이터가 100가지 속성에 대한 정보를 가지고 있다면, 그 데이터는 100개의 컬럼 또는 100개의 변수를 가지고 있다고 표현할 수 있습니다. 누군가 "그 데이터는 몇 컬럼까지 있나요?", "변수가 몇 개짜리 데이터인가요?"라고 묻는다면, 이는 데이터가 몇 가지 속성을 담고 있는지 묻는 질문입니다.

'행'은 한 사람의 정보다

가로로 나열되는 행은 각 사람에 대한 정보를 보여 줍니다. 행은 Row(로) 또는 Case(케이스)라고 불립니다.

	성별	연령	학점	연봉
1 ➡	남자	26	3.8	2,700만 원
2 ➡	여자	42	4.2	4,000만 원
3 ➡	남자	35	2.6	3,500만 원

3개의 행

만약 어떤 데이터가 30명의 정보로 구성되어 있다면, 그 데이터는 30개의 Row 또는 30개의 Case를 가지고 있다고 표현할 수 있습니다. 누군가 "그 데이터는 몇 Row까지 있나요?", "몇 Case짜리 데이터인가요?"라고 묻는다면, 이는 데이터가 몇 명에 대한 정보를 담고 있는지 묻는 질문입니다.

한 명에 대한 데이터는 가로 한 줄에 나열된다

위 표를 보면 한 사람의 정보는 가로 한 줄에 나열되어 있습니다. 첫 번째 행을 보면 이 사람은 26세 남자이고, 졸업 학점이 3.8이며, 연봉은 2,700만 원이라는 것을 알 수 있습니다. 한 명의 데이터는 하나의 행으로 구성됩니다. 만약 어떤 데이터가 한 사람의 100가지 속성에 대한 정보를 담고 있다면 그 데이터는 100개의 열로 구성된 하나의 행으로 표현됩니다. 수만 개의 속성을 담고 있더라도 하나의 행으로 표현됩니다.

여기서 행이 반드시 사람이어야 하는 건 아닙니다. 무엇이든 하나의 단위가 하나의 행으로 구성될 수 있습니다. 예를 들어, 하나의 도시, 하나의 거래 내역, 하나의 웹 사이트 접속 기록도 행이 될 수 있습니다. 어떤 데이터가 도시 단위로 되어 있고, 50개 도시의 정보를 가지고 있다면 이는 50행으로 구성된 데이터가 됩니다.

	도시	인구	면적	인구밀도
1 ➡	서울	9,983만 명	605㎢	16,402명/㎢
2 ➡	대구	3,436만 명	770㎢	4,450명/㎢
3 ➡	부산	2,470만 명	884㎢	2,790명/㎢

3개의 행

데이터가 크다 = 행이 많다 또는 열이 많다

"데이터가 크다"라는 말은 행이 많다는 의미일 수도 있고, 열이 많다는 의미일 수도 있습니다. 그렇다면 데이터를 분석하는 입장에서 봤을 때 행이 많은 것과 열이 많은 것 중 무엇이 더 중요할까요? 답부터 말씀드리면 열이 많은 것이 더 중요합니다.

100명의 데이터를 분석하다가 데이터가 많아져서 10만 명의 데이터를 분석하게 됐다면 데이터 분석가는 컴퓨터가 느려지는 문제를 겪게 됩니다. 이 문제를 해결하는 방법은 성능이 좋은 장비를 구축하는 것입니다. 메모리와 CPU를 늘려보고, 그래도 힘들다면 분산 처리 시스템을 구축하면 됩니다. 행이 늘어나더라도 분석 기술의 측면에서는 별다른 차이가 생기지 않습니다. 100명의 데이터로 평균을 구하든, 10만 명의 데이터로 평균을 구하든 분석 방법이 동일하다면 데이터 분석에 들이는 노력은 달라지지 않습니다.

데이터의 행이 늘어난다면?

번호	성별	연령
1	남자	26
2	여자	42
⋮	⋮	⋮
1,000,000	남자	27

데이터의 열이 늘어난다면?

번호	성별	연령	학점	연봉	…	출신지	전공
1	남자	26	3.8	2,700만	…	서울	경영
2	여자	42	4.2	4,000만	…	부산	심리
3	남자	27	2.6	3,200만	…	대전	사회

반면, 열이 많아지면 어떤 문제가 발생할까요? 데이터 분석은 학점과 연봉의 관계를 분석하거나 전공에 따른 연봉의 차이를 분석하는 등 변수들의 관계를 다룹니다. 그런데 열이 많아지면 변수를 조합할 수 있는 경우의 수가 늘어납니다. 예를 들어, 학점과 연봉의 관계는 전공이 무엇인지에 따라 다른 양상으로 나타날 수 있습니다. 여기에 출신지, 자격증, 성별, 직업군 등 수십 가지 변수가 추가되면 경우의 수가 기하급수적으로 늘어납니다. 변수가 늘어나면 단순한 분석 방법으로는 해결하기 힘들어지고 여러 변수의 영향을 동시에 고려할 수 있는 복잡한 분석 방법을 활용해야 할 필요성이 생깁니다. 최근 머신러닝이 주목받는 이유도 바로 이 때문입니다.

변수가 많아지면 적용하는 분석 기술이 달라지기 때문에 분석가는 전보다 많은 노력을 기울여야 합니다. 따라서 데이터의 양을 의미하는 행보다 데이터의 다양성을 의미하는 열이 많은 것이 분석의 측면에서 더 중요합니다.

"데이터가 크다"

알아두면 좋아요! } 빅데이터는 중요한가?

빅데이터(Bigdata)라는 표현이 남용되고 있는 상황에 대해 생각해 볼 필요가 있습니다. '신용카드 결제 내역 1,000만 건을 분석한 결과, 치킨을 가장 많이 사먹는 것으로 나타났다!', '전국 10년치 교통사고 빅데이터를 분석한 결과, 서울에서 교통사고가 가장 많이 발생한 것으로 나타났다' 이게 과연 의미 있는 분석일까요?

데이터 분석의 가치는 어떤 현상이 조건에 따라 달라진다는 사실을 발견할 때 생겨납니다. 예를 들어, '특정 날씨에 어떤 음식이 더 많이 팔린다'거나 '어떤 모양의 도로에서 교통사고가 많이 발생한다'는 분석 결과는 조건과 현상의 관계를 알려주기 때문에 유용하게 활용할 수 있습니다. 이런 분석이 가능하려면 데이터가 다양한 변수로 구성되어 있어야 합니다. 데이터가 아무리 많더라도 다양한 변수를 담고 있지 않으면 변수들 간의 관련성을 분석할 수 없기 때문에 의미 있는 정보를 찾아낼 수 없습니다. '빅' 데이터가 아니라 '다양한' 데이터가 중요합니다.

04-2
데이터 프레임 만들기 - 시험 성적 데이터를 만들어 보자!

데이터 프레임은 데이터를 직접 입력해 만들 수도 있고, 외부의 데이터를 가져와 만들 수도 있습니다. 먼저 데이터를 입력해 데이터 프레임을 만드는 방법을 알아보겠습니다.

 **데이터 입력해 데이터 프레임 만들기**

네 명의 학생이 영어 시험과 수학 시험을 봤다고 가정하고 아래와 같은 데이터 프레임을 만들어 보겠습니다.

영어 점수	수학 점수
90	50
80	60
60	100
70	20

1. 변수 만들기
우선 학생 네 명의 영어 점수와 수학 점수를 담은 변수를 각각 만듭니다.

```
english <- c(90, 80, 60, 70)   # 영어 점수 변수 생성
english

## [1] 90 80 60 70

math <- c(50, 60, 100, 20)     # 수학 점수 변수 생성
math

## [1]  50  60 100  20
```

2. 데이터 프레임 만들기

데이터 프레임을 만들 때는 `data.frame()`을 이용합니다. 데이터 프레임을 구성할 변수를 괄호 안에 쉼표로 나열하면 됩니다. 앞서 만든 2개의 변수를 이용해 데이터 프레임을 만들어 `df_midterm`에 할당하겠습니다.

```
# english, math로 데이터 프레임 생성해서 df_midterm에 할당
df_midterm <- data.frame(english, math)
df_midterm

##    english math
## 1       90   50
## 2       80   60
## 3       60  100
## 4       70   20
```

참고 데이터 프레임의 이름을 정할 때 앞에 'Data Frame'의 약자인 'df'를 붙여 두면 다른 변수들과 구별하기 쉽습니다.

3. 이번에는 학생의 반에 대한 정보가 추가된 데이터 프레임을 만들겠습니다.

```
class <- c(1, 1, 2, 2)
class

## [1] 1 1 2 2

df_midterm <- data.frame(english, math, class)
df_midterm

##    english math class
## 1       90   50     1
## 2       80   60     1
## 3       60  100     2
## 4       70   20     2
```

학생 네 명의 영어 점수, 수학 점수, 반 정보가 담긴 데이터 프레임을 완성했습니다.

4. 분석하기

데이터 프레임이 완성됐으니 분석해 보겠습니다. mean()을 이용해 전체 학생의 영어 점수와 수학 점수 평균을 구하겠습니다.

```
mean(df_midterm$english)    # df_midterm의 english로 평균 산출

## [1] 75

mean(df_midterm$math)       # df_midterm의 math로 평균 산출

## [1] 57.5
```

위 코드에서 mean() 안에 입력된 df_midterm$english는 'df_midterm 데이터 프레임 안에 있는 english 변수'를 의미합니다. df_midterm$math는 'df_midterm 데이터 프레임 안에 있는 math 변수'를 의미합니다. 이처럼 달러 기호($)는 데이터 프레임 안에 있는 변수를 지정할 때 사용합니다.

5. 데이터 프레임 한 번에 만들기

앞에서는 여러 변수를 각각 만든 후 합치는 형태로 데이터 프레임을 만들었습니다. 이 밖에도 data.frame() 안에 변수와 값을 나열해서 한 번에 만드는 방법이 있습니다

```
df_midterm <- data.frame(english = c(90, 80, 60, 70),
                         math = c(50, 60, 100, 20),
                         class = c(1, 1, 2, 2))
df_midterm

##   english math class
## 1      90   50     1
## 2      80   60     1
## 3      60  100     2
## 4      70   20     2
```

✓참고 코드가 길어질 경우 쉼표 뒤에서 Enter 를 눌러 다음 줄로 넘겨 주세요. 이렇게 하면 전체적인 구조가 한눈에 잘 들어오기 때문에 코드를 이해하기 쉽고 오류를 찾기가 편해집니다.

앞에서 익힌 기능들을 활용해 분석 문제를 해결해 보세요.

Q1 `data.frame()`과 `c()`를 조합해 표의 내용을 데이터 프레임으로 만들어 출력해 보세요.

제품	가격	판매량
사과	1800	24
딸기	1500	38
수박	3000	13

Q2 앞에서 만든 데이터 프레임을 이용해 과일 가격 평균, 판매량 평균을 구해 보세요.

정답: 352쪽

04-3
외부 데이터 이용하기 - 축적된 시험 성적 데이터를 불러오자!

직접 데이터를 입력하기보다 외부에서 생성된 데이터를 불러와 분석하는 경우가 더 많습니다. 데이터를 관리할 때 가장 많이 사용되는 엑셀 파일과 CSV 파일을 불러와 데이터 프레임을 만드는 방법을 익혀 보겠습니다.

 **엑셀 파일 불러오기**

엑셀 파일을 불러와 데이터 프레임을 만드는 방법을 알아보겠습니다.

1. 우선 깃허브(bit.ly/doit_ra)에서 실습에 사용할 excel_exam.xlsx 파일을 다운로드한 뒤 엑셀에서 열어보세요.

✔️참고 깃허브에서 실습 파일을 다운로드하는 방법은 12쪽을 참고하세요.

	A	B	C	D	E
1	id	class	math	english	science
2	1	1	50	98	50
3	2	1	60	97	60
4	3	1	45	86	78
5	4	1	30	98	58
6	5	2	25	80	65
7	6	2	50	89	98
8	7	2	80	90	45
9	8	2	90	78	25
10	9	3	20	98	15
11	10	3	50	98	45
12	11	3	65	65	65

엑셀에서 확인한 excel_exam.xlsx

열을 보면 A~E열까지 총 5개의 변수로 구성되어 있습니다. 변수는 학생의 id(번호), class(반), 그리고 math(수학), english(영어), science(과학) 세 과목의 시험 점수 정보를 담고 있습니다. 행은 21행까지 있습니다. 첫 번째 행에는 변수명이 입력되어 있으니 20명에 대한 자료라는 걸 알 수 있습니다. 이제 이 엑셀 파일을 R에 불러오겠습니다.

2. 프로젝트 폴더에 엑셀 파일 삽입하기

데이터 파일을 불러오기 위해 가장
먼저 해야 하는 작업은 현재 작업
중인 프로젝트 폴더에 불러올 파
일을 삽입하는 것입니다. `excel_exam.xlsx` 파일을 프로젝트 폴더
에 넣어둡니다.

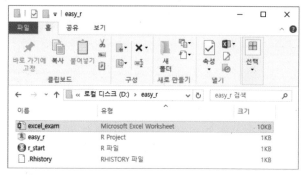

프로젝트 폴더에 삽입된 excel_exam.xlsx

3. readxl 패키지 설치하고 로드하기

엑셀 파일을 불러오려면 엑셀 파일을 불러오는 기능을 제공하는 패키지를 이용해야 합니다. `readxl` 패키지를 설치하고 로드합니다. **readxl의 맨 뒷 글자는 소문자 엘(l)입니다.**

```
install.packages("readxl")
library(readxl)
```

4. 엑셀 파일 불러오기

`readxl` 패키지에서 제공하는 `read_excel()`을 이용해 엑셀 파일을 불러옵니다. `read_excel()`은 엑셀 파일을 데이터 프레임으로 만드는 기능을 합니다. 괄호 안에 불러올 엑셀 파일명을 넣으면 됩니다. 확장자(.xlsx)까지 기입해야 하고, 양쪽에 따옴표(")가 들어가야 합니다. **R에서는 파일명을 지정할 때 항상 앞뒤에 따옴표를 넣습니다.** 불러들인 데이터를 출력하면 엑셀에서 봤던 것과 동일한 내용을 확인할 수 있습니다.

```
df_exam <- read_excel("excel_exam.xlsx")   # 엑셀 파일을 불러와 df_exam에 할당
df_exam                                     # 출력

##    id class math english science
## 1   1     1   50      98      50
## 2   2     1   60      97      60
## 3   3     1   45      86      78
## 4   4     1   30      98      58
## 5   5     2   25      80      65
## 6   6     2   50      89      98
    ...
```

프로젝트 폴더가 아닌 다른 폴더에 있는 엑셀 파일을 불러오려면 파일 경로를 지정하면 됩니다. 경로를 지정할 때는 슬래시(/)를 사용합니다.

```
df_exam <- read_excel("d:/easy_r/excel_exam.xlsx")
```

5. 분석하기

데이터를 불러왔으니 이제 분석을 해보겠습니다. mean()을 이용해 영어 점수와 과학 점수의 전체 평균을 구하겠습니다.

```
mean(df_exam$english)

## [1] 84.9

mean(df_exam$science)

## [1] 59.45
```

엑셀 파일 첫 번째 행이 변수명이 아니라면?

실습에 사용한 엑셀 파일은 첫 번째 행에 변수명이 입력되어 있습니다. read_excel()은 기본적으로 엑셀 파일의 첫 번째 행을 변수명으로 인식해 불러옵니다. 변수명 없이 첫 번째 행부터 바로 데이터가 시작되는 경우, 첫 번째 행의 데이터가 변수명으로 지정되면서 유실되는 문제가 발생합니다.

	A	B	C	D	E
1	1	1	50	98	50
2	2	1	60	97	60
3	3	2	25	80	65
4	4	2	50	89	98
5	5	3	20	98	15
6	6	3	50	98	45
7	7	4	46	98	65
8	8	4	48	87	12

변수명 없이 데이터로만 구성된 엑셀 파일

아래는 첫 행부터 데이터가 시작되는 엑셀 파일을 불러온 경우입니다. 출력 결과를 보면, 엑셀 파일 첫 번째 행을 변수명으로 인식해 원본과 달리 7행까지만 존재하는 문제가 발생한 것을 알 수 있습니다.

```
df_exam_novar <- read_excel("excel_exam_novar.xlsx")
df_exam_novar

##    1 1__1 50 98 50__1
## 1 2    1 60 97    60
## 2 3    2 25 80    65
## 3 4    2 50 89    98
## 4 5    3 20 98    15
## 5 6    3 50 98    45
## 6 7    4 46 98    65
## 7 8    4 48 87    12
```

이럴 때 col_names = F 파라미터를 설정하면 첫 번째 행을 변수명이 아닌 데이터로 인식해 불러오고, 변수명은 '...숫자'로 자동 지정됩니다. F는 대문자로 입력해야 한다는 것에 유의하세요.

```
df_exam_novar <- read_excel("excel_exam_novar.xlsx", col_names = F)
df_exam_novar

##     ...1 ...2 ...3 ...4 ...5
## 1     1    1   50   98   50
## 2     2    1   60   97   60
## 3     3    2   25   80   65
## 4     4    2   50   89   98
## 5     5    3   20   98   15
## 6     6    3   50   98   45
## 7     7    4   46   98   65
## 8     8    4   48   87   12
```

R에는 참(TRUE)과 거짓(FALSE) 중 하나로 구성되는 논리형 벡터(Logical Vectors)라는 변수 타입이 있습니다. 논리형 벡터는 어떤 값이 참인지 거짓인지를 나타내는데, 여기서는 col_names = F의 F가 거짓을 의미합니다. '열 이름(Column Name)을 가져올 것인가?'라는 질문에 '그렇지 않다'라는 답을 한 셈입니다. **논리형 벡터는 반드시 대문자 TRUE 또는 FALSE로 입력해야 합니다. 앞글자만 따서 T 또는 F를 입력해도 됩니다.**

✔참고 변수 타입은 15-2절에서 자세히 다룹니다.

엑셀 파일에 시트가 여러 개 있다면?

여러 개의 시트로 구성된 엑셀 파일을 불러올 경우 sheet 파라미터를 이용해 몇 번째 시트의 데이터를 불러올지 지정할 수 있습니다.

```
# 엑셀 파일의 세 번째 시트에 있는 데이터 불러오기
df_exam_sheet <- read_excel("excel_exam_sheet.xlsx", sheet = 3)
```

CSV 파일 불러오기

CSV 파일은 엑셀뿐 아니라 SAS, SPSS 등 데이터를 다루는 대부분의 프로그램에서 읽고 쓰기가 가능한 범용 데이터 파일입니다. CSV(Comma-separated Values)라는 이름에서도 알 수 있듯이 값들이 쉼표로 구분되어 있는 형태입니다. 다양한 프로그램에서 지원하고 엑셀 파일에 비해 용량이 작기 때문에 데이터를 주고받을 때는 CSV 파일을 더 자주 이용합니다. CSV 파일을 불러와 데이터 프레임을 만드는 방법을 익혀 보겠습니다.

```
csv_exam - Windows 메모장          —  □  ×
파일(F) 편집(E) 서식(O) 보기(V) 도움말
id,class,math,english,science
1,1,50,98,50
2,1,60,97,60
3,1,45,86,78
4,1,30,98,58
5,2,25,80,65
6,2,50,89,98
7,2,80,90,45
8,2,90,78,25
```

메모장에서 확인한 CSV 파일

1. 프로젝트 폴더에 CSV 파일 삽입하기

깃허브(bit.ly/doit_ra)에서 실습에 사용할 **csv_exam.csv** 파일을 다운로드한 뒤 엑셀 파일을 불러올 때와 마찬가지로 프로젝트 폴더에 삽입합니다.

2. CSV 파일 불러오기

별도의 패키지를 설치하지 않고 R에 기본적으로 내장된 read.csv()를 이용하면 CSV 파일을 불러올 수 있습니다. 괄호 안에 불러올 파일명을 지정하는 형태로 사용하면 됩니다. 첫 번째 행에 변수명이 없는 CSV 파일을 불러올 때는 header = F 파라미터를 지정하면 됩니다. read_excel()의 col_names = F와 기능은 동일하지만 파라미터 이름이 다르므로 주의해야 합니다.

```
df_csv_exam <- read.csv("csv_exam.csv")
df_csv_exam

##   id class math english science
## 1  1     1   50      98      50
## 2  2     1   60      97      60
## 3  3     1   45      86      78
## 4  4     1   30      98      58
## 5  5     2   25      80      65
## 6  6     2   50      89      98
   ...
```

 **데이터 프레임을 CSV 파일로 저장하기**

데이터 프레임을 CSV 파일로 저장하면 R 외에도 데이터를 다루는 대부분의 프로그램에서 불러올 수 있습니다. 데이터 프레임을 CSV 파일로 저장하는 방법을 알아보겠습니다.

1. 데이터 프레임 만들기

먼저 CSV 파일로 저장할 데이터 프레임을 만들겠습니다.

```r
df_midterm <- data.frame(english = c(90, 80, 60, 70),
                         math = c(50, 60, 100, 20),
                         class = c(1, 1, 2, 2))
df_midterm

##   english math class
## 1      90   50     1
## 2      80   60     1
## 3      60  100     2
## 4      70   20     2
```

2. CSV 파일로 저장하기

R 내장 함수인 `write.csv()`를 이용해 데이터 프레임을 CSV 파일로 저장합니다. 괄호 안에 저장할 데이터 프레임명을 지정하고, `file` 파라미터에 파일명을 지정하면 됩니다. 저장한 파일은 프로젝트 폴더에 생성됩니다.

```r
write.csv(df_midterm, file = "df_midterm.csv")
```

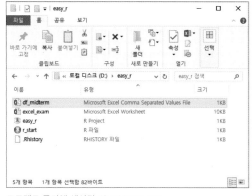

프로젝트 폴더에 생성된 df_midterm.csv

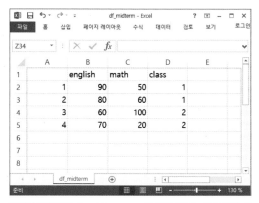

엑셀에서 확인한 df_midterm.csv. 첫 번째 열에는 행 번호가 삽입됩니다.

 **RDS 파일 활용하기**

RDS 파일은 R 전용 데이터 파일입니다. R 전용 파일이므로 다른 파일들에 비해 R에서 읽고 쓰는 속도가 빠르고 용량이 작다는 장점이 있습니다. 일반적으로 R에서 분석 작업을 할 때는 RDS 파일을 이용하고, R을 사용하지 않는 사람과 파일을 주고받을 때는 CSV 파일을 이용합니다. RDS 파일을 활용하는 방법을 알아보겠습니다.

1. 데이터 프레임을 RDS 파일로 저장하기

saveRDS()를 이용해 데이터 프레임을 .rds 파일로 저장합니다. write.csv()와 마찬가지로 괄호 안에 데이터 프레임명과 저장할 파일명을 지정합니다. 저장한 파일은 프로젝트 폴더에 생성됩니다.

```
saveRDS(df_midterm, file = "df_midterm.rds")
```

2. RDS 파일 불러오기

RDS 파일을 불러올 때는 readRDS()를 이용합니다. RDS 파일을 불러오기 전에 우선 앞에서 만든 df_midterm을 삭제하겠습니다. rm()을 이용하면 데이터를 삭제할 수 있습니다. 아래 코드를 실행해 보세요. 오른쪽의 환경 창에 표시되어 있던 df_midterm이 사라진 것을 확인할 수 있습니다. 데이터가 삭제됐으므로 df_midterm을 실행하면 에러 메시지가 출력됩니다.

```
rm(df_midterm)

df_midterm

## Error in eval(expr, envir, enclos): object 'df_midterm' not found
```

이제 앞에서 저장한 **df_midterm.rds** 파일을 **readRDS()**를 이용해 불러와 **df_midterm**에
할당하겠습니다. 파일을 불러오면 환경 창에 **df_midterm**이 나타나는 것을 확인할 수 있습
니다. **df_midterm**을 실행하면 데이터가 출력됩니다.

```
df_midterm <- readRDS("df_midterm.rds")

df_midterm

##   english math class
## 1      90   50     1
## 2      80   60     1
## 3      60  100     2
## 4      70   20     2
```

 **정리하기**

데이터 프레임을 만드는 방법과 외부 데이터를 불러오는 방법, 그리고 작업한 데이터 프레임을 외부 데이터 파일로 저장하는 방법을 알아봤습니다. 앞에서 다룬 기능을 요약해 보겠습니다.

```r
# 1.변수 만들기, 데이터 프레임 만들기
english <- c(90, 80, 60, 70)              # 영어 점수 변수 생성
math <- c(50, 60, 100, 20)                # 수학 점수 변수 생성
df_midterm <- data.frame(english, math)   # 데이터 프레임 생성


# 2.외부 데이터 이용하기


# 엑셀 파일
library(readxl)                           # readxl 패키지 로드
df_exam <- read_excel("excel_exam.xlsx")  # 엑셀 파일 불러오기


# CSV 파일
df_csv_exam <- read.csv("csv_exam.csv")       # CSV 파일 불러오기
write.csv(df_midterm, file = "df_midterm.csv") # CSV 파일로 저장하기


# RDS 파일
load("df_midterm.rds")                         # RDS 파일 불러오기
save(df_midterm, file = "df_midterm.rds")      # RDS 파일로 저장하기
```

05

데이터 분석 기초!
- 데이터 파악하기, 다루기 쉽게 수정하기

분석할 데이터가 확보되면 가장 먼저 데이터의 특성을 파악하고 다루기 쉽게 변형하는 작업을 해야 합니다. 이 장에서는 데이터를 다루는 기초적인 방법을 익힙니다.

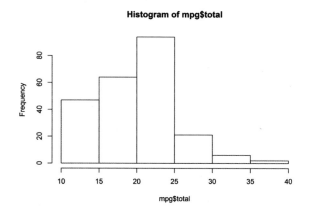

05-1 데이터 파악하기

05-2 변수명 바꾸기

05-3 파생변수 만들기

05-1
데이터 파악하기

데이터가 주어졌을 때 가장 먼저 하는 일은 데이터의 전반적인 구조를 파악하는 것입니다. 어떤 변수들이 있는지, 몇 행으로 구성되어 있는지 전반적인 구조를 살펴보면서 데이터의 특징에 대한 감을 잡습니다. 이 과정에서 분석 방향에 대한 힌트를 얻게 됩니다.

데이터를 파악할 때 사용하는 함수들

데이터를 파악할 때는 기본적으로 아래의 여섯 가지 함수를 사용합니다.

함수	기능
head()	데이터 앞부분 출력
tail()	데이터 뒷부분 출력
View()	뷰어 창에서 데이터 확인
dim()	데이터 차원 출력
str()	데이터 속성 출력
summary()	요약 통계량 출력

4장에서 사용했던 csv_exam.csv 파일을 활용해 함수의 기능을 알아보겠습니다. 먼저 csv_exam.csv 파일을 불러와 데이터 프레임을 생성합니다.

```
exam <- read.csv("csv_exam.csv")
```

데이터가 준비됐으니 데이터를 파악할 때 사용하는 함수들을 이용해 데이터를 살펴보겠습니다.

exam 데이터 파악하기

1. head( ) - 데이터 앞부분 확인하기

데이터의 내용을 확인하려면 데이터 프레임명을 입력해 실행하면 되지만 화면에 너무 많은 내용이 출력되기 때문에 알아보기 어렵습니다. 데이터의 일부만 출력해 데이터의 형태를 확인할 때 head()를 이용합니다. head()는 데이터의 앞부분을 출력하는 기능을 합니다. 괄호 안에 데이터 프레임 이름을 입력하고 실행하면 앞에서부터 여섯 번째 행까지 출력합니다.

```
head(exam)   # 앞에서부터 6행까지 출력

##   id class math english science
## 1  1     1   50      98      50
## 2  2     1   60      97      60
## 3  3     1   45      86      78
## 4  4     1   30      98      58
## 5  5     2   25      80      65
## 6  6     2   50      89      98
```

데이터 프레임 이름 뒤에 쉼표를 쓰고 숫자를 입력하면 입력한 행까지의 데이터를 출력합니다.

```
head(exam, 10)   # 앞에서부터 10행까지 출력

##    id class math english science
## 1   1     1   50      98      50
## 2   2     1   60      97      60
## 3   3     1   45      86      78
    ...
## 8   8     2   90      78      25
## 9   9     3   20      98      15
## 10 10     3   50      98      45
```

2. tail() - 데이터 뒷부분 확인하기

tail()은 데이터의 뒷부분을 출력하는 기능을 합니다. 괄호 안에 데이터 프레임 이름을 입력하면 뒤에서부터 여섯 행을 출력합니다.

```
tail(exam)    # 뒤에서부터 6행까지 출력

##    id class math english science
## 15 15     4   75      56      78
## 16 16     4   58      98      65
## 17 17     5   65      68      98
## 18 18     5   80      78      90
## 19 19     5   89      68      87
## 20 20     5   78      83      58
```

head()와 마찬가지로 숫자를 입력하면 원하는 만큼의 행을 출력할 수 있습니다.

```
tail(exam, 10)    # 뒤에서부터 10행까지 출력

##    id class math english science
## 11 11     3   65      65      65
## 12 12     3   45      85      32
## 13 13     4   46      98      65
   ...
## 18 18     5   80      78      90
## 19 19     5   89      68      87
## 20 20     5   78      83      58
```

3. View() - 뷰어 창에서 데이터 확인하기

View()는 엑셀과 유사하게 생긴 '뷰어 창'에 원자료를 직접 보여 주는 기능을 합니다. View(exam)을 실행하면 exam이라는 이름의 데이터 뷰어 창이 생성됩니다. 원자료를 눈으로 직접 확인해 보고 싶을 때 사용합니다. View()에서 맨 앞의 V는 대문자로 입력해야 합니다. 함수명은 소문자로만 되어 있는 경우도 있고 대소문자가 섞여 있는 경우도 있습니다.

데이터 뷰어 창에서 exam 데이터 확인
`View(exam)`

뷰어 창

4. dim() - 데이터가 몇 행, 몇 열로 구성되어 있는지 알아보기

`dim()`은 데이터 프레임이 몇 행, 몇 열로 되어 있는지 알아볼 때 사용합니다. 아래 코드의 출력 결과는 데이터가 20행, 5열로 구성되어 있다는 것을 의미합니다. 출력된 2개의 숫자 중에서 앞은 '행', 뒤는 '열'의 개수를 나타냅니다. 하나의 행이 한 학생의 시험 성적을 의미하므로, exam 데이터가 학생 20명에 대한 5개 변수로 구성된다는 것을 알 수 있습니다.

```
dim(exam)    # 행, 열 출력

## [1] 20  5
```

✔참고 dim은 '차원'을 의미하는 'Dimensions'의 앞 글자입니다.

5. str() - 속성 파악하기

`str()`은 데이터에 들어 있는 변수들의 속성을 보여 줍니다. 모든 변수의 속성을 한눈에 파악하고 싶을 때 사용합니다.

```
str(exam)    # 데이터 속성 확인

## 'data.frame':    20 obs. of  5 variables:
##  $ id     : int  1 2 3 4 5 6 7 8 9 10 ...
##  $ class  : int  1 1 1 1 2 2 2 2 3 3 ...
##  $ math   : int  50 60 45 30 25 50 80 90 20 50 ...
##  $ english: int  98 97 86 98 80 89 90 78 98 98 ...
##  $ science: int  50 60 78 58 65 98 45 25 15 45 ...
```

출력 결과의 첫 번째 행에는 데이터의 속성이 무엇인지, 몇 개의 관측치와 변수로 구성되어 있는지 표시됩니다. 출력 결과를 보면 exam 데이터가 데이터 프레임이고, 20개 관측치 (obs, Observation), 5개 변수(variables)로 구성되어 있다는 것을 알 수 있습니다.

데이터 프레임에 들어 있는 변수들의 속성은 두 번째 행부터 표시됩니다. 각 행에 변수 이름과 속성이 표시되고, 그 뒤에 변수에 들어있는 값을 몇 개 나열해 보여 줍니다. 예를 들어, '$ id'를 보면 정수(int, Integer)로 된 변수임을 알 수 있습니다. 오른쪽에 나열된 값을 보면 id가 1로 시작해 1씩 증가하는 숫자로 구성된다는 것을 알 수 있습니다.

✔참고 관측치(obs)는 행(row)과 동일한 의미로 사용됩니다.

✔참고 변수의 속성은 15-2절에서 자세히 다룹니다.

6. summary( ) - 요약 통계량 산출하기

summary( )는 '평균'처럼, 변수의 값을 요약한 '요약 통계량'을 산출하는 함수입니다. 요약 통계량을 보면 변수의 특성을 파악하는 데 도움이 됩니다.

```
summary(exam)    # 요약 통계량 출력
                          ❶
##       id            class         math          english
## Min.   : 1.00   Min.    :1   Min.   :20.00   Min.    :56.0
## 1st Qu.: 5.75   1st Qu.:2   1st Qu.:45.75   1st Qu.:78.0
## Median :10.50   Median :3   Median :54.00   Median :86.5
## Mean   :10.50   Mean    :3   Mean   :57.45   Mean    :84.9
## 3rd Qu.:15.25   3rd Qu.:4   3rd Qu.:75.75   3rd Qu.:98.0
## Max.   :20.00   Max.    :5   Max.   :90.00   Max.    :98.0
##     science
## Min.   :12.00
## 1st Qu.:45.00
## Median :62.50
## Mean   :59.45
## 3rd Qu.:78.00
## Max.   :98.00
```

출력 결과를 보면 데이터를 구성하는 변수들의 요약 통계량을 알 수 있습니다. summary() 를 실행해 출력되는 요약 통계량은 아래와 같은 의미를 지닙니다.

출력값	통계량	설명
Min	최솟값(Minimum)	가장 작은 값
1st Qu	1사분위수(1st Quantile)	하위 25%(4분의 1) 지점에 위치하는 값
Median	중앙값(Median)	중앙에 위치하는 값
Mean	평균(Mean)	모든 값을 더해 값의 개수로 나눈 값
3rd Qu	3사분위수(3rd Quantile)	하위 75%(4분의 3) 지점에 위치하는 값
Max	최댓값(Maximum)	가장 큰 값

❶ 출력 결과 중 math를 살펴보겠습니다. math는 학생들의 수학 시험 점수를 나타냅니다. 요약 통계량을 보면 아래와 같은 특성을 파악할 수 있습니다.

- 수학 시험 점수 평균은 57.45점이다(Mean).
- 수학 시험 점수가 가장 낮은 학생은 20점(Min), 가장 높은 학생은 90점(Max)이다.
- 학생들의 수학 점수가 54점(Median)을 중심으로 45.75점에서 75.75점 사이(1st Quantile, 3rd Qantile)에 몰려 있다.

 **mpg 데이터 파악하기**

실제 데이터를 불러와 데이터의 특성을 파악해 보겠습니다. 이번 실습에는 ggplot2 패키지에 내장된 mpg 데이터를 이용하겠습니다.

1. 먼저 ggplot2 패키지를 설치합니다. 3장에서 이미 설치했다면 이 과정은 건너뛰어도 됩니다.

```
install.packages("ggplot2")
```

✔참고 패키지를 설치하는 방법은 03-3절을 참고하세요.

2. ggplot2 패키지의 mpg 데이터를 불러와 데이터 프레임을 만듭니다.

```
# ggplot2의 mpg 데이터를 데이터 프레임 형태로 불러오기
mpg <- as.data.frame(ggplot2::mpg)
```

위 코드를 실행하면 mpg 데이터를 활용할 수 있는 상태가 됩니다. as.data.frame()은 데이터 속성을 데이터 프레임 형태로 바꾸는 함수입니다. ggplot2::mpg는 ggplot2에 들어 있는 mpg 데이터를 지칭하는 코드입니다.

✔참고 더블 콜론(::)을 이용하면 특정 패키지에 들어 있는 함수나 데이터를 지정할 수 있습니다.

✔참고 데이터 속성을 바꾸는 함수는 15-2절에서 자세히 다룹니다.

3. 우선 head(), tail(), View()를 이용해 데이터를 확인하면서 어떤 값들을 지니고 있는지 살펴보겠습니다.

```
head(mpg)   # Raw 데이터 앞부분 확인

##   manufacturer model displ year cyl       trans drv cty hwy fl   class
## 1         audi    a4   1.8 1999   4   auto(l5)   f  18  29  p compact
## 2         audi    a4   1.8 1999   4 manual(m5)   f  21  29  p compact
## 3         audi    a4   2.0 2008   4 manual(m6)   f  20  31  p compact
## 4         audi    a4   2.0 2008   4   auto(av)   f  21  30  p compact
## 5         audi    a4   2.8 1999   6   auto(l5)   f  16  26  p compact
## 6         audi    a4   2.8 1999   6 manual(m5)   f  18  26  p compact
```

```
tail(mpg)    # Raw 데이터 뒷부분 확인

##     manufacturer  model  displ year cyl       trans drv cty hwy fl   class
## 229   volkswagen passat    1.8 1999   4    auto(l5)   f  18  29  p midsize
## 230   volkswagen passat    2.0 2008   4    auto(s6)   f  19  28  p midsize
## 231   volkswagen passat    2.0 2008   4 manual(m6)   f  21  29  p midsize
## 232   volkswagen passat    2.8 1999   6    auto(l5)   f  16  26  p midsize
## 233   volkswagen passat    2.8 1999   6 manual(m5)   f  18  26  p midsize
## 234   volkswagen passat    3.6 2008   6    auto(s6)   f  17  26  p midsize

View(mpg)    # Raw 데이터 뷰어 창에서 확인
```

4. dim()을 이용해 데이터가 몇 행, 몇 열로 구성되어 있는지 알아보겠습니다.

```
dim(mpg)    # 행, 열 출력

## [1] 234  11
```

출력 결과 데이터가 234행, 11열로 구성되어 있습니다. 하나의 행이 자동차 한 종에 대한 정보를 의미하므로, mpg 데이터가 자동차 234종에 대한 11개 변수로 구성되어 있다는 것을 알 수 있습니다.

5. str()을 이용해 각 변수의 속성을 알아보겠습니다.

```
str(mpg)   # 데이터 속성 확인

## 'data.frame':    234 obs. of  11 variables: ❶
## $ manufacturer: chr  "audi" "audi" "audi" "audi" ... ❷
## $ model       : chr  "a4" "a4" "a4" "a4" ...
## $ displ       : num  1.8 1.8 2 2 2.8 2.8 3.1 1.8 1.8 2 ...
## $ year        : int  1999 1999 2008 2008 1999 1999 2008 1999 1999 2008 ...
##     ...
```

❶ 첫 번째 행을 보면 mpg 데이터가 데이터 프레임이고, 234개 관측치, 11개 변수로 구성되어 있다는 것을 알 수 있습니다.

❷ 두 번째 행의 '$ manufacturer'를 보면, 이 변수 값이 문자(chr, Character)로 되어 있다는 것을 알 수 있습니다. 그 오른쪽에는 1~4행까지의 값이 "audi"라는 것을 보여 주고 있습니다. 그 밑으로도 같은 방식으로 각 변수들의 속성과 몇 개의 값을 보여 주고 있습니다. 출력 결과에서 chr은 문자(Character), num은 소수점이 있는 실수(Numeric), int는 소수점이 없는 정수(Integer)의 머리글자입니다.

🌐 **알아두면 좋아요!** } **데이터에 대한 설명을 보려면 help 함수를 이용하세요!**

패키지에 들어 있는 데이터는 help 함수를 이용해 설명 글을 볼 수 있습니다. 아래 코드를 실행하면 Help 창에 mpg 데이터에 대한 설명 글이 출력됩니다. 앞으로 실습을 하면서 mpg 데이터를 자주 활용합니다. 각 변수가 무얼 의미하는지 궁금할 때 help 함수를 이용하세요.

```
?mpg   # mpg 설명 글 출력
```

mpg 데이터의 변수들은 아래와 같은 속성을 의미합니다.

변수명	내용	변수명	내용
manufacturer	제조 회사	drv	구동 방식(drive wheel)
model	자동차 모델명	cty	도시 연비(city)
displ	배기량(displacement)	hwy	고속도로 연비(highway)
year	생산연도	fl	연료 종류(fuel)
cyl	실린더 개수(cylinders)	class	자동차 종류
trans	변속기 종류(transmission)		

6. summary()를 이용해 요약 통계량을 살펴보겠습니다.

```
summary(mpg)    # 요약 통계량 출력
```

```
##  manufacturer          model               displ           year
##  Length:234         Length:234         Min.   :1.600   Min.   :1999
##  Class :character   Class :character   1st Qu.:2.400   1st Qu.:1999
##  Mode  :character   Mode  :character   Median :3.300   Median :2004
##                                        Mean   :3.472   Mean   :2004
##                                        3rd Qu.:4.600   3rd Qu.:2008
##                                        Max.   :7.000   Max.   :2008
##       cyl              trans               drv          ❶ cty
##  Min.   :4.000      Length:234         Length:234      Min.   : 9.00
##  1st Qu.:4.000      Class :character   Class :character 1st Qu.:14.00
##  Median :6.000      Mode  :character   Mode  :character Median :17.00
##  Mean   :5.889                                         Mean   :16.86
##  3rd Qu.:8.000                                         3rd Qu.:19.00
##  Max.   :8.000                                         Max.   :35.00
      ...
```

출력 결과를 보면 **mpg** 데이터를 구성하는 11개 변수의 요약 통계량을 알 수 있습니다. 숫자로 된 변수는 여섯 가지 요약 통계량을 보여 주고, 문자로 된 변수는 요약 통계량을 계산할 수 없으니 값의 개수(Length)와 변수의 속성(Class, Mode)을 보여 줍니다.

❶ 도시 연비를 의미하는 **cty**의 요약 통계량을 살펴보겠습니다. **cty**는 자동차가 도시에서 1갤런에 몇 마일을 주행하는지 나타냅니다. 요약 통계량을 보면, 아래와 같은 특성을 파악할 수 있습니다.

- 자동차들이 도시에서 평균적으로 갤런당 16.86마일을 주행한다(Mean).
- 연비가 가장 낮은 모델은 갤런당 9마일(Min), 가장 높은 모델은 35마일(Max)을 주행한다.
- 자동차들의 연비가 갤런당 17마일(Median)을 중심으로 14마일에서 19마일 사이(1st Quantile, 3rd Qantile)에 몰려 있다.

지금까지 데이터의 특징을 파악하는 대표적인 함수들을 알아봤습니다. 어떤 데이터를 분석하든, 가장 먼저 이런 함수들을 활용해 전반적인 특징을 파악하는 작업을 해야 합니다.

05-2
변수명 바꾸기

데이터의 전반적인 특징을 파악하고 나면 본격적으로 분석하기 전에 변수명을 수정하는 작업을 해야 합니다. 변수명을 이해하기 쉬운 단어로 바꾸면 데이터를 수월하게 다룰 수 있습니다. 특히 변수명이 기억하기 어려운 문자로 되어 있으면 쉬운 단어로 변경하는 게 좋습니다. 예를 들어 나중에 실습에 사용할 '한국복지패널데이터'는 응답자의 성별이 h0901_4, 소득이 h09_din으로 되어 있습니다. 이런 경우 변수명을 sex, income처럼 이해하기 쉽게 변경해야 헷갈리지 않고 작업할 수 있습니다.

> 응답자의 성별: h0901_4 → sex
> 응답자의 소득: h09_din → income

 **변수명 바꾸기**

dplyr 패키지의 rename()을 이용해 변수명을 바꾸는 방법을 알아보겠습니다.

1. 우선 실습에 활용하기 위해 2개의 변수로 구성된 데이터 프레임을 생성합니다.

```
df_raw <- data.frame(var1 = c(1, 2, 1),
                     var2 = c(2, 3, 2))
df_raw

##   var1 var2
## 1    1    2
## 2    2    3
## 3    1    2
```

2. rename()을 이용하기 위해 먼저 `dplyr` 패키지를 설치하고 로드합니다. `dplyr`은 데이터를 원하는 형태로 가공할 때 사용하는 패키지입니다.

```
install.packages("dplyr")    # dplyr 설치
library(dplyr)               # dplyr 로드
```

✔참고 dplyr 패키지는 6장에서 자세히 다룹니다.

3. 데이터 프레임 복사본 만들기

변수명을 바꾸기 전에 원본을 보유하기 위해 `df_new`라는 데이터 프레임 복사본을 만듭니다. 새로운 변수명 `df_new`에 `df_raw`를 할당하는 형태로 코드를 작성하면 됩니다.

데이터를 변형하는 작업을 할 때는 원본을 직접 사용하기보다 복사본을 만들어 사용하는 습관을 들이는 게 좋습니다. 그래야 작업 중에 오류가 발생하더라도 원 상태로 되돌릴 수 있고, 데이터를 비교하면서 변형되는 과정을 검토할 수 있습니다.

```
df_new <- df_raw  # 복사본 생성
df_new            # 출력

##    var1 var2
## 1    1    2
## 2    2    3
## 3    1    2
```

4. 변수명 바꾸기

복사본을 생성했으니 rename()을 이용해 변수명을 바꿔보겠습니다. `df_new`는 var1, var2 2개의 변수로 구성되어 있는데, 이 중 var2를 v2로 바꾸겠습니다. rename()에 '데이터 프레임명, 새 변수명 = 기존 변수명'을 입력하면 됩니다. **순서가 바뀌면 실행되지 않으니 유의하세요.** rename()을 적용한 결과를 `df_new`에 할당하는 형태로 코드를 작성하면 변수명이 바뀐 `df_new`가 생성됩니다.

```
df_new <- rename(df_new, v2 = var2)   # var2를 v2로 수정
df_new

##    var1 v2
## 1    1   2
## 2    2   3
## 3    1   2
```

5. 원본 df_raw와 복사본 df_new를 함께 출력하면 var2가 v2로 수정된 것을 비교해 볼 수 있습니다.

```
df_raw

##   var1 var2
## 1    1    2
## 2    2    3
## 3    1    2


df_new

##   var1 v2
## 1    1  2
## 2    2  3
## 3    1  2
```

 mpg 데이터의 변수명은 긴 단어를 짧게 줄인 축약어로 되어 있습니다. cty 변수는 도시 연비, hwy 변수는 고속도로 연비를 의미합니다. 변수명을 이해하기 쉬운 단어로 바꾸려고 합니다. mpg 데이터를 이용해 아래 문제를 해결해 보세요.

Q1 ggplot2() 패키지의 mpg 데이터를 사용할 수 있도록 불러온 후 복사본을 만드세요.
Q2 복사본 데이터를 이용해 cty는 city로, hwy는 highway로 수정하세요.
Q3 데이터 일부를 출력해 변수명이 바뀌었는지 확인해 보세요. 아래와 같은 결과물이 출력되어야 합니다.

##	manufacturer	model	displ	year	cyl	trans	drv	city	highway	fl	class
## 1	audi	a4	1.8	1999	4	auto(l5)	f	18	29	p	compact
## 2	audi	a4	1.8	1999	4	manual(m5)	f	21	29	p	compact
## 3	audi	a4	2.0	2008	4	manual(m6)	f	20	31	p	compact
## 4	audi	a4	2.0	2008	4	auto(av)	f	21	30	p	compact
## 5	audi	a4	2.8	1999	6	auto(l5)	f	16	26	p	compact
## 6	audi	a4	2.8	1999	6	manual(m5)	f	18	26	p	compact

정답: 353쪽

05-3
파생변수 만들기

데이터에 들어 있는 변수만 이용해 분석할 수도 있지만, 변수를 조합하거나 함수를 적용해 새 변수를 만들어 분석할 수도 있습니다. 예를 들어 여러 과목의 시험 점수를 조합해 전 과목 평균 변수를 만들 수 있습니다. 이처럼 기존의 변수를 변형해 만든 변수를 '파생변수 (Derived Variable)'라고 합니다.

파생변수

이름	영어 점수	수학 점수
김지훈	90	50
이유진	80	60
박동현	60	100
김민지	70	20

이름	영어 점수	수학 점수	평균
김지훈	90	50	70
이유진	80	60	70
박동현	60	100	80
김민지	70	20	45

 **변수 조합해 파생변수 만들기**

데이터 프레임의 변수를 조합해 파생변수를 만드는 방법을 알아보겠습니다.

1. 실습에 활용하기 위해 2개의 변수로 구성된 데이터 프레임을 생성합니다.

```
df <- data.frame(var1 = c(4, 3, 8),
                 var2 = c(2, 6, 1))
df
##   var1 var2
## 1    4    2
## 2    3    6
## 3    8    1
```

2. var1과 var2 변수의 값을 더한 var_sum이라는 파생변수를 만들어 df에 추가해 보겠습니다. 데이터 프레임명에 $를 붙여 새로 만들 변수명을 입력하고, <-로 계산 공식을 할당하는 형태로 코드를 작성하면 됩니다.

```
df$var_sum <- df$var1 + df$var2   # var_sum 파생변수 생성
df

##   var1 var2 var_sum
## 1    4    2       6
## 2    3    6       9
## 3    8    1       9
```

3. 이번에는 var1과 var2를 더한 후 2로 나눠 var_mean이라는 파생변수를 만들어 보겠습니다. 변수명 앞에 데이터 프레임명을 반복해서 입력해야 합니다.

```
df$var_mean <- (df$var1 + df$var2)/2   # var_mean 파생변수 생성
df

##   var1 var2 var_sum var_mean
## 1    4    2       6      3.0
## 2    3    6       9      4.5
## 3    8    1       9      4.5
```

 **mpg 통합 연비 변수 만들기**

이번에는 mpg 데이터를 이용해 파생변수를 만들어 보겠습니다. mpg 데이터에는 도시 연비를 의미하는 cty, 고속도로 연비를 의미하는 hwy, 두 종류의 연비 변수가 있습니다. 이 변수들을 이용하면 도로 유형별로 각각 분석할 수 있지만, 도로 유형을 통틀어 어떤 자동차 모델의 연비가 가장 높은지는 분석할 수 없습니다. 이를 위해서는 하나로 통합된 연비 변수가 필요합니다. 앞에서 익힌 방법을 활용해 통합 연비 변수를 추가해 보겠습니다.

1. cty, hwy 두 변수를 더해 2로 나눠 도로 유형을 통합한 연비 변수를 만듭니다. 데이터 일부를 출력하면 변수가 추가된 것을 확인할 수 있습니다.

```
mpg$total <- (mpg$cty + mpg$hwy)/2   # 통합 연비 변수 생성
head(mpg)

##   manufacturer model displ year cyl      trans drv cty hwy fl   class
## 1         audi    a4   1.8 1999   4   auto(l5)   f  18  29  p compact
## 2         audi    a4   1.8 1999   4 manual(m5)   f  21  29  p compact
## 3         audi    a4   2.0 2008   4 manual(m6)   f  20  31  p compact
## 4         audi    a4   2.0 2008   4   auto(av)   f  21  30  p compact
## 5         audi    a4   2.8 1999   6   auto(l5)   f  16  26  p compact
## 6         audi    a4   2.8 1999   6 manual(m5)   f  18  26  p compact
##   total
## 1  23.5
## 2  25.0
## 3  25.5
## 4  25.5
## 5  21.0
## 6  22.0
```

✔️참고 출력 결과를 보면 **total** 변수가 별도의 행에 출력된 것을 볼 수 있습니다. 출력 결과의 폭이 커서 콘솔 창에 모두 표현할 수 없으면 이처럼 일부를 별도의 행에 출력합니다. 각 행의 시작 부분에 표시된 인덱스를 보면 1~6행이 반복됐다는 것을 알 수 있습니다. 출력 형태는 R 스튜디오 콘솔 창의 폭에 따라 달라집니다.

2. 변수를 추가하고 나면 함수를 이용해 분석할 수 있습니다. 통합 연비 변수의 평균을 구해 보겠습니다.

```
mean(mpg$total)   # 통합 연비 변수 평균

## [1] 20.14957
```

조건문을 활용해 파생변수 만들기

변수를 조합할 수도 있지만 함수를 이용해서 파생변수를 만들 수도 있습니다. 이번에는 조건에 따라 서로 다른 값을 반환하는 '조건문 함수'를 이용해 파생변수를 만드는 방법을 알아보겠습니다.

mpg 데이터를 이용해 파생변수를 만들어 보겠습니다. 전체 자동차 중에서 연비 기준을 충족해 '고연비 합격 판정'을 받은 자동차가 몇 대나 되는지 알아보는 상황을 가정해 보겠습

니다. 연비가 기준치를 넘기면 합격, 넘기지 못하면 불합격을 부여하도록 변수를 만들면 문제를 해결할 수 있습니다.

1. 기준값 정하기

먼저 몇을 기준으로 합격 여부를 판단할지 결정해야 합니다. 변수의 요약 통계량을 출력하는 summary()를 이용해 앞에서 만든 통합 연비 변수 total의 평균(Mean)과 중앙값(Median)을 확인합니다.

```
summary(mpg$total)   # 요약 통계량 산출

##    Min. 1st Qu.  Median    Mean 3rd Qu.    Max.
##   10.50   15.50   20.50   20.15   23.50   39.50
```

✔참고 요약 통계량에 대한 자세한 설명은 105쪽을 참고하세요.

이번에는 히스토그램을 생성해 자동차들의 연비 분포를 알아보겠습니다. 히스토그램은 값의 빈도를 막대 길이로 표현한 그래프입니다. 히스토그램을 보면 어떤 값을 지닌 데이터가 많은지 전반적인 분포를 알 수 있습니다. hist()를 이용하면 히스토그램을 그릴 수 있습니다. 히스토그램은 R 스튜디오 오른쪽 아래에 있는 플롯 창에 출력됩니다.

```
hist(mpg$total)   # 히스토그램 생성
```

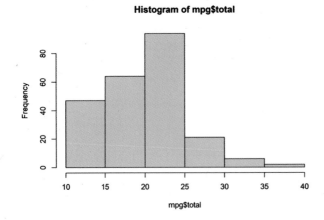

히스토그램을 보면 x축에는 5 간격으로 **total** 변수의 값이 표현되어 있고, y축에는 각 계급 구간의 빈도가 표현되어 있습니다. 요약 통계량과 히스토그램을 통해 아래와 같은 사실을 알 수 있습니다.

- **total** 연비의 평균과 중앙값이 약 20이다.
- **total** 연비가 20~25 사이에 해당하는 자동차 모델이 가장 많다.
- 대부분 25 이하이고, 25를 넘기는 자동차는 많지 않다.

요약 통계량과 히스토그램을 종합하면 연비가 20을 넘기는 자동차에 고연비 합격 판정을 내리면 적당할 것으로 판단됩니다. 기준점을 정했으니 **total** 변수가 20을 넘기면 합격, 넘기지 못하면 불합격으로 분류된 변수를 만들어 보겠습니다.

2. 합격 판정 변수 만들기

조건에 따라 서로 다른 값을 반환하는 함수를 '조건문(Conditional Statements) 함수'라고 합니다. 조건문을 이용하면 특정 조건을 만족했는지의 여부에 따라 서로 다른 값을 부여해 변수를 생성할 수 있습니다.

`ifelse()`는 가장 많이 사용하는 조건문 함수입니다. 지정한 조건에 맞을 때와 맞지 않을 때 서로 다른 값을 반환하는 기능을 합니다. 괄호 안에 ❶ 조건, ❷ 조건에 맞을 때 부여할 값, ❸ 조건에 맞지 않을 때 부여할 값 순으로 코드를 작성합니다.

다음 코드는 **total**이 **20** 이상이면 **"pass"**를 부여하고 그렇지 않으면 **"fail"**을 부여해 **test**라는 변수를 생성하는 기능을 합니다. 변수를 생성한 후 데이터를 출력하면 **total** 변수의 오른쪽에 **test** 변수가 생성되고, 20을 기준으로 **"pass"** 또는 **"fail"**이 부여된 것을 확인할 수 있습니다.

```
# 20 이상이면 pass, 그렇지 않으면 fail 부여
mpg$test <- ifelse(mpg$total >= 20, "pass", "fail")

head(mpg, 20)  # 데이터 확인

##    manufacturer  model displ year cyl      trans drv cty hwy fl   class total test
## 1          audi     a4   1.8 1999   4    auto(l5)   f  18  29  p compact  23.5 pass
## 2          audi     a4   1.8 1999   4  manual(m5)   f  21  29  p compact  25.0 pass
## 3          audi     a4   2.0 2008   4  manual(m6)   f  20  31  p compact  25.5 pass
## 4          audi     a4   2.0 2008   4    auto(av)   f  21  30  p compact  25.5 pass
## 5          audi     a4   2.8 1999   6    auto(l5)   f  16  26  p compact  21.0 pass
## 6          audi     a4   2.8 1999   6  manual(m5)   f  18  26  p compact  22.0 pass
    . . .
```

앞에서 기준치를 넘기면 합격, 넘기지 못하면 불합격을 부여한 변수를 만들었습니다. 이제 합격 판정을 받은 자동차와 불합격 판정을 받은 자동차가 각각 몇 대인지 알아볼 차례입니다.

3. 빈도표로 합격 판정 자동차 수 살펴보기

빈도표는 변수의 각 값들이 몇 개씩 존재하는지, 데이터의 개수를 나타낸 표입니다. table()을 이용해 빈도표를 만들면 합격한 자동차와 불합격한 자동차가 각각 몇 대인지 알 수 있습니다.

```
table(mpg$test)  # 연비 합격 빈도표 생성

##
## fail pass
##  106  128
```

코드의 출력 결과를 보면 합격 판정을 받은 자동차는 128대, 불합격 판정을 받은 자동차는 106대라는 것을 알 수 있습니다.

4. 막대 그래프로 빈도 표현하기

막대 그래프를 만들면 각 항목의 빈도가 얼마나 되는지 한눈에 파악할 수 있습니다. ggplot2 패키지에 내장된 qplot()은 값의 개수를 막대의 길이로 표현하는 기능을 합니다. ggplot2 패키지를 로드한 후 qplot()을 이용해 test 변수의 빈도를 막대 그래프로 표현해 보겠습니다. 생성된 그래프를 보면 합격한 자동차와 불합격한 자동차의 빈도 차이가 확연히 드러납니다.

✔️참고 ggplot2를 이용해 그래프를 만드는 방법은 8장에서 자세히 다룹니다.

```r
library(ggplot2)    # ggplot2 로드
qplot(mpg$test)     # 연비 합격 빈도 막대 그래프 생성
```

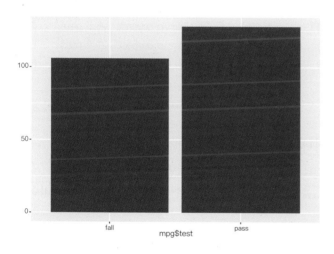

 **중첩 조건문 활용하기**

앞에서는 합격과 불합격 둘 중 하나로 분류하는 변수를 만들었습니다. 이번에는 A, B, C 세 종류의 연비 등급으로 분류하는 변수를 만들어 보겠습니다. total이 30 이상이면 A, 20~29는 B, 20 미만이면 C 등급으로 분류하겠습니다.

세 가지 이상의 범주로 값을 부여하려면 ifelse() 안에 다시 ifelse()를 넣는 형식으로 조건문을 중첩해 작성해야 합니다. 여러 개의 조건문을 중첩한 코드를 '중첩 조건문'이라고 합니다.

등급	기준
A	30 이상
B	20~29
C	20 미만

1. 아래는 연비에 따라 세가지 종류의 등급을 부여해 `grade` 변수를 생성하는 코드입니다. `ifelse()` 안에 또 다른 `ifelse()`가 들어 있는 형태로 구성되어 있습니다.

```
# total을 기준으로 A, B, C 등급 부여
mpg$grade <- ifelse(mpg$total >= 30, "A",
                    ifelse(mpg$total >= 20, "B", "C"))

head(mpg, 20)   # 데이터 확인

##   manufacturer model displ year cyl     trans drv cty hwy f   class total test grade
## 1         audi    a4   1.8 1999   4   auto(l5)   f  18  29 p compact  23.5 pass     B
## 2         audi    a4   1.8 1999   4 manual(m5)   f  21  29 p compact  25.0 pass     B
## 3         audi    a4   2.0 2008   4 manual(m6)   f  20  31 p compact  25.5 pass     B
## 4         audi    a4   2.0 2008   4   auto(av)   f  21  30 p compact  25.5 pass     B
## 5         audi    a4   2.8 1999   6   auto(l5)   f  16  26 p compact  21.0 pass     B
## 6         audi    a4   2.8 1999   6 manual(m5)   f  18  26 p compact  22.0 pass     B
   ...
```

이 코드는 아래와 같은 순서로 진행됩니다.

1. 첫 번째 `ifelse()`의 조건에 따라 `total`이 30 이상이면 `"A"`를 부여합니다.

2. 조건에 맞지 않으면 두 번째 `ifelse()`를 실행합니다. 두 번째 조건에 따라 `total`이 20 이상이면 `"B"`를 부여합니다.

3. 두 번째 조건도 맞지 않으면 `"C"`를 부여합니다.

데이터를 출력하면 `test` 변수 오른쪽에 `total` 변수의 값을 기준으로 생성된 `grade` 변수를 확인할 수 있습니다.

2. 빈도표, 막대 그래프로 연비 등급 살펴보기

연비 등급 변수를 생성했으니 각 등급의 빈도를 확인하기 위해 빈도표와 막대 그래프를 만들겠습니다.

```
table(mpg$grade)   # 등급 빈도표 생성

##
##   A   B   C
##  10 118 106


qplot(mpg$grade)   # 등급 빈도 막대 그래프 생성
```

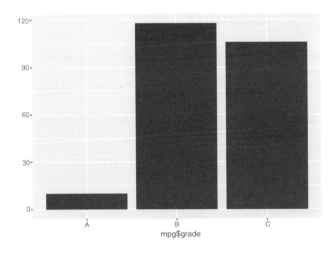

출력된 빈도표를 보면 연비 등급이 B, C, A 순으로 많다는 것을 알 수 있습니다. 막대 그래프를 보면 등급 간 빈도 차이가 확연히 드러납니다.

원하는 만큼 범주 만들기

앞에서는 두 개의 ifelse()를 중첩해 세 범주로 구성된 변수를 만들었습니다. ifelse()를 더 중첩하면 원하는 만큼 범주의 수를 늘릴 수 있습니다. 아래는 세 개의 ifelse()를 중첩해 네 범주의 등급을 부여하는 코드입니다. ifelse()가 세 번 반복되므로 열리는 괄호와 닫히는 괄호가 각각 3개입니다. **코드 마지막에 닫힘 괄호를 3개 입력해야 합니다.** 마찬가지로 쉼표도 각 ifelse()에 2개씩, 총 6개가 됩니다.

```
# A, B, C, D 등급 부여
mpg$grade2 <- ifelse(mpg$total >= 30, "A",
                     ifelse(mpg$total >= 25, "B",
                            ifelse(mpg$total >= 20, "C", "D")))
```

✔참고 위 코드는 두 번째, 세 번째 ifelse()를 Enter로 줄을 넘겨 작성했습니다. 이렇게 하면 한 줄로 작성했을 때보다 전체 구성이 눈에 더 잘 들어옵니다. 코드가 길어질 때 줄을 바꾸는 습관을 들이면 코드를 가독성 있게 작성할 수 있습니다.

앞에서 다룬 기능들을 요약해 보겠습니다. 어떤 데이터를 분석하든 변수 이름을 바꾸고 파생변수를 추가하는 작업은 기본적으로 항상 수행하게 됩니다.

```r
# 1.데이터 준비, 패키지 준비
mpg <- as.data.frame(ggplot2::mpg)     # 데이터 불러오기
library(dplyr)                         # dplyr 로드
library(ggplot2)                       # ggplot2 로드


# 2.데이터 파악
head(mpg)       # Raw 데이터 앞부분
tail(mpg)       # Raw 데이터 뒷부분
View(mpg)       # Raw 데이터 뷰어 창에서 확인
dim(mpg)        # 차원
str(mpg)        # 속성
summary(mpg)    # 요약 통계량


# 3.변수명 수정
mpg <- rename(mpg, company = manufacturer)

# 4.파생변수 생성
mpg$total <- (mpg$cty + mpg$hwy)/2                  # 변수 조합
mpg$test <- ifelse(mpg$total >= 20, "pass", "fail") # 조건문 활용


# 5.빈도 확인
table(mpg$test) # 빈도표 출력
qplot(mpg$test) # 막대 그래프 생성
```

ggplot2 패키지에는 미국 동북중부 437개 지역의 인구통계 정보를 담은 midwest라는 데이터가 들어 있습니다. midwest 데이터를 사용해 데이터 분석 문제를 해결해 보세요.

문제 1 ggplot2의 midwest 데이터를 데이터 프레임 형태로 불러온 다음 데이터의 특징을 파악하세요.

문제 2 poptotal(전체 인구) 변수를 total로, popasian(아시아 인구) 변수를 asian으로 수정하세요.

문제 3 total, asian 변수를 이용해 '전체 인구 대비 아시아 인구 백분율' 파생변수를 추가하고, 히스토그램을 만들어 분포를 살펴보세요.

문제 4 아시아 인구 백분율 전체 평균을 구하고, 평균을 초과하면 "large", 그 외에는 "small"을 부여하는 파생변수를 만들어 보세요.

문제 5 "large"와 "small"에 해당하는 지역이 얼마나 되는지 빈도표와 빈도 막대 그래프를 만들어 확인해 보세요.

정답: 353쪽

06

자유자재로 데이터 가공하기

데이터 분석을 하려면 데이터를 자유자재로 다룰 수 있어야 합니다. 이 장에서는 데이터를 추출하거나 여러 데이터를 합치는 등 데이터를 가공하는 방법을 익힙니다.

원자료

id	class	english	science
1	1	98	50
2	1	97	60
3	1	86	78
4	1	98	58
5	2	80	65
6	2	89	98
7	2	90	45
8	2	78	25
9	3	98	15
10	3	98	45
11	3	65	65
12	3	85	32

추출하기

class	english
1	98
1	97
1	86
1	98
2	80
2	89
2	90
2	78

요약하기

mean(english)	
class 1	94.75
class 2	84.25

06-1 데이터 전처리 - 원하는 형태로 데이터 가공하기

06-2 조건에 맞는 데이터만 추출하기

06-3 필요한 변수만 추출하기

06-4 순서대로 정렬하기

06-5 파생변수 추가하기

06-6 집단별로 요약하기

06-7 데이터 합치기

06-1

데이터 전처리 ─ 원하는 형태로 데이터 가공하기

주어진 데이터를 그대로 사용하기보다 원하는 형태로 변형해 분석하는 경우가 많습니다. 분석에 적합하게 데이터를 가공하는 작업을 '데이터 전처리(Data Preprocessing)'라고 합니다. 일부를 추출하거나, 종류별로 나누거나, 여러 데이터를 합치는 등 데이터를 자유롭게 가공할 수 있어야 목적에 맞게 분석할 수 있습니다.

✔ 참고 데이터 가공(Data Manipulation), 데이터 핸들링(Data Handling), 데이터 랭글링(Data Wrangling), 데이터 먼징 (Data Munging) 등과 같은 용어도 데이터 전처리와 비슷한 의미로 사용됩니다.

dplyr은 데이터 전처리 작업에 가장 많이 사용되는 패키지입니다. dplyr 함수를 이용해 데이터를 가공하는 방법을 알아보겠습니다.

dplyr 함수	기능
filter()	행 추출
select()	열(변수) 추출
arrange()	정렬
mutate()	변수 추가
summarise()	통계치 산출
group_by()	집단별로 나누기
left_join()	데이터 합치기(열)
bind_rows()	데이터 합치기(행)

06-2
조건에 맞는 데이터만 추출하기

데이터를 분석할 때 전체 데이터를 분석하기도 하지만 일부를 추출해 분석하기도 합니다.
`dplyr` 패키지의 `filter()`를 이용하면 원하는 데이터를 추출할 수 있습니다.

class	english	science
2	98	50
1	97	60
2	86	78
1	98	58
1	80	65
2	89	98

→

class	english	science
1	97	60
1	98	58
1	80	65

 **조건에 맞는 데이터만 추출하기**

1. 먼저 `dplyr` 패키지를 로드한 후 실습에 사용할 `csv_exam.csv` 파일을 데이터 프레임으로 만들어 출력합니다.

```
library(dplyr)
exam <- read.csv("csv_exam.csv")
exam

##   id class math english science
## 1  1     1   50      98      50
## 2  2     1   60      97      60
## 3  3     1   45      86      78
## 4  4     1   30      98      58
## 5  5     2   25      80      65
## 6  6     2   50      89      98
   ...
```

출력 결과의 class 변수 열을 보면 데이터가 5개 반의 학생들로 구성되어 있다는 것을 알 수 있습니다.

> ✔참고 csv_exam.csv 파일을 불러올 때 오류가 발생했다면 csv_exam.csv 파일을 프로젝트 폴더에 복사했는지 확인해 보세요!

2. dplyr 패키지의 filter()를 이용해 1반 학생들의 데이터만 추출하겠습니다. 아래 코드를 실행하면 class가 1인 행만 출력됩니다.

```
# exam에서 class가 1인 경우만 추출해 출력
exam %>% filter(class == 1)

##   id class math english science
## 1  1     1   50      98      50
## 2  2     1   60      97      60
## 3  3     1   45      86      78
## 4  4     1   30      98      58
```

dplyr 패키지는 %>% 기호를 이용해 함수들을 나열하는 방식으로 코드를 작성합니다. 위 코드는 exam을 출력하되, class가 1인 행만 추출하라는 조건이 지정되어 있습니다. filter() 안의 class == 1은 'class 변수의 값이 1인 행'을 의미합니다. 이런 식으로 filter()에 조건을 입력하면 조건에 해당되는 행만 추출합니다. 출력 결과를 보면 class 가 1인 학생들만 추출됐습니다.

filter()에 조건을 입력할 때 '같다'를 의미하는 등호 =를 두 번 반복해 쓰는 것을 꼭 기억하세요. 함수의 파라미터를 지정할 때는 등호를 한 번 쓰고(예: header = T), '같다'를 의미할 때는 등호를 두 번 씁니다(예: class == 1).

> ✔참고 %>% 기호는 '파이프 연산자(pipe operator)'라고 읽습니다. %>%는 물길을 연결하는 수도관(파이프)처럼 함수들을 연결하는 기능을 합니다. 단축키 Ctrl + Shift + M을 누르면 %>%가 삽입됩니다.

3. 같은 방식으로 2반 학생만 추출해 출력해 보세요.

```
# 2반인 경우만 추출
exam %>% filter(class == 2)

##   id class math english science
## 1  5     2   25      80      65
## 2  6     2   50      89      98
## 3  7     2   80      90      45
## 4  8     2   90      78      25
```

4. 이번에는 변수가 특정 값이 '아닌 경우'에 해당하는 데이터만 추출해 보겠습니다. 등호 앞에 느낌표를 붙여 != 이라고 쓰면 '같지 않다'를 의미하는 기호가 됩니다.

```
exam %>% filter(class != 1)   # 1반이 아닌 경우

##    id class math english science
## 1   5    2   25      80      65
## 2   6    2   50      89      98
## 3   7    2   80      90      45
## 4   8    2   90      78      25
## 5   9    3   20      98      15
## 6  10    3   50      98      45
   ...

exam %>% filter(class != 3)   # 3반이 아닌 경우

##    id class math english science
## 1   1    1   50      98      50
## 2   2    1   60      97      60
## 3   3    1   45      86      78
## 4   4    1   30      98      58
## 5   5    2   25      80      65
## 6   6    2   50      89      98
   ...
```

 **초과, 미만, 이상, 이하 조건 걸기**

부등호를 이용하면 특정 값 초과나 미만인 경우, 혹은 특정 값 이상이나 이하인 경우에 해당하는 데이터만 추출할 수 있습니다.

```
exam %>% filter(math > 50)   # 수학 점수가 50점을 초과한 경우

##    id class math english science
## 1   2    1   60      97      60
## 2   7    2   80      90      45
## 3   8    2   90      78      25
## 4  11    3   65      65      65
   ...
```

```
exam %>% filter(math < 50)        # 수학 점수가 50점 미만인 경우
```

```
##   id class math english science
## 1  3     1   45      86      78
## 2  4     1   30      98      58
## 3  5     2   25      80      65
## 4  9     3   20      98      15
   ...
```

```
exam %>% filter(english >= 80)   # 영어 점수가 80점 이상인 경우
```

```
##   id class math english science
## 1  1     1   50      98      50
## 2  2     1   60      97      60
## 3  3     1   45      86      78
## 4  4     1   30      98      58
   ...
```

```
exam %>% filter(english <= 80)   # 영어 점수가 80점 이하인 경우
```

```
##   id class math english science
## 1  5     2   25      80      65
## 2  8     2   90      78      25
## 3 11     3   65      65      65
## 4 15     4   75      56      78
   ...
```

 **여러 조건을 충족하는 행 추출하기**

'그리고(and)'를 의미하는 기호 &를 사용해 조건을 나열하면 여러 조건을 동시에 충족하는 행을 추출할 수 있습니다.

```
# 1반이면서 수학 점수가 50점 이상인 경우
exam %>% filter(class == 1 & math >= 50)

##   id class math english science
## 1  1     1   50      98      50
## 2  2     1   60      97      60

# 2반이면서 영어 점수가 80점 이상인 경우
exam %>% filter(class == 2 & english >= 80)

##   id class math english science
## 1  5     2   25      80      65
## 2  6     2   50      89      98
## 3  7     2   80      90      45
```

 **여러 조건 중 하나 이상 충족하는 행 추출하기**

'또는(or)'을 의미하는 | 기호를 이용하면 여러 조건 중 하나라도 충족하는 데이터를 추출할 수 있습니다. |는 키보드의 Backspace 밑에 있는 ₩을 Shift와 함께 누르면 입력됩니다.

✔참고 | 기호는 '버티컬 바(Vertical Bar)'라고 읽습니다.

```
# 수학 점수가 90점 이상이거나 영어 점수가 90점 이상인 경우
exam %>% filter(math >= 90 | english >= 90)

##   id class math english science
## 1  1     1   50      98      50
## 2  2     1   60      97      60
## 3  4     1   30      98      58
## 4  7     2   80      90      45
## 5  8     2   90      78      25
## 6  9     3   20      98      15
 ...
```

```
# 영어 점수가 90점 미만이거나 과학 점수가 50점 미만인 경우
exam %>% filter(english < 90 | science < 50)

##   id class math english science
## 1  3     1   45      86      78
## 2  5     2   25      80      65
## 3  6     2   50      89      98
## 4  7     2   80      90      45
## 5  8     2   90      78      25
## 6  9     3   20      98      15
   ...
```

 **목록에 해당하는 행 추출하기**

1. 변수의 값이 지정한 목록에 해당될 경우만 추출해야 할 경우가 있습니다. 예를 들어 1, 3, 5반에 속한 학생의 데이터만 추출하는 상황을 생각할 수 있습니다. 이럴 경우 앞에서 다룬 | 기호를 이용해 여러 조건을 나열하면 됩니다.

```
# 1, 3, 5반에 해당하면 추출
exam %>% filter(class == 1 | class == 3 | class == 5)

##   id class math english science
## 1  1     1   50      98      50
## 2  2     1   60      97      60
## 3  3     1   45      86      78
## 4  4     1   30      98      58
## 5  9     3   20      98      15
## 6 10     3   50      98      45
   ...
```

2. %in% 기호를 사용하면 코드를 좀 더 간편하게 작성할 수 있습니다. %in% 기호와 c() 함수를 이용해 조건 목록을 입력하면 됩니다. %in% 기호는 변수의 값이 지정한 조건 목록에 해당하는지 확인하는 기능을 합니다.

```
exam %>% filter(class %in% c(1, 3, 5))   # 1, 3, 5반에 해당하면 추출

##   id class math english science
## 1  1     1   50      98      50
## 2  2     1   60      97      60
## 3  3     1   45      86      78
## 4  4     1   30      98      58
## 5  9     3   20      98      15
## 6 10     3   50      98      45
   ...
```

✔참고 %in% 기호는 '매치 연산자(Matching Operator)'라고 읽습니다.

 **추출한 행으로 데이터 만들기**

새 변수를 만들 때처럼 <- 기호를 이용하면 추출한 행으로 새로운 데이터를 만들 수 있습니다. 데이터를 조건별로 나눠 활용하고자 할 때 이런 형태로 코드를 작성합니다.
1반과 2반을 추출해 각각 새 데이터로 만든 후 각 반의 수학 점수 평균을 구해 보겠습니다.

```
class1 <- exam %>% filter(class == 1)   # class가 1인 행 추출, class1에 할당
class2 <- exam %>% filter(class == 2)   # class가 2인 행 추출, class2에 할당

mean(class1$math)                       # 1반 수학 점수 평균 구하기

## [1] 46.25

mean(class2$math)                       # 2반 수학 점수 평균 구하기

## [1] 61.25
```

R에서 사용하는 기호들

조건에 맞는 데이터를 추출하는 실습을 하면서 여러 가지 기호들을 사용했습니다. 조건을 지정할 때 사용하는 기호를 '논리 연산자(Logical Operators)'라고 하고, 계산할 때 사용하는 기호들을 '산술 연산자(Arithmetic Operators)'라고 합니다. 이후 실습을 하면서 상황에 맞게 활용하다 보면 자연스럽게 기호들의 기능을 익히게 됩니다.

논리 연산자	기능
<	작다
<=	작거나 같다
>	크다
>=	크거나 같다
==	같다
!=	같지 않다
|	또는
&	그리고
%in%	매칭 확인

산술 연산자	기능
+	더하기
-	빼기
*	곱하기
/	나누기
^ , **	제곱
%/%	나눗셈의 몫
%%	나눗셈의 나머지

 mpg 데이터를 이용해 분석 문제를 해결해 보세요.

Q1 자동차 배기량에 따라 고속도로 연비가 다른지 알아보려고 합니다. displ(배기량)이 4 이하인 자동차와 5 이상인 자동차 중 어떤 자동차의 hwy(고속도로 연비)가 평균적으로 더 높은지 알아보세요.

힌트 특정 조건에 해당하는 데이터를 추출해 평균을 구하면 해결할 수 있는 문제입니다. filter()를 이용해 displ 변수가 특정 값을 지닌 행을 추출해 새로운 변수에 할당한 후 평균을 구해 보세요.

Q2 자동차 제조 회사에 따라 도시 연비가 다른지 알아보려고 합니다. "audi"와 "toyota" 중 어느 manufacturer(자동차 제조 회사)의 cty(도시 연비)가 평균적으로 더 높은지 알아보세요.

힌트 앞 문제와 동일한 절차로 해결하면 됩니다. 단, 변수의 값이 숫자가 아니라 문자라는 점이 다릅니다.

Q3 "chevrolet", "ford", "honda" 자동차의 고속도로 연비 평균을 알아보려고 합니다. 이 회사들의 데이터를 추출한 후 hwy 전체 평균을 구해 보세요.

힌트 '여러 조건 중 하나 이상 충족'하면 추출하도록 filter() 함수를 구성해 보세요. 이렇게 추출한 데이터로 평균을 구하면 됩니다. %in%를 이용하면 코드를 짧게 만들 수 있습니다.

정답: 355쪽

06-3
필요한 변수만 추출하기

select()는 데이터에 들어 있는 수많은 변수 중 일부 변수만 추출해 활용하고자 할 때 사용합니다. select()를 이용해 변수를 추출하는 방법을 알아보겠습니다.

id	class	english	science
1	2	98	50
2	1	97	60
3	2	86	78
4	1	98	58
5	1	80	65
6	2	89	98

class	english
2	98
1	97
2	86
1	98
1	80
2	89

 변수 추출하기

1. 아래 코드는 exam에서 math 변수만 추출해 출력하는 기능을 합니다. filter()와 마찬가지 방식으로 데이터 프레임명을 입력한 후 %>%로 select()를 연결합니다. 괄호 안에는 추출할 변수 이름을 입력합니다.

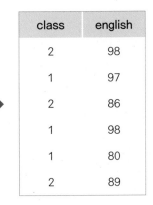

```
exam %>% select(math)    # math 추출

##    math
## 1    50
## 2    60
## 3    45
## 4    30
    ...
```

2. 같은 방식으로 english 변수를 추출해 보겠습니다.

```
exam %>% select(english)   # english 추출

##      english
## 1        98
## 2        97
## 3        86
## 4        98
      ...
```

3. 여러 변수 추출하기

쉼표를 넣어 변수명을 나열하면 여러 변수를 동시에 추출할 수 있습니다.

```
exam %>% select(class, math, english)   # class, math, english 변수 추출

##      class math english
## 1        1   50      98
## 2        1   60      97
## 3        1   45      86
## 4        1   30      98
      ...
```

4. 변수 제외하기

추출할 변수를 지정하는 방법도 있지만 특정 변수만 제외하고 나머지 모든 변수를 추출하는 방법도 있습니다. 제외할 변수명 앞에 빼기 기호 -를 입력하면 됩니다. 여러 변수를 제외하려면 쉼표를 이용해 제외할 변수를 나열하면 됩니다.

```
exam %>% select(-math)   # math 제외

##      id class english science
## 1    1     1      98      50
## 2    2     1      97      60
## 3    3     1      86      78
## 4    4     1      98      58
      ...
```

```
exam %>% select(-math, -english)   # math, english 제외

##   id class science
## 1  1     1      50
## 2  2     1      60
## 3  3     1      78
## 4  4     1      58
   ...
```

 **dplyr 함수 조합하기**

dplyr 패키지의 함수들은 **%>%**를 이용해 조합할 수 있다는 장점이 있습니다. 함수를 조합하면 코드의 길이가 줄어 이해하기 쉬워집니다.

1. filter()와 select() 조합하기

filter()와 select()를 조합해서 1반 학생의 영어 점수를 추출해 보겠습니다. class가 1인 행을 추출하는 filter()와 english 변수를 추출하는 select()를 %>%로 연결하면 됩니다.

```
# class가 1인 행만 추출한 다음 english 추출
exam %>% filter(class == 1) %>% select(english)

##   english
## 1      98
## 2      97
## 3      86
## 4      98
```

2. 가독성 있게 줄 바꾸기

%>%로 코드가 연결되는 부분에서 줄을 바꾸면 함수별로 구분되기 때문에 가독성 있는 코드를 만들 수 있습니다. %>% 뒤에서 Enter 로 줄을 바꾸면 자동으로 일정 간격이 띄어져서 어디까지 dplyr 코드 단락인지 한눈에 파악할 수 있습니다.

실행할 때는 dplyr 구문 전체를 함께 실행해야 합니다. 드래그해서 일부만 실행하면 코드가 완료되지 않은 상태가 되어 결과가 출력되지 않습니다. dplyr 구문 내 아무 곳에나 마우스 커서를 위치시킨 후 Ctrl + Enter 로 실행하면 구문 전체가 함께 실행됩니다. 다음은 앞의 코드를 %>% 뒤에서 줄바꿈한 것입니다.

```
exam %>%
  filter(class == 1) %>%   # class가 1인 행 추출
  select(english)          # english 추출
```

3. 일부만 출력하기

데이터의 일부를 출력할 때 사용하는 head()를 dplyr에 조합해 사용할 수 있습니다. dplyr 구문의 마지막에 %>%로 연결해 head를 입력하면 됩니다. 괄호 없이 head만 쓰면 6행까지 출력되고, 괄호 안에 숫자를 입력하면 입력한 숫자만큼의 행이 출력됩니다. dplyr을 적용한 결과 중 일부만 확인하고자 할 때 사용하면 됩니다.

```
exam %>%
  select(id, math) %>%   # id, math 추출
  head                   # 앞부분 6행까지 추출

##   id math
## 1  1   50
## 2  2   60
## 3  3   45
## 4  4   30
## 5  5   25
## 6  6   50
```

```
exam %>%
  select(id, math) %>%   # id, math 추출
  head(10)               # 앞부분 10행까지 추출

## 	   id math
## 1     1   50
## 2     2   60
## 3     3   45
## 4     4   30
## 5     5   25
## 6     6   50
## 7     7   80
## 8     8   90
## 9     9   20
## 10   10   50
```

 mpg 데이터를 이용해 분석 문제를 해결해 보세요.

Q1 mpg 데이터는 11개 변수로 구성되어 있습니다. 이 중 일부만 추출해 분석에 활용하려고 합니다. mpg 데이터에서 class(자동차 종류), cty(도시 연비) 변수를 추출해 새로운 데이터를 만드세요. 새로 만든 데이터의 일부를 출력해 두 변수로만 구성되어 있는지 확인하세요.

힌트 select()로 변수를 추출해 새로운 데이터를 만들어 보세요.

Q2 자동차 종류에 따라 도시 연비가 다른지 알아보려고 합니다. 앞에서 추출한 데이터를 이용해 class(자동차 종류)가 "suv"인 자동차와 "compact"인 자동차 중 어떤 자동차의 cty(도시 연비) 평균이 더 높은지 알아보세요.

힌트 filter()로 조건에 해당하는 데이터를 추출한 후 평균을 구하면 해결할 수 있습니다.

정답: 356쪽

06-4
순서대로 정렬하기

arrange()를 이용하면 데이터를 원하는 순서로 정렬할 수 있습니다. arrange()에 정렬 기준으로 삼을 변수명을 입력하면 됩니다.

id	english	science
1	98	50
2	97	60
3	86	78
4	98	58
5	80	65
6	89	98

➡

id	english	science
6	89	98
5	86	78
4	80	65
3	97	60
2	98	58
1	98	50

 **오름차순으로 정렬하기**

exam 데이터는 학생의 번호를 나타내는 id 변수 순으로 정렬되어 있습니다. 아래와 같이 arrange()에 math를 입력하면 수학 점수가 낮은 사람에서 높은 사람 순으로 오름차순 정렬해 출력됩니다.

```
exam %>% arrange(math)    # math 오름차순 정렬

##    id class math english science
## 1   9     3   20      98      15
## 2   5     2   25      80      65
## 3   4     1   30      98      58
## 4   3     1   45      86      78
## 5  12     3   45      85      32
## 6  13     4   46      98      65
   ...
```

 **내림차순으로 정렬하기**

높은 값에서 낮은 값 순으로 내림차순 정렬하려면 기준 변수를 desc()에 적용하면 됩니다. 아래 코드를 실행히면 math가 높은 사람부터 낮은 사람 순으로 출력됩니다.

✔참고 desc는 '역순'을 의미하는 'Descending'의 머리글자입니다.

```
exam %>% arrange(desc(math))   # math 내림차순 정렬

##    id class math english science
## 1  8     2   90      78      25
## 2 19     5   89      68      87
## 3  7     2   80      90      45
## 4 18     5   80      78      90
## 5 20     5   78      83      58
## 6 15     4   75      56      78
   ...
```

정렬 기준으로 삼을 변수를 여러 개 지정하려면 쉼표를 이용해 변수명을 나열하면 됩니다. 아래 코드를 실행하면 먼저 반을 기준으로 오름차순 정렬한 후 각 반에서 수학 점수를 기준으로 오름차순 정렬해 출력합니다.

```
exam %>% arrange(class, math)   # class 및 math 오름차순 정렬

##    id class math english science
## 1  4     1   30      98      58
## 2  3     1   45      86      78
## 3  1     1   50      98      50
## 4  2     1   60      97      60
## 5  5     2   25      80      65
## 6  6     2   50      89      98
## 7  7     2   80      90      45
## 8  8     2   90      78      25
   ...
```

혼자서 해보기 mpg 데이터를 이용해 분석 문제를 해결해 보세요.

Q1 "audi"에서 생산한 자동차 중에 어떤 자동차 모델의 hwy(고속도로 연비)가 높은지 알아보려고 합니다. "audi"에서 생산한 자동차 중 hwy가 1~5위에 해당하는 자동차의 데이터를 출력하세요.

힌트 filter()를 이용해 "audi"에서 생산한 자동차만 추출하고, arrange()로 hwy를 내림차순 정렬하면 됩니다. head()를 이용하면 이 중 특정 순위에 해당하는 자동차만 출력할 수 있습니다.

정답: 357쪽

06-5
파생변수 추가하기

`mutate()`를 사용하면 기존 데이터에 파생변수를 만들어 추가할 수 있습니다. `mutate()`에 새로 만들 변수명과 변수를 만들 때 사용할 공식을 입력하면 됩니다.

id	english	science
1	98	50
2	97	60
3	86	78
4	98	58
5	80	65
6	89	98

➡

id	english	science	total
1	98	50	148
2	97	60	157
3	86	78	164
4	98	58	156
5	80	65	145
6	89	98	187

 **직접 해보세요!** **파생변수 추가하기**

1. exam에 세 과목의 점수를 모두 합한 총합 변수를 만들어 추가한 후 일부를 출력해 보겠습니다. 여기서는 `total`이라는 변수명을 사용했는데, 변수명은 원하는 단어로 지정하면 됩니다.

```
exam %>%
  mutate(total = math + english + science) %>%  # 총합 변수 추가
  head                                           # 일부 추출

##   id class math english science total
## 1  1     1   50      98      50   198
## 2  2     1   60      97      60   217
## 3  3     1   45      86      78   209
## 4  4     1   30      98      58   186
## 5  5     2   25      80      65   170
## 6  6     2   50      89      98   237
```

2. 여러 파생변수 한 번에 추가하기

여러 파생변수를 한 번에 추가할 수 있습니다. 쉼표를 이용해 새 변수명과 변수를 만드는 공식을 나열하면 됩니다.

```
exam %>%
  mutate(total = math + english + science,          # 총합 변수 추가
         mean = (math + english + science)/3) %>%    # 총평균 변수 추가
  head                                               # 일부 추출

##   id class math english science total     mean
## 1  1     1   50      98      50   198 66.00000
## 2  2     1   60      97      60   217 72.33333
## 3  3     1   45      86      78   209 69.66667
## 4  4     1   30      98      58   186 62.00000
## 5  5     2   25      80      65   170 56.66667
## 6  6     2   50      89      98   237 79.00000
```

3. mutate()에 ifelse() 적용하기

mutate()에 ifelse()를 적용하면 조건에 따라 다른 값을 부여한 변수를 추가할 수 있습니다.

```
exam %>%
  mutate(test = ifelse(science >= 60, "pass", "fail")) %>%
  head

##   id class math english science test
## 1  1     1   50      98      50 fail
## 2  2     1   60      97      60 pass
## 3  3     1   45      86      78 pass
## 4  4     1   30      98      58 fail
## 5  5     2   25      80      65 pass
## 6  6     2   50      89      98 pass
```

4. 추가한 변수를 dplyr 코드에 바로 활용하기

변수를 추가하고 나면 이어지는 dplyr 코드에 바로 활용할 수 있습니다. 아래 코드를 실행하면 mutate()로 추가한 변수를 arrange()에서 기준으로 삼아 정렬해 일부를 출력합니다.

```
exam %>%
  mutate(total = math + english + science) %>%   # 총합 변수 추가
  arrange(total) %>%                              # 총합 변수 기준 정렬
  head                                            # 일부 추출

##   id class math english science total
## 1  9     3   20      98      15   133
## 2 14     4   48      87      12   147
## 3 12     3   45      85      32   162
## 4  5     2   25      80      65   170
## 5  4     1   30      98      58   186
## 6  8     2   90      78      25   193
```

알아두면 좋아요! } **dplyr 함수에는 데이터 프레임명을 반복 입력하지 않는다.**

dplyr 패키지 함수들은 변수명 앞에 데이터 프레임명을 반복해 입력하지 않기 때문에 코드가 간결해진 다는 장점이 있습니다. 파생변수를 추가하는 방법은 05-3절에서도 다뤘는데, 이때는 dplyr 함수 대신 기본 문법을 이용했기 때문에 변수명 앞에 데이터 프레임명을 반복해 입력했습니다.

   예) df$var_sum <- df$var1 + df$var2

데이터 프레임명이 길수록, 코드를 구성하는 함수가 많을수록 dplyr 패키지의 장점이 드러납니다.

 mpg 데이터를 이용해 분석 문제를 해결해 보세요.

mpg 데이터는 연비를 나타내는 변수가 hwy(고속도로 연비), cty(도시 연비) 두 종류로 분리되어 있습 니다. 두 변수를 각각 활용하는 대신 하나의 통합 연비 변수를 만들어 분석하려고 합니다.

Q1 mpg() 데이터 복사본을 만들고, cty와 hwy를 더한 '합산 연비 변수'를 추가하세요.

힌트 mutate()를 적용한 결과를 <-를 이용해 데이터 프레임에 할당하는 형태로 코드를 작성하면 기존 데이터 프레임에 변수가 추가됩니다.

Q2 앞에서 만든 '합산 연비 변수'를 2로 나눠 '평균 연비 변수'를 추가하세요.

Q3 '평균 연비 변수'가 가장 높은 자동차 3종의 데이터를 출력하세요.

힌트 arrange()와 head()를 조합하면 됩니다.

Q4 1~3번 문제를 해결할 수 있는 하나로 연결된 dplyr 구문을 만들어 실행해 보세요. 데이터는 복 사본 대신 mpg 원본을 이용하세요.

힌트 앞에서 만든 코드들을 %>%를 이용해 연결하면 됩니다. 변수를 추가하는 작업을 하나의 mutate()로 구성하 면 코드를 좀 더 간결하게 만들 수 있습니다.
정답: 357쪽

집단별로 요약하기

집단별 평균이나 집단별 빈도처럼 각 집단을 요약한 값을 구할 때는 group_by()와 summarise()를 사용합니다. 이 함수들을 이용해 요약표를 만들면 집단 간에 어떤 차이가 있는지 쉽게 파악할 수 있습니다.

class	english	science
2	98	50
1	97	60
2	86	78
1	98	58
1	80	65
2	89	98

class	english	science
1	97	60
1	98	58
1	80	65

mean(science)	
class 1	61.0

class	english	science
2	98	50
2	86	78
2	89	98

mean(science)	
class 2	75.3

mean(science)	
class 1	61.0
class 2	75.3

집단별로 요약하기

1. 먼저 summarise()를 사용해 보겠습니다. 아래 코드는 수학 점수 평균을 구한 후 mean_math라는 새 변수에 할당해 출력하는 기능을 합니다. 변수명은 mutate()를 사용할 때와 마찬가지로 자유롭게 정하면 됩니다.

```
exam %>% summarise(mean_math = mean(math))   # math 평균 산출

##    mean_math
## 1      57.45
```

전체 평균을 구한다면 간단히 `mean()`을 이용하면 됩니다. `summarise()`는 전체를 요약한 값을 구하기보다는 아래처럼 `group_by()`와 조합해 집단별 요약표를 만들 때 사용합니다.

2. 집단별로 요약하기

`group_by()`에 변수를 지정하면 변수 항목별로 데이터를 분리합니다. 여기에 `summarise()`를 조합하면 집단별 요약 통계량을 산출합니다. 아래 코드는 반별 수학 점수 평균을 산출하는 기능을 합니다.

```
exam %>%
  group_by(class) %>%              # class별로 분리
  summarise(mean_math = mean(math))  # math 평균 산출


## # A tibble: 5 × 2
##   class mean_math
##   <int>     <dbl>
## 1     1     46.25
## 2     2     61.25
## 3     3     45.00
## 4     4     56.75
## 5     5     78.00
```

✓참고 출력 결과의 첫 번째 행 'A tibble: 5 × 2'는 데이터가 5행 2열의 tibble 형태라는 것을 의미합니다. `group_by()`는 출력 결과를 데이터 프레임의 업그레이드 버전인 tibble 형태로 만들어 줍니다. tibble은 데이터 프레임에 몇 가지 기능이 추가된 것으로, 데이터 프레임을 다룰 때와 동일한 방식으로 활용할 수 있습니다. 변수명 아래 <int>, <dbl>은 변수의 속성을 나타냅니다. int는 정수(integer), dbl은 소수점이 있는 숫자(double, 부동 소수점)를 의미합니다.

3. 여러 요약 통계량 한 번에 산출하기

`mutate()`로 여러 변수를 동시에 추가했던 것과 마찬가지로 `summarise()`로도 여러 요약 통계량을 한 번에 산출할 수 있습니다.

```
exam %>%
  group_by(class) %>%                      # class별로 분리
  summarise(mean_math = mean(math),        # math 평균
            sum_math = sum(math),          # math 합계
            median_math = median(math),    # math 중앙값
            n = n())                       # 학생 수
```

```
## # A tibble: 5 × 5
##    class mean_math sum_math median_math     n
##    <int>     <dbl>    <int>       <dbl> <int>
## 1      1     46.25      185        47.5     4
## 2      2     61.25      245        65.0     4
## 3      3     45.00      180        47.5     4
## 4      4     56.75      227        53.0     4
## 5      5     78.00      312        79.0     4
```

코드 맨 아랫줄에 있는 n()은 데이터가 몇 행으로 되어 있는지 '빈도'를 구하는 기능을 합니다. 여기서는 group_by()를 이용해 반별로 집단을 나눴으니 각 반에 몇 명의 학생이 있는지 나타내게 됩니다. 출력 결과의 n 변수 열을 보면 각 반의 빈도가 4이므로, 반별로 네 명의 학생이 있다는 것을 알 수 있습니다. n()은 특정 변수에 적용하는 게 아니라 행 개수를 세는 것이기 때문에 다른 함수와 달리 괄호 안에 변수명을 입력하지 않습니다.

아래는 summarise()에 자주 사용하는 요약 통계량 함수입니다.

함수	의미
mean()	평균
sd()	표준편차
sum()	합계
median()	중앙값
min()	최솟값
max()	최댓값
n()	빈도

4. 각 집단별로 다시 집단 나누기

group_by()에 여러 변수를 지정하면 집단을 나눈 후 다시 하위 집단으로 나눌 수 있습니다. 예를 들어 성적 데이터를 반별로 나눈 후 다시 성별로 나눠 각 반의 성별 평균 점수를 구할 수 있습니다. 여기서는 mpg 데이터를 이용해 하위 집단별 평균을 구해 보겠습니다. 회사별로 집단을 나눈 후 다시 구동 방식별로 나눠 도시 연비 평균을 구하겠습니다.

```
mpg %>%
  group_by(manufacturer, drv) %>%        # 회사별, 구동 방식별 분리
  summarise(mean_cty = mean(cty)) %>%    # cty 평균 산출
  head(10)                               # 일부 출력

## Source: local data frame [10 x 3]
## Groups: manufacturer [5]
##
##    manufacturer  drv mean_cty
##           <chr> <chr>    <dbl>
## 1          audi    4  16.81818
## 2          audi    f  18.85714
## 3      chevrolet    4  12.50000
## 4      chevrolet    f  18.80000
## 5      chevrolet    r  14.10000
## 6         dodge    4  12.00000
## 7         dodge    f  15.81818
    ...
```

출력 결과를 보면 각 회사별로 구동 방식에 따라 연비가 어떻게 다른지 알 수 있습니다. drv 변수에서 4는 사륜구동, f는 전륜구동, r은 후륜구동을 의미합니다. 어떤 회사의 drv 가 두 종류밖에 없는 것은 해당 회사가 두 종류의 자동차만 생산하기 때문입니다.

 **dplyr 조합하기**

dplyr 패키지는 함수를 조합할 때 진가를 발휘합니다. 절차가 복잡해 보이는 분석도 dplyr 함수를 조합하면 코드 몇 줄로 간단히 해결할 수 있습니다. 지금까지 다룬 dplyr 함수들을 하나의 구문으로 조합해 아래 분석 문제를 해결해 보겠습니다.

> 회사별로 "suv" 자동차의 도시 및 고속도로 통합 연비 평균을 구해 내림차순으로 정렬하고, 1~5위까지 출력하기

1. 코드를 작성하기 전에 어떤 절차로 어떤 함수를 사용할지 생각하면서 정리합니다.

절차	기능	dplyr 함수
1	회사별로 분리	group_by()
2	suv 추출	filter()
3	통합 연비 변수 생성	mutate()
4	통합 연비 평균 산출	summarise()
5	내림차순 정렬	arrange()
6	1~5위까지 출력	head()

2. 위의 절차에 따라 함수들을 **%>%**로 연결해 하나의 **dplyr** 구문으로 만듭니다.

```
mpg %>%
    group_by(manufacturer) %>%          # 회사별로 분리
    filter(class == "suv") %>%          # suv 추출
    mutate(tot = (cty+hwy)/2) %>%       # 통합 연비 변수 생성
    summarise(mean_tot = mean(tot)) %>% # 통합 연비 평균 산출
    arrange(desc(mean_tot)) %>%         # 내림차순 정렬
    head(5)                             # 1~5위까지 출력

## # A tibble: 5 × 2
##   manufacturer mean_tot
##          <chr>    <dbl>
## 1       subaru 21.91667
## 2       toyota 16.31250
## 3       nissan 15.87500
## 4      mercury 15.62500
## 5         jeep 15.56250
```

혼자서
해보기

mpg 데이터를 이용해 분석 문제를 해결해 보세요.

Q1 mpg 데이터의 class는 "suv", "compact" 등 자동차를 특징에 따라 일곱 종류로 분류한 변수입니다. 어떤 차종의 도시 연비가 높은지 비교해 보려고 합니다. class별 cty 평균을 구해 보세요.

힌트 group_by()를 이용해 class별로 나눈 후 summarise()를 이용해 cty 평균을 구하면 됩니다.

Q2 앞 문제의 출력 결과는 class 값 알파벳 순으로 정렬되어 있습니다. 어떤 차종의 도시 연비가 높은지 쉽게 알아볼 수 있도록 cty 평균이 높은 순으로 정렬해 출력하세요.

힌트 앞에서 만든 코드를 %>%로 연결하고 내림차순으로 정렬하는 코드를 추가하면 됩니다.

Q3 어떤 회사 자동차의 hwy(고속도로 연비)가 가장 높은지 알아보려고 합니다. hwy 평균이 가장 높은 회사 세 곳을 출력하세요.

힌트 2번 문제와 같은 절차로 코드를 구성하고, 일부만 출력하도록 head()를 추가하면 됩니다.

Q4 어떤 회사에서 "compact"(경차) 차종을 가장 많이 생산하는지 알아보려고 합니다. 각 회사별 "compact" 차종 수를 내림차순으로 정렬해 출력하세요.

힌트 filter()를 이용해 "compact" 차종만 남긴 후 회사별 자동차 수를 구하면 됩니다. 자동차 수는 데이터가 몇 행으로 구성되는지 빈도를 구하면 알 수 있습니다. 빈도는 n()을 이용해 구할 수 있습니다.

정답: 359쪽

06-7
데이터 합치기

하나의 데이터만 가지고 분석하기도 하지만 여러 데이터를 합쳐 하나의 데이터로 만든 후에 분석하기도 합니다. 예를 들어, 중간고사 데이터와 기말고사 데이터를 합쳐 하나의 시험 점수 데이터를 만들어 분석할 수 있습니다.

가로로 합치기

데이터를 합치는 데에는 크게 두 가지 방법이 있습니다. 첫 번째는 데이터를 가로로 합치는 방법입니다. 기존 데이터에 변수(열)를 추가한다고 볼 수 있습니다. 앞에서 든 예처럼 중간고사 데이터에 기말고사 데이터를 합친다면 이는 가로로 합치는 작업이 됩니다.

id	midterm
1	60
2	80
3	70

+

id	final
1	70
2	83
3	65

=

id	midterm	final
1	60	70
2	80	83
3	70	65

가로로 합치기

세로로 합치기

두 번째는 데이터를 세로로 합치는 방법입니다. 기존 데이터에 행을 추가한다고 볼 수 있습니다. 예를 들어, 학생 세 명이 먼저 시험을 보고, 나중에 또 다른 학생 세 명이 따로 시험을 봤을 때, 두 시험 데이터를 합친다면 세로로 합치는 작업이 됩니다.

id	test
1	60
2	80
3	70

+

id	test
4	70
5	83
6	65

=

id	test
1	60
2	80
3	70
4	70
5	83
6	65

세로로 합치기

 **가로로 합치기**

1. 먼저 데이터를 가로로 합치는 방법을 알아보겠습니다. 우선 학생 다섯 명이 중간고사와 기말고사를 봤다고 가정하고, 2개의 데이터 프레임을 만들겠습니다.

```
# 중간고사 데이터 생성
test1 <- data.frame(id = c(1, 2, 3, 4, 5),
                    midterm = c(60, 80, 70, 90, 85))

# 기말고사 데이터 생성
test2 <- data.frame(id = c(1, 2, 3, 4, 5),
                    final = c(70, 83, 65, 95, 80))
test1    # test1 출력

##   id midterm
## 1  1      60
## 2  2      80
## 3  3      70
## 4  4      90
## 5  5      85


test2    # test2 출력

##   id final
## 1  1    70
## 2  2    83
## 3  3    65
## 4  4    95
## 5  5    80
```

2. `dplyr` 패키지의 `left_join()`을 이용하면 데이터를 가로로 합칠 수 있습니다. 괄호 안에 합칠 데이터 프레임명을 나열하고, 기준으로 삼을 변수명을 by에 지정하면 됩니다.
다음 코드를 실행하면 학생의 번호를 의미하는 `id`를 기준으로 두 시험 데이터를 합쳐 하나의 데이터 프레임을 만듭니다. by에 기준 변수를 지정할 때 **변수명 앞뒤에 따옴표를 입력해야 합니다.**

```
total <- left_join(test1, test2, by = "id")   # id를 기준으로 합쳐 total에 할당
total                                          # total 출력


##   id midterm final
## 1 1       60    70
## 2 2       80    83
## 3 3       70    65
## 4 4       90    95
## 5 5       85    80
```

 **다른 데이터를 활용해 변수 추가하기**

left_join()을 응용하면 특정 변수의 값을 기준으로 다른 데이터의 값을 추가할 수 있습니다. 예를 들어 지역 번호가 들어 있는 데이터를 분석할 경우, 어떤 지역인지 알 수 있도록 지역 이름을 추가해야 할 때가 있습니다. 이럴 때 지역 번호별 지역 이름을 나타낸 데이터가 있다면 분석 중인 데이터에 지역 이름을 추가할 수 있습니다.

1. 각 반 학생들의 시험 점수를 담은 **exam** 데이터를 분석하고 있는데, 추가로 반별 담임교사 명단을 얻었다고 가정해 보겠습니다. 먼저 반별 담임교사 명단 데이터를 만들겠습니다.

```
name <- data.frame(class = c(1, 2, 3, 4, 5),
                   teacher = c("kim", "lee", "park", "choi", "jung"))
name


##   class teacher
## 1     1     kim
## 2     2     lee
## 3     3    park
## 4     4    choi
## 5     5    jung
```

2. name은 class와 teacher 두 변수로 구성되어 있습니다. class 변수를 기준으로 삼아 name의 teacher 변수를 exam에 추가하겠습니다. 코드를 실행하면 exam 데이터에 teacher 변수가 추가된 것을 확인할 수 있습니다.

```
exam_new <- left_join(exam, name, by = "class")
exam_new

##   id class math english science teacher
## 1  1     1   50      98      50     kim
## 2  2     1   60      97      60     kim
## 3  3     1   45      86      78     kim
## 4  4     1   30      98      58     kim
## 5  5     2   25      80      65     lee
## 6  6     2   50      89      98     lee
   ...
```

 **세로로 합치기**

이번에는 데이터를 세로로 합치는 방법을 알아보겠습니다.

1. 우선 학생 다섯 명이 먼저 시험을 보고, 나중에 다섯 명이 따로 시험을 봤다고 가정하고 2개의 데이터 프레임을 만들겠습니다.

```
# 학생 1~5번 시험 데이터 생성
group_a <- data.frame(id = c(1, 2, 3, 4, 5),
                      test = c(60, 80, 70, 90, 85))

# 학생 6~10번 시험 데이터 생성
group_b <- data.frame(id = c(6, 7, 8, 9, 10),
                      test = c(70, 83, 65, 95, 80))
```

```
group_a                # group_a 출력

##   id test
## 1  1   60
## 2  2   80
## 3  3   70
## 4  4   90
## 5  5   85


group_b                # group_b 출력

##   id test
## 1  6   70
## 2  7   83
## 3  8   65
## 4  9   95
## 5 10   80
```

2. bind_rows()를 이용하면 데이터를 세로로 합칠 수 있습니다. 괄호 안에 합칠 데이터 프레임명을 나열하면 됩니다. 아래 코드를 실행하면 두 시험 데이터를 합쳐 하나의 데이터로 만듭니다.

```
group_all <- bind_rows(group_a, group_b)   # 데이터 합쳐서 group_all에 할당
group_all                                  # group_all 출력

##   id test
## 1  1   60
## 2  2   80
## 3  3   70
## 4  4   90
## 5  5   85
## 6  6   70
## 7  7   83
   ...
```

데이터를 세로로 합칠 때는 두 데이터의 변수명이 같아야 합니다. 위에서 `group_a`와 `group_b`는 변수명이 `id`와 `test`로 동일하기 때문에 세로로 합칠 수 있었습니다. 만약 변수명이 다르면 `rename()`을 이용해 동일하게 맞춘 후에 합치면 됩니다.

 mpg 데이터를 이용해 분석 문제를 해결해 보세요.

mpg 데이터의 fl 변수는 자동차에 사용하는 연료(fuel)를 의미합니다. 오른쪽은 자동차 연료별 가격을 나타낸 표입니다.

fl	연료 종류	가격(갤런당 USD)
c	CNG	2.35
d	diesel	2.38
e	ethanol E85	2.11
p	premium	2.76
r	regular	2.22

우선 이 정보를 이용해 연료와 가격으로 구성된 데이터 프레임을 만들어 보세요.

```
fuel <- data.frame(fl = c("c", "d", "e", "p", "r"),
                   price_fl = c(2.35, 2.38, 2.11, 2.76, 2.22))
fuel  # 출력

##   fl price_fl
## 1  c     2.35
## 2  d     2.38
## 3  e     2.11
## 4  p     2.76
## 5  r     2.22
```

Q1 mpg 데이터에는 연료 종류를 나타낸 fl 변수는 있지만 연료 가격을 나타낸 변수는 없습니다. 위에서 만든 fuel 데이터를 이용해 mpg 데이터에 price_fl(연료 가격) 변수를 추가하세요.

[힌트] left_join()을 이용해 mpg 데이터에 fuel 데이터를 합치면 됩니다. 두 데이터에 공통으로 들어 있는 변수를 기준으로 삼아야 합니다.

Q2 연료 가격 변수가 잘 추가됐는지 확인하기 위해 model, fl, price_fl 변수를 추출해 앞부분 5행을 출력해 보세요.

[힌트] select()와 head()를 조합하면 됩니다.

정답: 360쪽

정리하기

앞에서 다룬 **dplyr** 패키지 함수를 요약해 보겠습니다.

```
## 1. 조건에 맞는 데이터만 추출하기
exam %>% filter(english >= 80)

# 여러 조건 동시 충족
exam %>% filter(class == 1 & math >= 50)

# 여러 조건 중 하나 이상 충족
exam %>% filter(math >= 90 | english >= 90)
exam %>% filter(class %in% c(1, 3, 5))

## 2. 필요한 변수만 추출하기
exam %>% select(math)
exam %>% select(class, math, english)

## 3. 함수 조합하기, 일부만 출력하기
exam %>%
  select(id, math) %>%
  head(10)

## 4. 순서대로 정렬하기
exam %>% arrange(math)           # 오름차순 정렬
exam %>% arrange(desc(math))     # 내림차순 정렬
exam %>% arrange(class, math)    # 여러 변수 기준 오름차순 정렬

## 5. 파생변수 추가하기
exam %>% mutate(total = math + english + science)

# 여러 파생변수 한 번에 추가하기
exam %>%
  mutate(total = math + english + science,
         mean = (math + english + science)/3)
```

```r
# mutate()에 ifelse() 적용하기
exam %>% mutate(test = ifelse(science >= 60, "pass", "fail"))

# 추가한 변수를 dplyr 코드에 바로 활용하기
exam %>%
  mutate(total = math + english + science) %>%
  arrange(total)

## 6.집단별로 요약하기
exam %>%
  group_by(class) %>%
  summarise(mean_math = mean(math))

# 각 집단별로 다시 집단 나누기
mpg %>%
  group_by(manufacturer, drv) %>%
  summarise(mean_cty = mean(cty))

## 7.데이터 합치기
# 가로로 합치기
total <- left_join(test1, test2, by = "id")

# 세로로 합치기
group_all <- bind_rows(group_a, group_b)
```

미국 동북중부 437개 지역의 인구통계 정보를 담고 있는 `midwest` 데이터를 사용해 데이터 분석 문제를 해결해 보세요. `midwest`는 ggplot2 패키지에 들어 있습니다.

문제 1 `popadults`는 해당 지역의 성인 인구, `poptotal`은 전체 인구를 나타냅니다. `midwest` 데이터에 '전체 인구 대비 미성년 인구 백분율' 변수를 추가하세요.

⬇

문제 2 미성년 인구 백분율이 가장 높은 상위 5개 county(지역)의 미성년 인구 백분율을 출력하세요.

⬇

문제 3 분류표의 기준에 따라 미성년 비율 등급 변수를 추가하고, 각 등급에 몇 개의 지역이 있는지 알아보세요.

분류	기준
large	40% 이상
middle	30 ~ 40% 미만
small	30% 미만

⬇

문제 4 `popasian`은 해당 지역의 아시아인 인구를 나타냅니다. '전체 인구 대비 아시아인 인구 백분율' 변수를 추가하고 하위 10개 지역의 state(주), county(지역), 아시아인 인구 백분율을 출력하세요.

정답: 361쪽

07

데이터 정제
- 빠진 데이터, 이상한 데이터 제거하기

현장에서 만들어진 실제 데이터는 오류를 포함하고 있기 때문에 분석하기 전에 오류를 수정해야 합니다.
이 장에서는 데이터의 오류를 찾아 정제하는 방법을 익힙니다.

원자료			
id	class	english	science
1	1	98	50
2	1	97	60
3	1	86	78
4	1	98	58
5		80	65
6	2	89	
7	2	90	45
8	2		99999
9	3	98	15
10	3	98	45
11	3	99999	65
12	3	85	32

➡

정제하기			
id	class	english	science
1	1	98	50
2	1	97	60
3	1	86	78
4	1	98	58
7	2	90	45
9	3	98	15
10	3	98	45
12	3	85	32

07-1 빠진 데이터를 찾아라! - 결측치 정제하기

07-2 이상한 데이터를 찾아라! - 이상치 정제하기

07-1

빠진 데이터를 찾아라! - 결측치 정제하기

결측치(Missing Value)는 누락된 값, 비어 있는 값을 의미합니다. 현장에서 만들어진 실제 데이터는 수집 과정에서 발생한 오류로 인해 결측치를 포함하고 있을 때가 많습니다. 결측치가 있으면 함수가 적용되지 않거나 분석 결과가 왜곡되는 문제가 발생합니다. 앞에서 사용한 예제 데이터들은 결측치가 없기 때문에 바로 분석했지만 실제 데이터에서는 결측치가 있는지 확인해 제거하는 정제 과정을 거친 후에 분석해야 합니다.

 **결측치 찾기**

1. 결측치를 제거하는 방법을 알아보겠습니다. 먼저 결측치가 포함된 데이터 프레임을 생성해 출력하겠습니다. R에서는 결측치를 대문자 NA로 표기합니다. 아래 코드의 출력 결과에서 sex의 세 번째 행과 score의 다섯 번째 행에 NA로 표시된 값이 결측치를 의미합니다. 문자로 구성된 변수는 NA가 〈 〉에 감싸진 형태로 출력됩니다. NA 앞뒤에 따옴표가 없다는 것에 유의하세요. 따옴표가 있으면 결측치가 아니라 영문자 "NA"를 의미합니다.

```
df <- data.frame(sex = c("M", "F", NA, "M", "F"),
                 score = c(5, 4, 3, 4, NA))
df

##     sex score
## 1     M     5
## 2     F     4
## 3  <NA>     3
## 4     M     4
## 5     F    NA
```

2. 결측치 확인하기

is.na()를 이용하면 데이터에 결측치가 들어 있는지 알 수 있습니다. is.na()에 앞에서 만든 df를 적용하면 결측치는 TRUE, 결측치가 아닌 값은 FALSE로 표시해 데이터를 출력합니다. 출력 결과를 보면 sex의 3행과 score의 5행이 결측치라는 것을 알 수 있습니다.

```
is.na(df)    # 결측치 확인

##         sex score
## [1,] FALSE FALSE
## [2,] FALSE FALSE
## [3,]  TRUE FALSE
## [4,] FALSE FALSE
## [5,] FALSE  TRUE
```

✔참고 'is.'으로 시작하는 함수들은 해당 변수가 특정 속성을 지니고 있는지 확인한 후 TRUE 또는 FALSE 값을 반환하는 기능을 합니다. is.na()는 값이 NA인지(Is it NA?) 알려 줍니다.

3. is.na()를 table()에 적용하면 데이터에 결측치가 총 몇 개 있는지 출력합니다. 출력된 표에서 TRUE의 빈도를 보면 결측치가 2개 있다는 것을 알 수 있습니다.

```
table(is.na(df))    # 결측치 빈도 출력

##
## FALSE   TRUE
##     8      2
```

4. 결측치를 제거하려면 데이터 전체가 아니라 구체적으로 어떤 변수에 결측치가 있는지 알아야 합니다. table(is.na())에 변수명을 지정하면 해당 변수에 결측치가 몇 개 있는지 알 수 있습니다. 아래 코드의 출력 결과를 보면 sex와 score에 각각 결측치가 1개씩 있다는 것을 알 수 있습니다.

```
table(is.na(df$sex))      # sex 결측치 빈도 출력

##
## FALSE   TRUE
##     4      1

table(is.na(df$score))    # score 결측치 빈도 출력

##
## FALSE   TRUE
##     4      1
```

5. 결측치가 포함된 데이터를 함수에 적용하면 정상적으로 연산되지 않고 NA가 출력됩니다.

```
mean(df$score)    # 평균 산출

## [1] NA

sum(df$score)     # 합계 산출

## [1] NA
```

 **직접 해보세요!**   **결측치 제거하기**

1. 결측치 있는 행 제거하기

is.na()를 filter()에 적용하면 결측치가 있는 행을 제거할 수 있습니다. 먼저 결측치가 있는 행만 추출해 보겠습니다. 아래 코드는 score의 값이 NA인 데이터만 출력하는 기능을 합니다. 아래 출력 결과를 보면 df의 다섯 행 중에 score가 결측치인 하나의 행만 출력됐습니다.

```
library(dplyr)              # dplyr 패키지 로드
df %>% filter(is.na(score)) # score가 NA인 데이터만 출력

##   sex score
## 1   F    NA
```

2. is.na()앞에 '아니다(not)'를 의미하는 기호 !을 붙여 !is.na()를 입력하면 NA가 아닌 값, 즉 결측치가 아닌 값을 의미합니다. 이 코드를 filter()에 적용하면 결측치를 제외하고 행을 추출합니다. 아래 코드를 실행하면 score가 결측치가 아닌 행만 출력됩니다.

```
df %>% filter(!is.na(score))  # score 결측치 제거

##    sex score
## 1    M     5
## 2    F     4
## 3 <NA>     3
## 4    M     4
```

3. 이렇게 추출한 데이터로 데이터 프레임을 만들면 결측치가 없는 데이터가 됩니다. 결측치가 제거됐으니 수치 연산 함수를 적용하면 결과가 정상적으로 출력됩니다.

```
df_nomiss <- df %>% filter(!is.na(score))   # score 결측치 제거
mean(df_nomiss$score)                       # score 평균 산출

## [1] 4

sum(df_nomiss$score)                        # score 합계 산출

## [1] 16
```

4. 여러 변수 동시에 결측치 없는 데이터 추출하기

앞에서는 score만 결측치가 없는 행을 추출했기 때문에 sex는 여전히 결측치를 포함하고 있습니다. filter()에 & 기호를 이용해 조건을 나열하면 여러 변수에 모두 결측치가 없는 행을 추출할 수 있습니다. 아래 코드의 출력 결과를 보면 score와 sex 모두 결측치가 없다는 것을 알 수 있습니다.

```
df_nomiss <- df %>% filter(!is.na(score) & !is.na(sex)) # score, sex 결측치 제거
df_nomiss                                               # 출력

##   sex score
## 1   M     5
## 2   F     4
## 3   M     4
```

5. 결측치가 하나라도 있으면 제거하기

앞에서는 `filter()`에 일일이 변수를 지정해 결측치가 있는 행을 제거하도록 코드를 구성했습니다. `na.omit()`을 이용하면 변수를 지정하지 않고 결측치가 있는 행을 한 번에 제거할 수 있습니다.

```
df_nomiss2 <- na.omit(df)   # 모든 변수에 결측치 없는 데이터 추출
df_nomiss2                  # 출력

##   sex score
## 1   M     5
## 2   F     4
## 4   M     4
```

`na.omit()`은 결측치가 하나라도 있으면 모두 제거하기 때문에 간편한 측면이 있지만, 분석에 필요한 행까지 손실된다는 단점이 있습니다. 예를 들어, 성별, 소득, 지역 세 가지 변수로 구성된 데이터로 분석하는 상황을 가정해 보겠습니다. 분석 목적이 성별에 따른 소득의 차이를 알아보는 것이라면 성별, 소득의 두 변수에서만 결측치가 있는 행을 제거하면 됩니다. 그런데 이때 `na.omit()`를 사용하면 성별, 소득은 결측치가 아니지만 지역이 결측치인 행도 제거됩니다. 분석에 사용할 수 있는 데이터까지 제거되는 것입니다. 따라서 `filter()`를 이용해 분석에 사용할 변수의 결측치만 제거하는 방식을 권합니다.

 **함수의 결측치 제외 기능 이용하기**

`mean()`과 같은 수치 연산 함수들은 결측치를 제외하고 연산하도록 설정하는 `na.rm` 파라미터를 지원합니다. `na.rm`을 TRUE로 설정하면 결측치를 제외하고 함수를 적용하기 때문에 일일이 결측치를 제거하는 절차를 건너뛰고 곧바로 분석할 수 있습니다. 하지만 모든 함수가 `na.rm`을 지원하는 것은 아닙니다. 만약 함수가 `na.rm`을 지원하지 않으면 `filter()`로 결측치를 제거한 후 함수를 적용하는 순으로 작업해야 합니다.

1. na.rm 파라미터를 사용해 보겠습니다. 아래 코드를 실행하면 결측치가 있는 데이터인데도 연산 결과가 정상적으로 출력됩니다.

```
mean(df$score, na.rm = T)   # 결측치 제외하고 평균 산출

## [1] 4

sum(df$score, na.rm = T)     # 결측치 제외하고 합계 산출

## [1] 16
```

✔️참고 na.rm은 '결측치를 제거하라(NA Remove)'는 의미입니다.

2. summrise()를 이용해 요약 통계량을 산출할 때도 na.rm을 적용할 수 있습니다. 이번에는 csv_exam.csv 파일을 이용해 na.rm을 사용해 보겠습니다. 먼저 csv_exam.csv 파일을 불러와 데이터 프레임을 만들고, 일부 값을 결측치로 바꾸겠습니다. 아래 코드의 두 번째 행은 3, 8, 15행의 math를 NA로 바꾸는 기능을 합니다. 출력 결과를 보면 3, 8, 15행의 math가 NA로 변한 것을 확인할 수 있습니다.

```
exam <- read.csv("csv_exam.csv")   # 데이터 불러오기
exam[c(3, 8, 15), "math"] <- NA     # 3, 8, 15행의 math에 NA 할당
exam

##    id class math english science
## 1   1     1   50      98      50
## 2   2     1   60      97      60
## 3   3     1   NA      86      78
## 4   4     1   30      98      58
## 5   5     2   25      80      65
## 6   6     2   50      89      98
## 7   7     2   80      90      45
## 8   8     2   NA      78      25
...
```

✔️참고 코드에서 대괄호 []는 데이터의 위치를 지칭하는 역할을 합니다. 대괄호 안에서 쉼표 왼쪽은 '행 위치', 쉼표 오른쪽은 '열 위치'를 의미합니다. 이 코드는 이 위치에 NA를 부여하는 기능을 합니다. 대괄호 기호는 15-1절에서 자세히 다룹니다.

exam의 math는 결측치를 포함하고 있기 때문에 summrise()로 평균을 산출하면 NA가 출력됩니다.

```
exam %>% summarise(mean_math = mean(math))   # math 평균 산출

##   mean_math
## 1        NA
```

3. 이제 mean()에 na.rm = T를 적용해 결측치를 제외하고 평균을 구하겠습니다.

```
# math 결측치 제외하고 평균 산출
exam %>% summarise(mean_math = mean(math, na.rm = T))

##   mean_math
## 1  55.23529
```

4. mean()뿐만 아니라 다른 수치 연산 함수들도 na.rm을 지원합니다. 위와 같은 방식으로 몇 가지 요약 통계량을 산출해 보겠습니다.

```
exam %>% summarise(mean_math = mean(math, na.rm = T),      # 평균 산출
                   sum_math = sum(math, na.rm = T),         # 합계 산출
                   median_math = median(math, na.rm = T))   # 중앙값 산출

##   mean_math sum_math median_math
## 1  55.23529      939          50
```

결측치 대체하기

데이터가 크고 결측치가 얼마 없는 경우에는 결측치를 제거하고 분석하더라도 무리가 없습니다. 하지만 데이터가 작고 결측치가 많은 경우 결측치를 제거하면 너무 많은 데이터가 손실돼 분석 결과가 왜곡되는 문제가 발생합니다.

결측치를 제거하는 대신 다른 값을 채워 넣는 방법도 있는데, 이를 '결측치 대체법 (Imputation)'이라고 합니다. 결측치를 다른 값으로 대체하면 데이터가 손실되어 분석 결과가 왜곡되는 문제를 보완할 수 있습니다.

결측치를 대체하는 방법에는 평균이나 최빈값 같은 대표값을 구해 모든 결측치를 하나의 값으로 일괄 대체하는 방법과 통계 분석 기법으로 각 결측치의 예측값을 추정해 대체하는 방법이 있습니다. 여기서는 평균을 구해 일괄 대체하는 방법을 알아보겠습니다.

 **평균값으로 결측치 대체하기**

1. 앞에서 만든 exam 데이터에서 3, 8, 15행의 math는 결측치입니다. 이 값들을 평균값으로 대체하겠습니다. 먼저 math의 평균값을 구하겠습니다.

```
mean(exam$math, na.rm = T) # 결측치 제외하고 math 평균 산출

## [1] 55.23529
```

2. 평균값을 구했으니 ifelse()를 이용해 NA 값을 평균값으로 대체하겠습니다. math가 NA면 55를 부여하고 그렇지 않으면 원래의 값을 부여하면 됩니다.

```
exam$math <- ifelse(is.na(exam$math), 55, exam$math)   # math가 NA면 55로 대체
table(is.na(exam$math))                                # 결측치 빈도표 생성

##
## FALSE
##    20

exam  # 출력

##    id class math english science
## 1   1     1   50      98      50
## 2   2     1   60      97      60
## 3   3     1   55      86      78
## 4   4     1   30      98      58
## 5   5     2   25      80      65
## 6   6     2   50      89      98
## 7   7     2   80      90      45
## 8   8     2   55      78      25
   ...
```

출력 결과를 보면 3, 8, 15행의 math가 55로 수정된 것을 볼 수 있습니다. 결측치가 없는 데이터를 얻었으므로 연산 함수를 적용하면 값이 정상적으로 출력됩니다.

```
mean(exam$math)   # math 평균 산출

## [1] 55.2
```

 결측치가 들어 있는 mpg 데이터를 이용해 분석 문제를 해결해 보세요.

mpg 데이터 원본에는 결측치가 없습니다. 우선 mpg 데이터를 불러와 일부러 몇 개의 값을 결측치로 만들겠습니다. 아래 코드를 실행하면 다섯 행의 hwy 변수에 NA가 할당됩니다.

```
mpg <- as.data.frame(ggplot2::mpg)                    # mpg 데이터 불러오기
mpg[c(65, 124, 131, 153, 212), "hwy"] <- NA  # NA 할당하기
```

✅참고 위 코드에서 대괄호 []안에 쉼표와 함께 입력된 숫자는 각각의 값이 어떤 행열에 위치하는지 의미하는 인덱스 값입니다. 인덱스는 15-1절을 참고하세요.

Q1 drv(구동 방식)별로 hwy(고속도로 연비) 평균이 어떻게 다른지 알아보려고 합니다. 분석을 하기 전에 우선 두 변수에 결측치가 있는지 확인해야 합니다. drv 변수와 hwy 변수에 결측치가 몇 개 있는지 알아보세요.

힌트 빈도표를 만드는 table()과 결측치를 확인하는 is.na()를 조합해 보세요.

Q2 filter()를 이용해 hwy 변수의 결측치를 제외하고, 어떤 구동 방식의 hwy 평균이 높은지 알아보세요. 하나의 dplyr 구문으로 만들어야 합니다.

힌트 filter()와 is.na()를 조합해 결측치를 제외하고, 집단별 평균을 구하는 코드를 %>%로 연결하면 됩니다.

정답: 363쪽

07-2
이상한 데이터를 찾아라! - 이상치 정제하기

정상 범주에서 크게 벗어난 값을 '이상치(Outlier)'라고 합니다. 데이터 수집 과정에서 오류가 발생할 수 있기 때문에 현장에서 만들어진 실제 데이터에는 이상치가 포함될 수 있습니다. 혹은 오류는 아니지만 굉장히 드물게 발생하는 극단적인 값이 있을 수도 있습니다. 이상치가 포함되어 있으면 분석 결과가 왜곡되기 때문에 분석에 앞서 이상치를 제거하는 작업을 해야 합니다.

 **이상치 제거하기 - 존재할 수 없는 값**

논리적으로 존재할 수 없는 값이 데이터에 포함되어 있는 경우가 있습니다. 예를 들어, 남자는 1, 여자는 2로 되어 있는 성별 변수에 3이라는 값이 들어 있는 경우입니다. 이는 분명한 오류이기 때문에 결측치로 변환한 후 분석에서 제외하면 됩니다.

1. 먼저 이상치가 포함된 데이터를 생성하겠습니다. 아래 데이터는 1과 2 둘 중 하나로 분류되는 sex 변수와 1~5점을 지닐 수 있는 score 변수로 구성됩니다. 4행의 sex 변수에 이상치 3이 들어 있고, 6행의 score 변수에 이상치 6이 들어 있습니다.

```
outlier <- data.frame(sex = c(1, 2, 1, 3, 2, 1),
                      score = c(5, 4, 3, 4, 2, 6))
outlier

##   sex score
## 1   1     5
## 2   2     4
## 3   1     3
## 4   3     4
## 5   2     2
## 6   1     6
```

2. 이상치 확인하기

데이터에 이상치가 들어 있는지 확인하려면 table()을 이용해 빈도표를 생성하면 됩니다. 코드를 실행하면 sex에 존재할 수 없는 값 3이 하나 있고, score에 존재할 수 없는 값 6이 하나 있다는 것을 알 수 있습니다.

```
table(outlier$sex)

##
## 1 2 3
## 3 2 1

table(outlier$score)

##
## 2 3 4 5 6
## 1 1 2 1 1
```

3. 결측 처리하기

변수에 이상치가 포함되어 있다는 것을 확인했으니 이상치를 결측치로 변환하겠습니다. ifelse()를 이용해 이상치일 경우 NA를 부여하면 됩니다. 먼저 sex가 3일 경우 NA를 부여하고, 3이 아닐 경우 원래 가지고 있던 값을 부여하겠습니다. 출력 결과를 보면 4행의 sex 값이 NA로 변환된 것을 볼 수 있습니다.

```
# sex가 3이면 NA 할당
outlier$sex <- ifelse(outlier$sex == 3, NA, outlier$sex)
outlier

##   sex score
## 1   1     5
## 2   2     4
## 3   1     3
## 4  NA     4
## 5   2     2
## 6   1     6
```

4. score 변수의 이상치도 결측치로 변환하겠습니다. score는 1~5점을 지닐 수 있는 값이
므로 5보다 크면 NA를 부여합니다. 출력 결과를 보면 6행의 score 값이 NA로 변환된 것을
볼 수 있습니다.

```
# score가 5보다 크면 NA 할당
outlier$score <- ifelse(outlier$score > 5, NA, outlier$score)
outlier

##    sex score
## 1    1     5
## 2    2     4
## 3    1     3
## 4   NA     4
## 5    2     2
## 6    1    NA
```

5. sex, score 변수 모두 이상치를 결측치로 변환했으니 분석할 때 결측치를 제외하면 됩
니다. filter()를 이용해 결측치를 제외한 후 성별에 따른 score 평균을 구하겠습니다.

```
outlier %>%
  filter(!is.na(sex) & !is.na(score)) %>%
  group_by(sex) %>%
  summarise(mean_score = mean(score))

## # A tibble: 2 × 2
##     sex mean_score
##   <dbl>      <dbl>
## 1     1          4
## 2     2          3
```

이상치 제거하기 - 극단적인 값

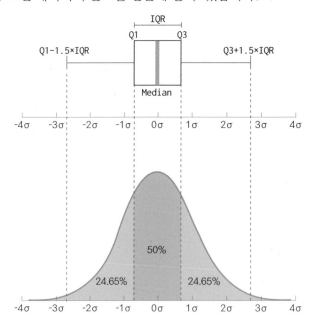

논리적으로 존재할 수 있지만 극단적으로 크거나 작은 값을 '극단치'라고 합니다. 예를 들어, 몸무게 변수에 200kg 이상의 값이 있다면, 존재할 가능성은 있지만 굉장히 드문 경우기 때문에 극단치라고 볼 수 있습니다. 데이터에 극단치가 있으면 분석 결과가 왜곡될 수 있기 때문에 분석하기 전에 제거해야 합니다.

극단치를 제거하려면 먼저 어디까지를 정상 범위로 볼 것인지 정해야 합니다. 가장 쉬운 방법은 논리적으로 판단해 정하는 것입니다. 예를 들어, 성인의 몸무게가 40~150kg을 벗어나는 경우는 상당히 드물다고 판단하고, 이 범위를 벗어나면 극단치로 간주하는 것입니다. 두 번째 방법은 통계적인 기준을 이용하는 것입니다. 예를 들어, 상하위 0.3% 또는 ±3 표준편차에 해당할 만큼 극단적으로 크거나 작으면 극단치로 간주하는 것입니다. 상자 그림 (Boxplot)을 이용해 중심에서 크게 벗어난 값을 극단치로 간주하는 방법도 있습니다

상자 그림으로 극단치 기준 정하기

상자 그림은 데이터의 분포를 직사각형의 상자 모양으로 표현한 그래프입니다. 상자 그림을 보면 데이터의 분포를 한눈에 알 수 있습니다.

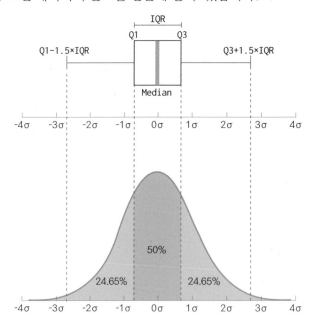

상자 그림에는 중심에서 멀리 떨어진 극단치가 점으로 표현되는데, 이를 이용해 극단치의 기준을 정할 수 있습니다. 상자 그림을 이용해 극단치 기준을 정하는 방법을 알아보겠습니다.

1. 먼저 mpg 데이터의 hwy 변수로 상자 그림을 만들어 보겠습니다. boxplot()에 상자 그림으로 표현할 변수를 지정하면 됩니다.

```
boxplot(mpg$hwy)
```

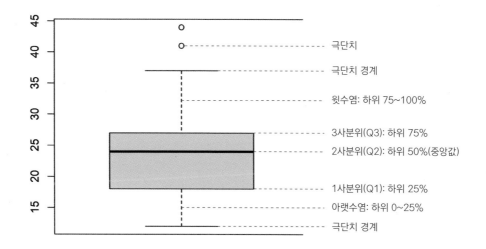

상자 그림은 값을 크기 순으로 나열해 4등분했을 때 위치하는 값인 '사분위수'를 이용해 그려집니다. 아래는 상자 그림의 각 항목이 의미하는 내용입니다.

상자 그림	값	설명
상자 아래 세로 점선	아랫수염	하위 0~25% 내에 해당하는 값
상자 밑면	1사분위수(Q1)	하위 25% 위치 값
상자 내 굵은 선	2사분위수(Q2)	하위 50% 위치 값(중앙값)
상자 윗면	3사분위수(Q3)	하위 75% 위치 값
상자 위 세로 점선	윗수염	하위 75~100% 내에 해당하는 값
상자 밖 가로선	극단치 경계	Q1, Q3 밖 1.5 IQR 내 최댓값
상자 밖 점 표식	극단치	Q1, Q3 밖 1.5 IQR을 벗어난 값

✔ 참고 1.5 IQR은 사분위 범위(Q1~Q3 간 거리)의 1.5배를 의미합니다.

출력된 상자 그림을 보면 hwy 값을 크기 순으로 나열했을 때 하위 25% 지점에 18, 중앙에 24, 75% 지점에 27이 위치한다는 것을 알 수 있습니다. 직사각형 밖에 있는 아래, 위 가로

선을 보면 12~37을 벗어나는 값이 극단치로 분류된다는 것을 알 수 있습니다. 가로선 밖에 표현된 점 표식은 극단치를 의미합니다.

2. 아래 코드는 상자 그림을 만들 때 사용하는 다섯 가지 통계치(stats)를 출력하는 기능을 합니다.

```
boxplot(mpg$hwy)$stats  # 상자 그림 통계치 출력

##      [,1]
## [1,]  12
## [2,]  18
## [3,]  24
## [4,]  27
## [5,]  37
## attr(,"class")
##        1
## "integer"
```

출력 결과의 위에서 아래 순으로, 아래쪽 극단치 경계, 1사분위수, 중앙값, 3사분위수, 위쪽 극단치 경계를 의미합니다. 이 값을 통해 12~37을 벗어나면 극단치로 분류된다는 것을 알 수 있습니다.

출력 결과에서 [1,]처럼 대괄호 안에 쉼표와 함께 표시된 숫자는 각각의 값이 어떤 행열에 위치하는지 의미하는 인덱스 값입니다. boxplot(mpg$hwy)$stats 출력 결과는 매트릭스 데이터 구조로 되어 있기 때문에 인덱스 값이 표시된 것입니다.

✔참고 데이터 구조는 15-3절에서 자세히 다룹니다.

3. 결측 처리하기
상자 그림을 이용해 정상 범위를 파악했으니 이 범위를 벗어난 값을 결측 처리하겠습니다.

```
# 12~37 벗어나면 NA 할당
mpg$hwy <- ifelse(mpg$hwy < 12 | mpg$hwy > 37, NA, mpg$hwy)
table(is.na(mpg$hwy))

##
## FALSE  TRUE
##   231     3
```

4. 극단치가 결측 처리된 데이터를 얻었으니 마지막으로 결측치를 제외하고 간단한 분석을 수행하겠습니다.

```
mpg %>%
  group_by(drv) %>%
  summarise(mean_hwy = mean(hwy, na.rm = T))

## # A tibble: 3 × 2
##     drv mean_hwy
##   <chr>    <dbl>
## 1     4 19.24242
## 2     f 27.76471
## 3     r 21.00000
```

mpg 데이터를 이용해 분석 문제를 해결해 보세요.

우선 mpg 데이터를 불러와 일부러 이상치를 만들겠습니다. drv(구동 방식) 변수의 값은 4(사륜구동), f(전륜구동), r(후륜구동) 세 종류로 되어 있습니다. 몇 개의 행에 존재할 수 없는 값 k를 할당하겠습니다. cty(도시 연비) 변수도 몇 개의 행에 극단적으로 크거나 작은 값을 할당하겠습니다.

```
mpg <- as.data.frame(ggplot2::mpg)                  # 데이터 불러오기
mpg[c(10, 14, 58, 93), "drv"] <- "k"                # drv 이상치 할당
mpg[c(29, 43, 129, 203), "cty"] <- c(3, 4, 39, 42)  # cty 이상치 할당
```

이상치가 들어 있는 mpg 데이터를 활용해 문제를 해결해 보세요.

구동 방식별로 도시 연비가 다른지 알아보려고 합니다. 분석을 하기 전에 우선 두 변수에 이상치가 있는지 확인하려고 합니다.

Q1 drv에 이상치가 있는지 확인하세요. 이상치를 결측 처리한 후 이상치가 사라졌는지 확인하세요. 결측 처리를 할 때는 %in% 기호를 활용하세요.

힌트 drv가 정상적인 값이면 원래 값을 유지하고 그렇지 않으면 NA를 부여하는 코드를 작성하면 됩니다. 정상적인 값이 여러 개 있으니 %in%와 c()를 조합해 코드를 간결하게 만들어 보세요.

Q2 상자 그림을 이용해 cty에 이상치가 있는지 확인하세요. 상자 그림의 통계치를 이용해 정상 범위를 벗어난 값을 결측 처리한 후 다시 상자 그림을 만들어 이상치가 사라졌는지 확인하세요.

힌트 상자 그림을 만들 때 사용하는 다섯 가지 통계치를 출력해 정상 범위의 기준을 찾으세요. 그런 다음 filter()를 이용해 cty가 이 범위를 벗어날 경우 NA를 부여하면 이상치가 결측 처리됩니다.

Q3 두 변수의 이상치를 결측 처리 했으니 이제 분석할 차례입니다. 이상치를 제외한 다음 drv별로 cty 평균이 어떻게 다른지 알아보세요. 하나의 dplyr 구문으로 만들어야 합니다.

힌트 filter()를 이용해 drv와 cty가 모두 결측치가 아닌 데이터를 추출한 후 집단별 평균을 구하면 됩니다.

정답: 364쪽

정리하기

앞에서 다룬 데이터 정제 방법을 요약하겠습니다.

```
## 1.결측치 정제하기

# 결측치 확인
table(is.na(df$score))

# 결측치 제거
df_nomiss <- df %>% filter(!is.na(score))

# 여러 변수 동시에 결측치 제거
df_nomiss <- df %>% filter(!is.na(score) & !is.na(sex))

# 함수의 결측치 제외 기능 이용하기
mean(df$score, na.rm = T)
exam %>% summarise(mean_math = mean(math, na.rm = T))


## 2.이상치 정제하기

# 이상치 확인
table(outlier$sex)

# 결측 처리
outlier$sex <- ifelse(outlier$sex == 3, NA, outlier$sex)

# boxplot으로 극단치 기준 찾기
boxplot(mpg$hwy)$stats

# 극단치 결측 처리
mpg$hwy <- ifelse(mpg$hwy < 12 | mpg$hwy > 37, NA, mpg$hwy)
```

08

그래프 만들기

데이터를 그래프로 표현하면 데이터의 특징을 쉽게 이해할 수 있습니다. 이 장에서는 그래프를 만드는
방법을 익힙니다.

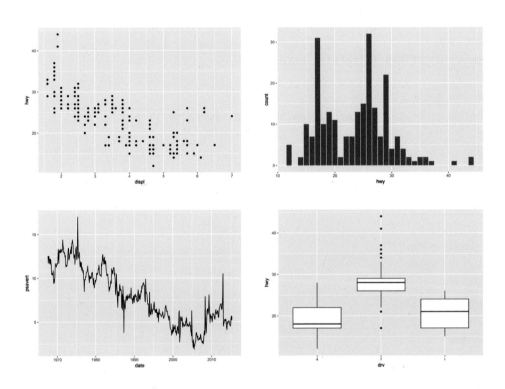

08-1 R로 만들 수 있는 그래프 살펴보기

08-2 산점도 – 변수 간 관계 표현하기

08-3 막대 그래프 – 집단 간 차이 표현하기

08-4 선 그래프 – 시간에 따라 달라지는 데이터 표현하기

08-5 상자 그림 – 집단 간 분포 차이 표현하기

08-1
R로 만들 수 있는 그래프 살펴보기

데이터를 보기 쉽게 그림으로 표현한 것을 '그래프(Graph)'라고 합니다. 데이터 원자료나 통계표는 수많은 숫자와 문자로 구성되어 있어서 의미를 파악하기 어렵습니다. 데이터를 그래프로 표현하면 추세와 경향성이 드러나기 때문에 특징을 쉽게 이해할 수 있습니다. 그래프를 만드는 과정에서 새로운 패턴을 발견하기도 합니다. 특히 분석 결과를 발표해야 한다면 데이터의 특징을 쉽게 이해할 수 있도록 그래프를 만드는 게 좋습니다.

R 그래프, 어떤 것들이 있을까?

데이터 분석가들이 R을 선호하는 이유 중 하나는 우수한 그래프 기능입니다. R에는 2차원 그래프뿐만 아니라 3차원 그래프, 지도 그래프, 네트워크 그래프, 시간에 따라 변화하는 모션 차트, 마우스 조작에 반응하는 인터랙티브 그래프 등 그래프를 만들 수 있는 다양한 패키지가 있습니다.

✔참고 지도 그래프는 11장, 인터랙티브 그래프는 12장에서 자세히 다룹니다.

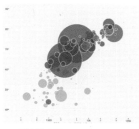
버블 차트(출처: bit.ly/2rbbag)

네트워크 그래프(출처: bit.ly/2ukkza)

지도 그래프

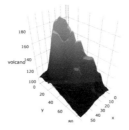
3D 그래프(출처: bit.ly/2rmkmn)

쉽게 그래프를 만들 수 있는 ggplot2 패키지

ggplot2는 그래프를 만들 때 가장 많이 사용하는 패키지입니다. ggplot2를 이용하면 쉽고 짧은 문법으로 아름다운 그래프를 만들 수 있습니다. 이 장에서는 산점도, 막대 그래프, 선 그래프, 상자 그림을 만드는 방법을 알아보겠습니다.

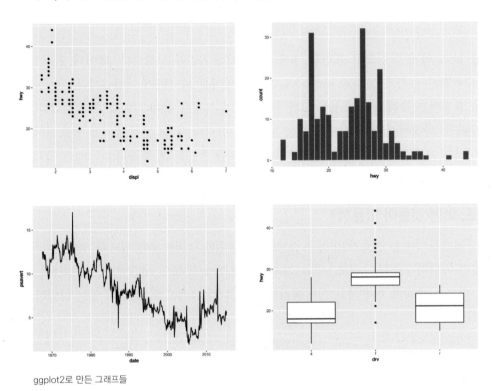

ggplot2로 만든 그래프들

산점도 - 변수 간 관계 표현하기

데이터를 x축과 y축에 점으로 표현한 그래프를 '산점도(Scatter Plot)'라고 합니다. 산점도는 나이와 소득처럼 연속 값으로 된 두 변수의 관계를 표현할 때 사용됩니다.

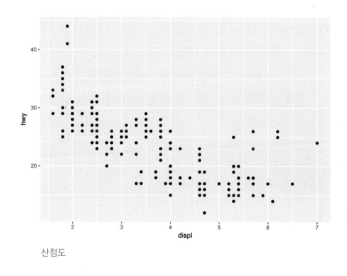

산점도

ggplot2 레이어 구조 이해하기

ggplot2 문법은 레이어(layer) 구조로 되어 있습니다. 배경을 만들고, 그 위에 그래프 형태를 그리고, 마지막으로 축 범위, 색, 표식 등 설정을 추가하는 순서로 그래프를 만듭니다.

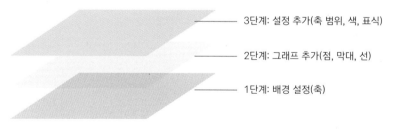

3단계: 설정 추가(축 범위, 색, 표식)

2단계: 그래프 추가(점, 막대, 선)

1단계: 배경 설정(축)

ggplot2 레이어 구조

레이어 구조의 순서에 따라 산점도를 만들어 보겠습니다. 먼저 **ggplot()** 함수와 **mpg** 데이터를 이용하기 위해 **ggplot2** 패키지를 로드합니다.

```
library(ggplot2)
```

✔참고 mpg 데이터는 **ggplot2** 패키지에 포함되어 있습니다. **ggplot2**를 로드하면 mpg 데이터를 사용할 수 있습니다.

1. 배경 설정하기

우선 그래프를 그릴 배경을 만듭니다. **data**에 그래프를 그리는 데 사용할 데이터를 지정하고, **aes**에는 x축과 y축에 사용할 변수를 지정하면 배경이 만들어집니다.

이 코드는 **mpg** 데이터의 **displ**(배기량) 변수를 x축에, **hwy**(고속도로 연비) 변수를 y축에 놓고 배경을 만드는 기능을 합니다. 코드를 실행하면 R 스튜디오 오른쪽 아래에 있는 플롯 창에 배경 그림이 생성된 것을 볼 수 있습니다.

```
# x축은 displ, y축은 hwy로 지정해 배경 생성
ggplot(data = mpg, aes(x = displ, y = hwy))
```

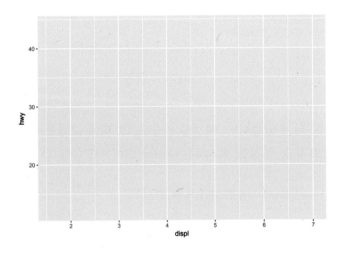

2. 그래프 추가하기

배경을 만들었으니 그 위에 그래프를 그립니다. + 기호를 이용해 그래프 유형을 지정하는 함수를 추가하면 됩니다. 여기서는 산점도를 그리는 함수 **geom_point()**를 추가하겠습니다. dplyr 패키지 함수들은 **%>%** 기호로 연결하는 반면 **ggplot2** 패키지 함수들은 **+** 기호로
연결합니다.

```
# 배경에 산점도 추가
ggplot(data = mpg, aes(x = displ, y = hwy)) + geom_point()
```

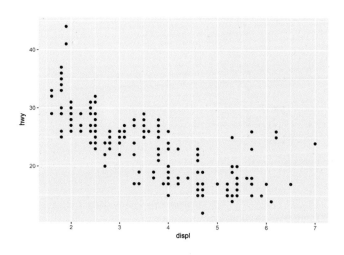

코드를 실행하면 앞에서 만든 배경 위에 점 표식이 추가된 산점도가 만들어집니다. 산점도
에 표시된 점들은 각각의 관측치(행)를 의미합니다. 여기서는 각 점이 하나의 자동차 모델
을 의미합니다. 그래프를 보면 전반적으로 배기량이 큰 자동차일수록 고속도로 연비가 낮
은 경향이 있다는 것을 알 수 있습니다.

3. 축 범위를 조정하는 설정 추가하기

+ 기호를 이용해 그래프 설정을 변경하는 코드를 추가할 수 있습니다. 여기서는 축 범위를
설정하는 방법을 알아보겠습니다. 축은 기본적으로 최솟값에서 최댓값까지 모든 범위의 데
이터가 표현되도록 설정되어 있습니다. 데이터 전체가 아니라 일부만 표현하고 싶을 때 축
범위를 설정하면 됩니다.

축 범위는 `xlim()`과 `ylim()`을 이용해 지정할 수 있습니다. 먼저 `xlim()`을 이용해 x축을
지정합니다. 축이 시작되는 값과 끝나는 값을 쉼표로 나열하면 됩니다. 아래 코드는 x축이
3~6까지만 표현되도록 설정하는 기능을 합니다. 코드를 실행하면 x축이 변경되어 그래프
가 생성됩니다.

```
# x축 범위 3~6으로 지정
ggplot(data = mpg, aes(x = displ, y = hwy)) + geom_point() + xlim(3, 6)
```

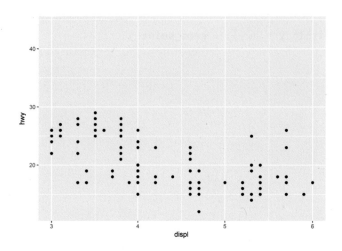

✔참고 코드를 실행하면 콘솔 창에 'Removed 105 rows containing missing values'라는 경고 메시지가 출력되는데, 이는
축을 변경했기 때문에 105개 행이 그래프에 표현되지 않았다는 것을 의미합니다.

x축과 마찬가지 방식으로 `ylim()`을 이용해 y축 범위를 지정할 수 있습니다. 아래 코드는
y축이 10~30까지만 표현되도록 설정하는 기능을 합니다.

```
# x축 범위 3~6, y축 범위 10~30으로 지정
ggplot(data = mpg, aes(x = displ, y = hwy)) +
  geom_point() +
  xlim(3, 6) +
  ylim(10, 30)
```

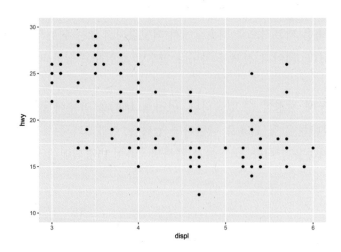

앞에서 실습한 것처럼 ggplot() 함수는 레이어 구조로 되어 있습니다. 각각의 요소를 어떻게 지정하느냐에 따라 다른 그래프가 만들어집니다.

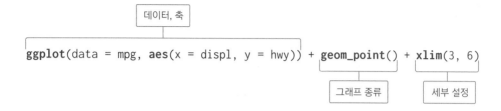

데이터, 축
ggplot(data = mpg, aes(x = displ, y = hwy)) + geom_point() + xlim(3, 6)
그래프 종류
세부 설정

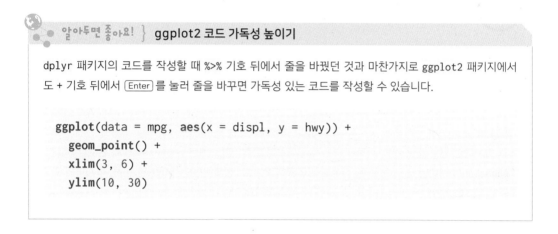

알아두면 좋아요! } **ggplot2 코드 가독성 높이기**

dplyr 패키지의 코드를 작성할 때 %>% 기호 뒤에서 줄을 바꿨던 것과 마찬가지로 ggplot2 패키지에서도 + 기호 뒤에서 [Enter]를 눌러 줄을 바꾸면 가독성 있는 코드를 작성할 수 있습니다.

```
ggplot(data = mpg, aes(x = displ, y = hwy)) +
  geom_point() +
  xlim(3, 6) +
  ylim(10, 30)
```

그래프를 이미지 파일로 저장하기

플롯 창 메뉴의 [Export] 버튼을 클릭하면 그래프를 이미지 파일로 저장하는 기능을 이용할 수 있습니다. [Save as Image]를 클릭하면 JPEG, PNG 등의 이미지 파일로 저장할 수 있고, [Save as PDF]를 클릭하면 PDF 포맷으로 저장할 수 있습니다. 메뉴에서 이미지 크기와 포맷을 지정하고 [Save]를 클릭하면 프로젝트 폴더에 파일이 생성됩니다. [Copy to Clipboard]는 그래프를 메모리에 저장하는 기능입니다. 이 버튼을 클릭한 후 엑셀, 파워포인트 등 다른 프로그램에서 붙여넣기를 하면 그래프가 삽입됩니다.

알아두면 좋아요! } ggplot() vs qplot()

7장까지는 그래프를 만들 때 qplot()을 사용했습니다. qplot()은 기능은 많지 않지만 문법이 간단하기 때문에 주로 전처리 단계에서 데이터를 빠르게 확인해 보는 용도로 활용합니다. 최종적으로 분석 결과를 보고하기 위해 그래프를 만들 때는 ggplot()을 사용합니다. ggplot()을 사용하면 다양한 그래프를 만들 수 있고 색, 크기, 폰트 등 세부 요소들을 자유롭게 조절할 수 있습니다.

 mpg 데이터와 midwest 데이터를 이용해 분석 문제를 해결해 보세요.

Q1 mpg 데이터의 cty(도시 연비)와 hwy(고속도로 연비) 간에 어떤 관계가 있는지 알아보려고 합니다. x축은 cty, y축은 hwy로 된 산점도를 만들어 보세요.

힌트 geom_point()를 이용해 산점도를 만들어 보세요.

Q2 미국 지역별 인구통계 정보를 담은 ggplot2 패키지의 midwest 데이터를 이용해 전체 인구와 아시아인 인구 간에 어떤 관계가 있는지 알아보려고 합니다. x축은 poptotal(전체 인구), y축은 popasian(아시아인 인구)으로 된 산점도를 만들어 보세요. 전체 인구는 50만 명 이하, 아시아인 인구는 1만 명 이하인 지역만 산점도에 표시되게 설정하세요.

힌트 xlim()과 ylim()을 이용해 조건에 맞게 축을 설정하면 됩니다.

정답: 366쪽

08-3
막대 그래프 - 집단 간 차이 표현하기

'막대 그래프(Bar Chart)'는 데이터의 크기를 막대의 길이로 표현한 그래프입니다. 성별 소득 차이처럼 집단 간 차이를 표현할 때 주로 사용됩니다.

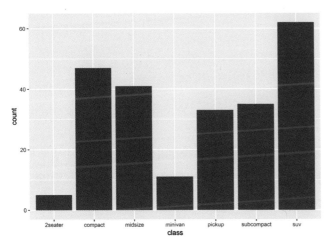

막대 그래프

 **평균 막대 그래프 만들기**

가장 많이 사용되는 막대 그래프는 각 집단의 평균값을 막대 길이로 표현한 평균 막대 그래프입니다. mpg 데이터를 이용해 drv(구동방식)별 평균 hwy(고속도로 연비) 막대 그래프를 만들어 보겠습니다.

1. 집단별 평균표 만들기

평균 막대 그래프를 만들려면 집단별 평균표로 구성된 데이터 프레임이 필요합니다. dplyr 패키지를 이용해 '구동 방식별 평균 고속도로 연비'로 구성된 데이터 프레임을 만들겠습니다.

```
library(dplyr)

df_mpg <- mpg %>%
  group_by(drv) %>%
  summarise(mean_hwy = mean(hwy))

df_mpg

## # A tibble: 3 × 2
##     drv mean_hwy
##   <chr>    <dbl>
## 1     4 19.17476
## 2     f 28.16038
## 3     r 21.00000
```

2. 그래프 생성하기

앞에서 만든 데이터 프레임을 이용해 막대 그래프를 만들겠습니다. **aes**의 x축에 범주를 나
타내는 변수를 지정하고, y축에 평균값을 나타내는 변수를 지정합니다. **+** 기호로 연결해
막대 그래프를 만드는 함수 geom_col()을 추가합니다.

```
ggplot(data = df_mpg, aes(x = drv, y = mean_hwy)) + geom_col()
```

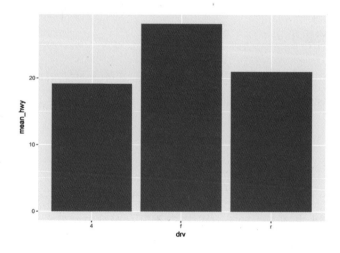

3. 크기 순으로 정렬하기

막대는 기본적으로 범주의 알파벳 순서로 정렬됩니다. 앞에서 출력한 그래프를 보면 drv 막대가 4, f, r 순으로 정렬되어 있습니다. reorder()를 사용하면 막대를 값의 크기 순으로 정렬할 수 있습니다. reorder()에 x축 변수와 정렬 기준으로 삼을 변수를 지정하면 됩니다. 정렬 기준 변수 앞에 – 기호를 붙이면 내림차순으로 정렬합니다.

✔️참고 변수의 값이 숫자와 문자로 함께 구성되면 숫자 오름차순, 알파벳 오름차순으로 정렬됩니다.

```
ggplot(data = df_mpg, aes(x = reorder(drv, -mean_hwy), y = mean_hwy)) + geom_col()
```

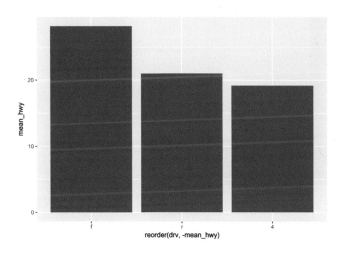

빈도 막대 그래프는 값의 개수(빈도)로 막대의 길이를 표현한 그래프입니다. 빈도 막대 그래 프를 만들려면 y축 없이 x축만 지정하고, `geom_col()` 대신 `geom_bar()`를 사용하면 됩니다. 아래 코드를 실행하면 `drv` 변수 항목별 빈도 막대 그래프가 출력됩니다.

```
ggplot(data = mpg, aes(x = drv)) + geom_bar()
```

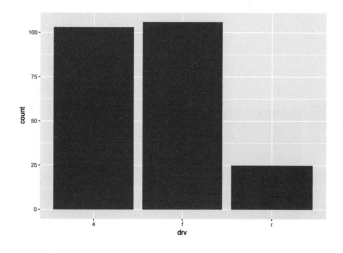

x축에 연속 변수를 지정하면 값의 분포를 파악할 수 있습니다. 아래 코드를 실행하면 `hwy` 변수의 분포를 나타낸 빈도 막대 그래프가 생성됩니다.

```
ggplot(data = mpg, aes(x = hwy)) + geom_bar()
```

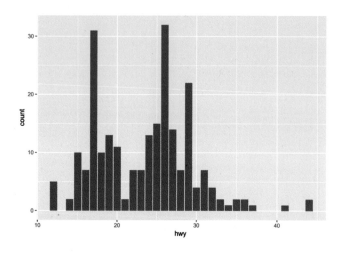

알아두면 좋아요! } geom_col() VS geom_bar()

평균 막대 그래프는 데이터를 요약한 평균표를 먼저 만든 후 이 평균표를 이용해 만듭니다. 반면 빈도 막대 그래프는 별도로 표를 만들지 않고 원자료를 이용해 바로 만듭니다. **요약표를 이용하는지 원자료를 이용하는지에 따라 그래프를 만드는 절차와 함수가 다르므로 유의하세요.** 요약표는 geom_col(), 원자료는 geom_bar()를 사용해 막대 그래프를 만듭니다.

 mpg 데이터를 이용해 분석 문제를 해결해 보세요.

Q1 어떤 회사에서 생산한 "suv" 차종의 도시 연비가 높은지 알아보려고 합니다. "suv" 차종을 대상으로 평균 cty(도시 연비)가 가장 높은 회사 다섯 곳을 막대 그래프로 표현해 보세요. 막대는 연비가 높은 순으로 정렬하세요.

힌트 우선 그래프로 나타낼 집단별 평균표를 만들어야 합니다. filter()로 "suv" 차종만 추출한 후 group_by()와 summarise()로 회사별 cty 평균을 구하고, arrange()와 head()로 상위 5행을 추출하면 됩니다. 이렇게 만든 표를 geom_col()을 이용해 막대 그래프로 표현해 보세요. reorder()를 이용해 정렬 기준이 되는 평균 연비 변수 앞에 - 기호를 붙이면 연비가 높은 순으로 막대를 정렬할 수 있습니다.

Q2 자동차 중에서 어떤 class(자동차 종류)가 가장 많은지 알아보려고 합니다. 자동차 종류별 빈도를 표현한 막대 그래프를 만들어 보세요.

힌트 빈도 막대 그래프는 요약표를 만드는 절차 없이 원자료를 이용해 만들므로 geom_col() 대신 geom_bar()를 사용하면 됩니다.

정답: 367쪽

08-4
선 그래프 - 시간에 따라 달라지는 데이터 표현하기

데이터를 선으로 표현한 그래프를 '선 그래프(Line Chart)'라고 합니다. 시간에 따라 달라지는 데이터를 표현할 때는 주로 선 그래프를 이용합니다. 예를 들어 환율, 주가지수 등 경제 지표가 시간에 따라 어떻게 변하는지를 선 그래프로 표현할 수 있습니다.

일별 환율처럼, 일정 시간 간격을 두고 나열된 데이터를 '시계열 데이터(Time Series Data)'라고 하고, 시계열 데이터를 선으로 표현한 그래프를 '시계열 그래프(Time Series Chart)'라고 합니다. 시계열 그래프를 만드는 방법을 알아보겠습니다.

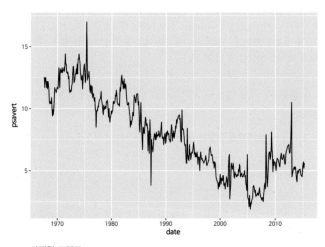

시계열 그래프

 **시계열 그래프 만들기**

`ggplot2` 패키지에 들어 있는 `economics` 데이터를 이용해 시계열 그래프를 만들어 보겠습니다. `economics`는 미국의 경제 지표들을 월별로 나타낸 데이터입니다. 이 데이터를 이용해 시간에 따라 실업자 수가 어떻게 변하는지 나타낸 시계열 그래프를 만들겠습니다.

x축에는 시간을 의미하는 `date`, y축에는 실업자 수를 의미하는 `unemploy`를 지정하고, 선 그래프로 표현하기 위해 `geom_line()`을 추가합니다.

```
ggplot(data = economics, aes(x = date, y = unemploy)) + geom_line()
```

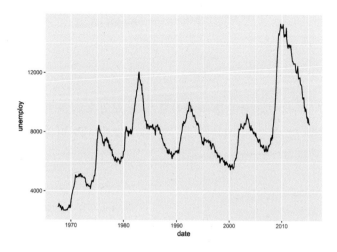

출력된 그래프를 보면, 실업자 수가 약 5년 주기로 등락을 반복하고, 2005년 이후 급격하게 증가했다가 2010년 이후 다시 감소하는 추세라는 것을 알 수 있습니다.

 ecomomics 데이터를 이용해 분석 문제를 해결해 보세요.

Q1 psavert(개인 저축률)가 시간에 따라 어떻게 변해 왔는지 알아보려고 합니다. 시간에 따른 개인 저축률의 변화를 나타낸 시계열 그래프를 만들어 보세요.

정답: 368쪽

'상자 그림(Box Plot)'은 데이터의 분포(퍼져 있는 형태)를 직사각형 상자 모양으로 표현한 그래프입니다. 상자 그림을 보면 분포를 알 수 있기 때문에 평균만 볼 때보다 데이터의 특징을 더 자세히 이해할 수 있습니다.

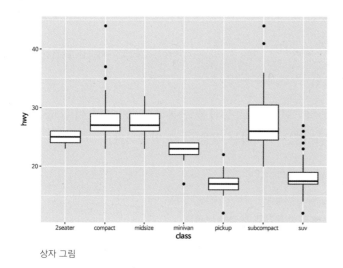

상자 그림

 **상자 그림 만들기**

mpg 데이터의 drv(구동 방식)별 hwy(고속도로 연비)를 상자 그림으로 표현해 보겠습니다. x축을 drv, y축을 hwy로 지정한 후 상자 그림으로 표현하도록 geom_boxplot()을 추가합니다.

```
ggplot(data = mpg, aes(x = drv, y = hwy)) + geom_boxplot()
```

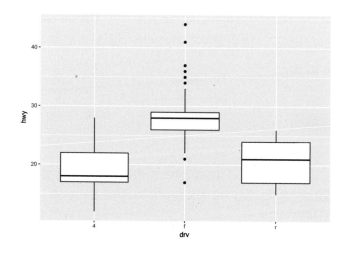

상자 그림은 값을 크기 순으로 나열해 4등분 했을 때 위치하는 값인 '사분위수'를 이용해 그려집니다. 아래는 상자 그림이 의미하는 내용입니다.

상자 그림	값	설명
상자 아래 세로선	아랫수염	하위 0~25% 내에 해당하는 값
상자 밑면	1사분위수(Q1)	하위 25% 위치 값
상자 내 굵은 선	2사분위수(Q2)	하위 50% 위치 값(중앙값)
상자 윗면	3사분위수(Q3)	하위 75% 위치 값
상자 위 세로선	윗수염	하위 75~100% 내에 해당하는 값
상자 밖 점 표식	극단치	Q1, Q3 밖 1.5 IQR을 벗어난 값

✔참고 1.5 IQR: 사분위 범위(Q1~Q3 간 거리)의 1.5배

출력된 그래프를 보면, 각 구동 방식의 고속도로 연비 분포를 알 수 있습니다.

- 4륜구동(4)은 17~22 사이에 대부분의 자동차가 모여 있습니다. 중앙값이 상자 밑면에 가까운 것을 보면 낮은 값 쪽으로 치우친 형태의 분포라는 것을 알 수 있습니다.
- 전륜구동(f)은 26~29 사이의 좁은 범위에 자동차가 모여 있는 뾰족한 형태의 분포라는 것을 알 수 있습니다. 수염의 위, 아래에 점 표식이 있는 것을 보면 연비가 극단적으로 높거나 낮은 자동차들이 존재한다는 것을 알 수 있습니다.

- 후륜구동(r)은 17~24 사이의 넓은 범위에 자동차가 분포하고 있다는 것을 알 수 있습니다. 수염이 짧고 극단치가 없는 것을 보면 대부분의 자동차가 사분위 범위에 해당한다는 것을 알 수 있습니다.

 참고 상자 그림에 대한 자세한 설명은 174쪽을 참고하세요.

---

 mpg 데이터를 이용해 분석 문제를 해결해 보세요.

Q1 class(자동차 종류)가 "compact", "subcompact", "suv"인 자동차의 cty(도시 연비)가 어떻게 다른지 비교해 보려고 합니다. 세 차종의 cty를 나타낸 상자 그림을 만들어 보세요.

힌트 우선 `filter()`를 이용해 비교할 세 차종을 추출해야 합니다. 추출한 데이터를 이용해 `geom_boxplot()`으로 상자 그림을 만들면 됩니다.

정답: 369쪽

정리하기

앞에서 다룬 ggplot2 함수를 요약해 보겠습니다.

값	내용
geom_point()	산점도
geom_col()	막대 그래프 - 요약표
geom_bar()	막대 그래프 - 원자료
geom_line()	선 그래프
geom_boxplot()	상자 그림

```
## 1. 산점도
ggplot(data = mpg, aes(x = displ, y = hwy)) + geom_point()

# 축 설정 추가
ggplot(data = mpg, aes(x = displ, y = hwy)) +
  geom_point() +
  xlim(3, 6) +
  ylim(10, 30)

## 2. 평균 막대 그래프

# 1단계. 평균표 만들기
df_mpg <- mpg %>%
  group_by(drv) %>%
  summarise(mean_hwy = mean(hwy))

# 2단계. 그래프 생성하기, 크기순 정렬하기
ggplot(data = df_mpg, aes(x = reorder(drv, -mean_hwy), y = mean_hwy)) + geom_col()

## 3. 빈도 막대 그래프
ggplot(data = mpg, aes(x = drv)) + geom_bar()

## 4. 선 그래프
ggplot(data = economics, aes(x = date, y = unemploy)) + geom_line()

## 5. 상자 그림
ggplot(data = mpg, aes(x = drv, y = hwy)) + geom_boxplot()
```

꿀팁 01 초보자가 자주 하는 실수

코드를 실행했는데 에러가 발생한다면 가장 먼저 아래 절차 중 빠뜨린 게 있는지 확인해 보세요.

> ① 패키지를 로드했는가?
> ② 데이터를 불러왔는가?
> ③ 변수명을 정확하게 입력했는가?

확인했는데도 에러가 발생한다면 아래와 같은 실수를 하지 않았는지 점검해 보세요.

✔ 콘솔 창에 이상한 문자가 입력되어 있는 경우

코드에 오류가 없어도 콘솔 창에 이상한 문자가 입력되어 있으면 코드를 실행했을 때 에러가 발생합니다. 우선 콘솔 창이 입력 대기 상태로 > 기호가 표시되어 있는지 확인하세요. 이상한 문자가 입력되어 있다면 Esc 를 눌러 입력 대기 상태로 되돌아온 후 다시 소스 창에서 코드를 실행하세요.

노트북 사용자의 경우 터치패드를 켜 놓은 상태로 작업하면 실수로 터치패드를 눌러 이상한 문자가 입력되는 경우가 있습니다. 되도록 터치패드를 꺼 놓고 작업하시길 권장합니다.

✔ 완결되지 않은 코드를 실행한 경우

완결되지 않은 코드를 실행하면 콘솔 창이 코드가 더 입력되길 기다리는 상태가 되고 + 기호가 표시됩니다. 코드 마지막이 +, %>%, %in% 같은 기호로 끝났거나 괄호가 닫히지 않은 상태에서 코드를 실행하면 이런 문제가 발생합니다. 콘솔 창에 + 기호가 표시되어 있으면 Esc 를 눌러 입력 대기 상태로 되돌아온 후 다시 코드를 실행하세요.

✔ 변수를 만들지 않았는데 변수를 활용하는 코드를 실행한 경우

변수를 생성한 후, 생성한 변수를 뒤에서 활용하는 경우가 있습니다. 변수를 아직 생성하지 않은 상태인데 변수를 활용하는 코드를 실행하지 않았는지 확인하세요.

✔ 대소문자 구분

R은 대소문자를 구분합니다. 대문자를 소문자로 입력하거나 소문자를 대문자로 입력하지 않았는지 확인해 보세요.

✔ 등호 개수

함수에 파라미터를 지정할 때는 등호를 1개(=) 입력합니다. 'a는 1이다'처럼 조건을 지정할 때는 등호를 2개(==) 입력합니다. 등호 개수를 맞게 입력했는지 확인하세요.

✔ 따옴표

여는 따옴표와 닫는 따옴표를 모두 넣었는지, 입력해야 할 곳을 빠트리지 않았는지, 입력하지 않아야 할 곳에 입력하지 않았는지 확인하세요. 큰따옴표로 열면 큰따옴표로 닫아야 하고, 작은따옴표로 열면 작은따옴표로 닫아야 합니다.

✔ 파일 확장자명

데이터를 저장하거나 불러들일 때 확장자명을 정확히 입력했는지 확인하세요. 특히 엑셀 파일은 확장자가 *.xlsx와 *.xls 두 종류가 있으니 잘 확인해야 합니다.

✔ 파일 경로 지정 기호

파일 경로를 지정할 때 슬래시 기호(/)를 사용해야 합니다. 역슬래시(\)나 원화(₩) 기호를 사용하지 않았는지 확인하세요.

✔ 잘못된 줄 바꾸기

%>% 기호나 + 기호로 코드를 연장할 때 가독성을 높이기 위해 줄을 바꿀 수 있습니다. 이때 연장 기호 뒤에서 Enter 를 눌러 줄을 바꿔야 합니다. 연장 기호 앞에서 Enter 를 눌러 줄을 바꾸면 코드가 끝난 것으로 인식해 에러가 발생합니다.

✔ 비슷하게 생긴 문자들

비슷하게 생긴 문자를 잘못 입력해 에러가 발생할 수 있습니다. 의도한 문자를 정확하게 입력했는지 확인해 보세요.

문자	의미
1	숫자 일
L	소문자 엘
i	소문자 아이
I	대문자 아이
I	세로 막대(버티컬 바)

문자	의미
0	숫자 영
o	소문자 오
O	대문자 오
O	한글 이응

✔ 패키지 업데이트로 문법이 바뀐 경우

드문 일이지만, 코드에 이상이 없는데도 에러가 발생한다면 패키지가 업데이트되면서 문법이 바뀌었기 때문일 수 있습니다. 이 경우 바뀐 문법에 맞게 코드를 수정하거나 구버전의 패키지를 설치해야 합니다. 패키지 업데이트로 인해 코드를 수정해야 하는 경우 저자의 깃허브에 수정된 코드를 실시간으로 업데이트하고 있으니 참고하세요.

- github.com/youngwoos/Doit_R

✔ 패키지를 설치했는데도 함수가 작동하지 않는다면?

어떤 패키지는 다른 패키지를 활용하는 의존성(Dependency)이 있습니다. 이런 패키지는 의존하는 패키지를 함께 설치해야만 정상적으로 작동합니다. 다음과 같이 `install.packages()`에 `dependencies = T`를 추가하면 의존성 패키지를 함께 설치합니다.

```
install.packages("ggplot2", dependencies = T)
```

에러 메시지 이해하기

콘솔 창에 나타난 에러 메시지를 참고하면 어디에서 문제가 발생했는지 힌트를 얻을 수 있습니다.

에러 메시지와 워닝 메시지

코드를 실행했을 때 나타나는 메시지에는 'Error'와 'Warning message'가 있습니다. Error는 코드에 오류가 있어서 실행되지 않았다는 것을 의미하는 에러 메시지입니다. 이때는 코드가 정상적으로 실행되지 않은 것이므로 오류를 찾아 수정해야 합니다. Warning message는 코드가 정상적으로 실행됐지만 어떤 부분을 조심하라는 경고 메시지입니다. 출력 결과에 이상이 없다면 무시하고 넘어가면 됩니다.

```
Console ~/
> a
Error: object 'a' not found
>
```
에러 메시지

```
Console ~/
> ggplot(mpg, aes(cty)) + geom_bar() + xlim(0, 30)
Warning message:
Removed 2 rows containing non-finite values
(stat_count).
>
```
워닝 메시지

자주 발생하는 에러 메시지

```
Error: object 'abc' not found
에러: 객체 'abc'를 찾을 수 없습니다.
```

변수를 사용할 수 없다는 에러 메시지입니다. 변수명에 오타가 있거나, 아직 변수를 생성하지 않았는데 변수를 활용하는 코드를 실행한 경우에 발생합니다.

```
Error: could not find function "abc"
에러: 함수 "abc"를 찾을 수 없습니다.
```

함수를 사용할 수 없다는 에러 메시지입니다. 함수 이름에 오타가 있거나, 패키지를 로드하지 않은 상태에서 함수를 실행한 경우에 발생합니다.

```
Error: unexpected ')' in...
에러: 예기치 않은 ')'입니다.
```

불필요한) 기호가 입력됐다는 에러 메시지입니다. 필요하지 않은 곳에)를 입력했거나, 닫힘 괄호를 이미 입력했는데 또 입력했거나, 잘못된 기호를 입력한 경우에 발생합니다.

```
Error: unexpected symbol in...
에러: 예기치 않은 심볼입니다.
```

잘못된 기호를 입력했거나 문법에 맞지 않는 코드를 입력한 경우에 발생합니다.

```
Error in file(file, "rt") : cannot open the connection
In addition: Warning message:
In file(file, "rt") : cannot open file 'df.csv': No such file or directory

Error in file(file, "rt") : 커넥션을 열 수 없습니다
추가정보: 경고메시지(들):
In file(file, "rt") :
   파일 'csv_exam.csv'를 여는데 실패했습니다: No such file or directory
```

파일을 열 수 없다는 에러 메시지입니다. 파일명에 오타가 있거나, 프로젝트 폴더에 불러올 파일을 삽입하지 않았거나, 파일이 있는 경로를 잘못 입력한 경우에 발생합니다.

에러 메시지로 구글링하기
에러 메시지를 이해할 수 없을 때는 사람들이 인터넷에 올린 답변을 검색해 보면 도움이 됩니다. 예를 들어 Error: could not find function "abc"라는 에러 메시지가 발생했을 경

우, 구글에서 'r error could not find function'으로 검색하면 비슷한 문제에 봉착한 사용자들이 올린 질문과 해결 방법을 찾을 수 있습니다. 에러 메시지가 한글로 출력될 경우에 `Sys.setenv("LANGUAGE"="EN")`을 실행한 후 다시 코드를 실행하면 에러 메시지가 영문으로 출력됩니다.

csv 파일, txt 파일을 불러왔는데 문자가 깨져 보일 때

파일의 인코딩이 Unicode 또는 UTF-8인 경우 R에서 불러왔을 때 문자가 깨져 보이는 문제가 발생할 수 있습니다. 이럴 때는 윈도우 메모장 같은 문서 편집기에서 파일을 열어 인코딩 방식을 ANSI로 변경하면 R에서 불러올 수 있습니다.

> **윈도우 메모장에서 csv 파일 인코딩 바꾸기**
>
> (1) 파일을 연 후 [파일 → 다른 이름으로 저장] 클릭
>
> (2) '파일 이름'에 '파일명.csv' 입력
>
> (3) '파일 형식'을 '모든 파일'로 지정
>
> (4) '인코딩'을 'ANSI'로 지정한 후 저장

txt 파일은 동일한 절차로 하되, '파일 형식'을 '텍스트 문서(*.txt)'로 지정하면 됩니다.

R 스튜디오에서 [한/영] 키 전환이 안 될 때

스크립트를 작성하다 보면 [한/영] 키를 눌러도 전환이 안 될 때가 있습니다. 이럴 때는 R 스튜디오 창을 최소화했다가 다시 열면 잘 작동합니다. Alt + Tab을 눌러 다른 창을 띄웠다가 다시 R 스튜디오 창으로 되돌아오는 방법도 있습니다.

코드의 폰트가 이상해졌을 때

폰트의 간격이 넓어지고 명령어를 실행해도 작동하지 않을 때가 있습니다. 이럴 때는 Alt + +를 누르면 다시 원래대로 돌아옵니다.

맥(Mac)에서 오류가 발생한다면

운영체제 환경에 차이가 있기 때문에 맥에서만 오류가 나타나거나 반대로 윈도우에서만 오류가 나타나는 경우가 있습니다. 맥에서 나타난 오류를 해결하는 방법을 깃허브(bit.ly/doit_rfaq)에 정리해 두었으니 참고하세요.

셋째마당

실전! 데이터 분석
프로젝트

이제 데이터 분석 프로젝트를 시작할 준비가 됐습니다. 셋째마당에서는 지금까지
익힌 기능들을 활용해 실제 데이터를 분석합니다.

09 데이터 분석 프로젝트 - '한국인의 삶을 파악하라!'

09

데이터 분석 프로젝트
- '한국인의 삶을 파악하라!'

대한민국 사람들은 어떻게 살아가고 있을까요? 데이터 분석을 통해 낱낱이 파헤쳐 봅시다.

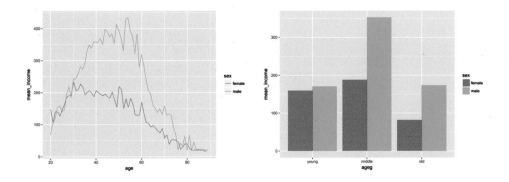

09-1 '한국복지패널데이터' 분석 준비하기

09-2 성별에 따른 월급 차이 - "성별에 따라 월급이 다를까?"

09-3 나이와 월급의 관계 - "몇 살 때 월급을 가장 많이 받을까?"

09-4 연령대에 따른 월급 차이 - "어떤 연령대의 월급이 가장 많을까?"

09-5 연령대 및 성별 월급 차이- "성별 월급 차이는 연령대별로 다를까?"

09-6 직업별 월급 차이 - "어떤 직업이 월급을 가장 많이 받을까?"

09-7 성별 직업 빈도 - "성별로 어떤 직업이 가장 많을까?"

09-8 종교 유무에 따른 이혼율 - "종교가 있는 사람들이 이혼을 덜 할까?"

09-9 지역별 연령대 비율 - "노년층이 많은 지역은 어디일까?"

09-1
'한국복지패널데이터' 분석 준비하기

분석 기술을 익혔으니 실제 데이터를 이용해 데이터 분석을 해 보겠습니다. 실습에는 '한국복지패널데이터'를 이용하겠습니다.

한국복지패널데이터는 한국보건사회연구원에서 가구의 경제활동을 연구해 정책 지원에 반영할 목적으로 발간하는 조사 자료입니다. 전국에서 7000여 가구를 선정해 2006년부터 매년 추적 조사한 자료로, 경제활동, 생활실태, 복지욕구 등 천여 개 변수로 구성되어 있습니다. 다양한 분야의 연구자와 정책전문가들이 복지패널데이터를 활용해 논문과 연구보고서를 발표하고 있습니다. 복지패널데이터는 엄밀한 절차로 수집되었고, 다양한 변수를 담고 있기 때문에 데이터 분석을 연습하는 데 훌륭한 재료입니다. 데이터에는 다양한 삶의 모습이 담겨 있습니다. 한국복지패널데이터를 분석하면 대한민국 사람들이 어떻게 살아가고 있는지 알 수 있습니다.

 **데이터 분석 준비하기**

먼저 데이터를 분석하기 위한 준비 작업을 하겠습니다.

1. 데이터 준비하기

깃허브(bit.ly/doit_rb)에서 `Koweps_hpc10_2015_beta1.sav` 파일을 다운로드해 프로젝트 폴더에 삽입합니다. 이 파일은 2016년에 발간된 복지패널데이터로, 6,914가구, 16,664명에 대한 정보를 담고 있습니다.

> ✔️참고 한국복지패널 사이트에 가입하면 데이터를 무료로 다운로드할 수 있습니다. 데이터는 세 종류의 상용 통계분석 소프트웨어(SPSS, SAS, STATA) 전용 파일로 제공됩니다(데이터 출처: http://bit.ly/2rvvixu).

2. 패키지 설치 및 로드하기

실습에 사용할 복지패널데이터는 통계분석 소프트웨어인 SPSS 전용 파일로 되어 있습니다. foreign 패키지를 이용하면 SPSS, SAS, STATA 등 다양한 통계분석 소프트웨어의 파일을 불러올 수 있습니다.

```r
install.packages("foreign")   # foreign 패키지 설치

library(foreign)              # SPSS 파일 불러오기
library(dplyr)                # 전처리
library(ggplot2)              # 시각화
library(readxl)               # 엑셀 파일 불러오기
```

3. 데이터 불러오기

foreign 패키지의 read.spss()를 이용해 복지패널데이터를 불러옵니다. 원본은 복구해야 할 상황에 대비해 그대로 두고 복사본을 만들어 분석에 활용하겠습니다.

```r
# 데이터 불러오기
raw_welfare <- read.spss(file = "Koweps_hpc10_2015_beta1.sav",
                         to.data.frame = T)
# 복사본 만들기
welfare <- raw_welfare
```

> ✔참고 to.data.frame = T는 SPSS 파일을 데이터 프레임 형태로 변환하는 기능을 합니다. 이 파라미터를 설정하지 않으면 데이터를 리스트 형태로 불러옵니다. 리스트에 대한 설명은 335쪽을 참조하세요.

4. 데이터 검토하기

데이터를 불러왔으니 데이터의 구조와 특징을 파악해 보겠습니다.

```r
head(welfare)
tail(welfare)
View(welfare)
dim(welfare)
str(welfare)
summary(welfare)

  ...
(출력 결과 생략)
```

앞 장에서 예제로 사용했던 데이터들은 변수의 수가 적고 변수명이 이해할 수 있는 단어로 되어 있기 때문에 데이터 구조를 쉽게 파악할 수 있었습니다. 반면 복지패널데이터와 같은 대규모 데이터는 변수의 수가 많고 변수명이 코드로 되어 있는 경우가 많기 때문에 전체 구조를 한눈에 파악하기 어렵습니다. 이런 경우 데이터 전체를 한 번에 파악하기보다 변수명을 쉬운 단어로 바꾼 후 분석에 사용할 변수들을 각각 파악해야 합니다.

✔참고 각 변수를 파악하는 작업은 본격적으로 분석하는 과정에서 진행하겠습니다.

5. 변수명 바꾸기

분석에 사용할 몇 개의 변수를 이해하기 쉬운 변수명으로 바꾸겠습니다. 규모가 큰 조사 자료는 보통 데이터의 특성을 설명해 놓은 코드북(Codebook)과 함께 제공됩니다. 코드북에는 코드로 된 각각의 변수명이 무엇을 의미하는지 나타나 있습니다. 코드북을 보면 데이터의 특성에 대해 감을 잡을 수 있고, 분석에 어떤 변수를 활용할 것인지, 분석 방향에 대한 아이디어를 얻을 수 있습니다.

한국복지패널데이터 조사설계서(코드북)

한국복지패널 사이트에서 제공하는 코드북에서 실습에 사용할 변수의 일부를 선정해 깃허브에 공유해 두었습니다(Koweps_Codebook.xlsx). 다운로드해서 변수의 특성을 파악할 때 참고하세요.

✔참고 코드북 원본은 복지패널데이터 사이트(http://bit.ly/2rau7n) 또는 저자의 깃허브에서 다운로드할 수 있습니다.

먼저, 분석에 사용할 7개 변수의 이름을 쉬운 단어로 바꾸겠습니다.

```
welfare <- rename(welfare,
                  sex = h10_g3,              # 성별
                  birth = h10_g4,            # 태어난 연도
                  marriage = h10_g10,        # 혼인 상태
                  religion = h10_g11,        # 종교
                  income = p1002_8aq1,       # 월급
                  code_job = h10_eco9,       # 직업 코드
                  code_region = h10_reg7)    # 지역 코드
```

데이터 분석 절차

분석을 하는 데 필요한 준비가 끝났습니다. 이제 앞에서 선정한 변수들을 이용해 분석을 하겠습니다. 9장은 여러 가지 분석 주제를 다루고 있습니다. 각 분석은 두 단계 절차로 진행합니다.

1단계. 변수 검토 및 전처리

가장 먼저 분석에 사용할 변수들을 전처리합니다. 변수의 특성을 파악하고 이상치를 정제한 다음 파생변수를 만듭니다. 전처리는 분석에 활용할 변수 각각에 대해 실시합니다. 예를 들어 '성별에 따른 월급 차이'를 분석한다면 성별, 월급 두 변수를 각각 전처리합니다.

2단계. 변수 간 관계 분석

전처리가 완료되면 본격적으로 변수 간 관계를 파악하는 분석을 합니다. 데이터를 요약한 표를 만든 후 분석 결과를 쉽게 이해할 수 있는 그래프를 만듭니다.

09-2
성별에 따른 월급 차이 – "성별에 따라 월급이 다를까?"

과거에 비해 여성들이 활발하게 사회 진출을 한다고는 하지만 직장에서 받는 대우에는 여전히 차별이 존재합니다. 데이터 분석을 통해 성별에 따라 월급 차이가 있는지 알아보겠습니다. 먼저 성별과 월급 두 변수를 검토하고 전처리한 뒤 변수 간의 관계를 분석하겠습니다. 분석 절차를 요약하면 아래와 같습니다.

분석 절차

1단계 변수 검토 및 전처리
- 성별
- 월급

➡

2단계 변수 간 관계 분석
- 성별 월급 평균표 만들기
- 그래프 만들기

 **직접 해보세요!** 성별 변수 검토 및 전처리

1. 변수 검토하기

class()로 sex(성별) 변수의 타입을 파악하고, table()로 각 범주에 몇 명이 있는지 알아보겠습니다. 출력 결과를 보면 sex는 numeric 타입이고 1과 2로 구성됩니다. 1은 7578명, 2는 9086명이 존재합니다.

✔참고 class()는 변수의 타입을 확인하는 함수입니다. 변수의 타입에 대해서는 15-2절을 참고하세요.

```
class(welfare$sex)

## [1] "numeric"

table(welfare$sex)

##
##    1    2
## 7578 9086
```

2. 전처리

코드북을 보면 성별 변수의 값이 1이면 남자, 2면 여자를 의미한다는 것을 알 수 있습니다. 모른다고 답하거나 응답하지 않았을 경우에는 9로 코딩되어 있습니다.

이 정보를 바탕으로 데이터에 이상치가 있는지 검토하고, 분석에서 이상치를 제외할 수 있도록 NA를 부여합니다. 값이 9일 경우도 성별을 알 수 없어 분석에서 제외해야 하므로 결측 처리합니다.

값	내용
1	남
2	여
9	모름/무응답

```
# 이상치 확인
table(welfare$sex)

##
##    1    2
## 7578 9086
```

sex에 1과 2만 있고 9 또는 그 외의 값은 존재하지 않습니다. 이상치가 없기 때문에 이상치를 결측 처리하는 절차를 건너뛰어도 됩니다. 만약 이상치가 발견된다면 아래와 같이 이상치를 결측 처리한 후 결측치가 제대로 만들어졌는지 확인하는 절차를 거쳐야 합니다.

```
# 이상치 결측 처리
welfare$sex <- ifelse(welfare$sex == 9, NA, welfare$sex)

# 결측치 확인
table(is.na(welfare$sex))

##
## FALSE
## 16664
```

sex 변수의 값은 숫자 1과 2로 되어 있습니다. 값의 의미를 이해하기 쉽도록 문자 "male"
과 "female"로 바꾸고, table(), qplot()을 이용해 바꾼 값이 반영됐는지 출력 결과를 확
인합니다.

```
# 성별 항목 이름 부여
welfare$sex <- ifelse(welfare$sex == 1, "male", "female")
table(welfare$sex)

##
## female    male
##   9086    7578

qplot(welfare$sex)
```

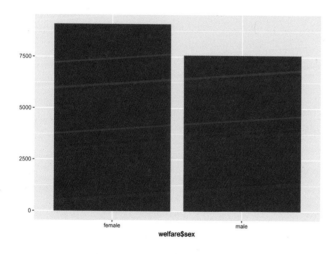

성별 변수의 전처리 작업이 완료됐습니다. 이제 동일한 절차로 월급 변수의 전처리 작업을
하겠습니다.

1. 변수 검토하기

코드북을 보면 월급은 '일한 달의 월 평균 임금'을 의미하며 1만 원 단위로 기록되어 있습니다. income(월급) 변수를 검토하고 qplot()으로 분포를 확인하겠습니다.

성별 변수는 범주 변수이기 때문에 table()로 각 범주의 빈도를 확인하면 특징을 파악할 수 있습니다. 하지만 월급 변수는 연속 변수이기 때문에 table()을 이용하면 너무 많은 항목이 출력됩니다. 연속 변수는 summary()로 요약 통계량을 확인해야 특징을 파악할 수 있습니다.

✓참고 범주 변수와 연속 변수에 대해서는 15-2절을 참고하세요.

```
class(welfare$income)

## [1] "numeric"

summary(welfare$income)

##     Min. 1st Qu.  Median    Mean 3rd Qu.    Max.   NA's
##      0.0   122.0   192.5   241.6   316.6  2400.0  12030

qplot(welfare$income)
   ...
(출력 결과 생략)
```

income은 numeric 타입이고, 0~2400만 원 사이의 값을 지니며, 122~316만 원 사이에 가장 많이 분포하고 있습니다. 평균은 241.6만 원, 중앙값은 평균보다 작은 192.5만 원으로, 전반적으로 낮은 값 쪽으로 치우쳐 있습니다.

qplot()은 최댓값까지 표현하도록 기본값이 설정되어 있습니다. 출력된 그래프를 보면 x축이 2500까지 있어서 대다수를 차지하는 0~1000 사이의 데이터가 잘 표현되지 않습니다. xlim()을 이용해 0~1000까지만 표현되게 설정하겠습니다.

```
qplot(welfare$income) + xlim(0, 1000)
```

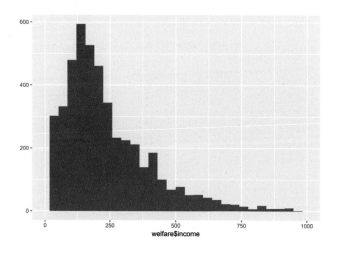

출력된 그래프를 보면 월급의 분포가 좀 더 잘 드러납니다. 0~250만 원 사이에 가장 많은 사람이 분포하고, 그 뒤로는 점차 빈도가 감소한다는 것을 알 수 있습니다.

2. 전처리

코드북을 보면 월급은 1~9998 사이의 값을 지니며, 모름 또는 무응답은 9999로 코딩되어 있다는 것을 알 수 있습니다. 이 정보를 바탕으로 전처리 작업을 하겠습니다.

범위	모름/무응답
1~9998	9999

```
# 이상치 확인
summary(welfare$income)

##     Min. 1st Qu.  Median   Mean 3rd Qu.    Max.   NA's
##      0.0   122.0   192.5  241.6   316.6  2400.0  12030
```

출력 결과를 보면 최솟값이 0, 최댓값이 2400이고, 결측치가 12030개 있습니다. 직업이 없어서 월급을 받지 않는 응답자가 있기 때문에 결측치가 존재하는 것입니다. 따라서 월급 변수를 이용하는 분석을 할 경우 먼저 결측치를 제외해야 합니다.

코드북에는 월급이 1~9998 사이의 값을 지닌다고 되어 있는데 summary() 출력 결과에 최솟값이 0으로 나타나 있습니다. 이는 이상치가 존재한다는 것을 의미하므로, 값이 0이면 결측 처리해야 합니다. 값이 0이거나 9999일 경우 결측 처리하겠습니다. 그 후 다음 단계에서 성별과 월급의 관계를 분석할 때 결측치를 제외하고 분석하겠습니다.

```
# 이상치 결측 처리
welfare$income <- ifelse(welfare$income %in% c(0, 9999), NA, welfare$income)

# 결측치 확인
table(is.na(welfare$income))

##
## FALSE  TRUE
##  4620 12044
```

 **성별에 따른 월급 차이 분석하기**

1. 성별 월급 평균표 만들기

두 변수의 전처리 작업이 완료됐으니 변수 간 관계를 분석할 차례입니다. 성별 월급 평균
표를 만들어 비교해 보겠습니다.

```
sex_income <- welfare %>%
  filter(!is.na(income)) %>%
  group_by(sex) %>%
  summarise(mean_income = mean(income))

sex_income

## # A tibble: 2 × 2
##      sex mean_income
##    <chr>       <dbl>
## 1 female    163.2471
## 2   male    312.2932
```

월급 평균이 남자는 312만 원, 여자는 163만 원으로, 평균적으로 여성보다 남성의 월급이
약 150만 원 더 많다는 것을 알 수 있습니다.

2. 그래프 만들기

분석 결과를 쉽게 이해할 수 있도록 앞에서 만든 성별 월급 평균표를 이용해 막대 그래프를 만들겠습니다. 출력된 그래프를 보면 남성의 월급이 여성의 두 배 가까이 될 정도로 많다는 것을 알 수 있습니다.

```
ggplot(data = sex_income, aes(x = sex, y = mean_income)) + geom_col()
```

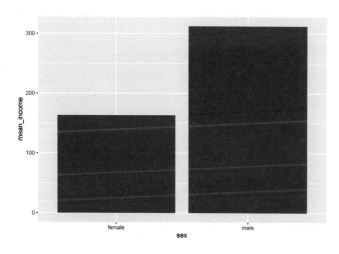

09-3
나이와 월급의 관계 – "몇 살 때 월급을 가장 많이 받을까?"

비정규직이 많아지면서 안정된 직장에 취업하는 것도 어려워졌지만, 젊은 세대를 더욱 힘들게 하는 것은 세대 간 소득 격차가 심해서 사회가 불평등하게 느껴진다는 점입니다. 나이에 따라 월급이 어떻게 다른지 데이터 분석을 통해 알아보겠습니다.

먼저 나이 변수를 검토하고 전처리하겠습니다. 월급 변수 전처리는 앞 실습에서 완료했으니 생략하고 변수 간 관계를 분석하겠습니다.

분석 절차

변수 검토 및 전처리		변수 간 관계 분석
• 나이 • 월급	➡	• 나이에 따른 월급 평균표 만들기 • 그래프 만들기

 **나이 변수 검토 및 전처리**

1. 변수 검토하기

나이와 월급의 관계를 분석하려면 나이 변수가 있어야 합니다. 그런데 한국복지패널데이터에는 나이 변수는 없고 태어난 연도 변수만 있기 때문에 태어난 연도를 이용해서 나이 변수를 만들어야 합니다. 먼저 태어난 연도 변수를 검토한 후 나이 변수를 만들겠습니다.

```
class(welfare$birth)

## [1] "numeric"
```

```
summary(welfare$birth)
##    Min. 1st Qu.  Median    Mean 3rd Qu.    Max.
##    1907    1946    1966    1968    1988    2014
```

```
qplot(welfare$birth)
```

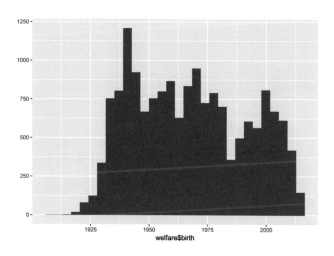

2. 전처리

코드북을 보면 태어난 연도는 1900~2014 사이의 값을 지
니고, 모름/무응답은 9999로 코딩되어 있는 것을 알 수 있
습니다. 이 정보를 바탕으로 전처리 작업을 하겠습니다.

범위	모름/무응답
1900~2014	9999

```
# 이상치 확인
summary(welfare$birth)

##    Min. 1st Qu.  Median    Mean 3rd Qu.    Max.
##    1907    1946    1966    1968    1988    2014

# 결측치 확인
table(is.na(welfare$birth))

##
## FALSE
## 16664
```

출력된 결과를 보면 이상치와 결측치가 없습니다. 따라서 파생변수를 만드는 단계로 넘어가면 됩니다. 만약 이상치가 발견된다면 아래와 같이 전처리한 후 다음 작업을 진행해야 합니다.

```
# 이상치 결측 처리
welfare$birth <- ifelse(welfare$birth == 9999, NA, welfare$birth)
table(is.na(welfare$birth))

##
## FALSE
## 16664
```

3. 파생변수 만들기 - 나이

태어난 연도 변수를 이용해 나이 변수를 만들겠습니다. 2015년에 조사가 진행됐으니 2015에서 태어난 연도를 뺀 후 1을 더해 나이를 구하면 됩니다. 변수를 만들고 summary(), qplot()을 이용해 특징을 살펴보겠습니다.

```
welfare$age <- 2015 - welfare$birth + 1
summary(welfare$age)

##    Min. 1st Qu.  Median    Mean 3rd Qu.    Max.
##    2.00   28.00   50.00   48.43   70.00  109.00


qplot(welfare$age)
```

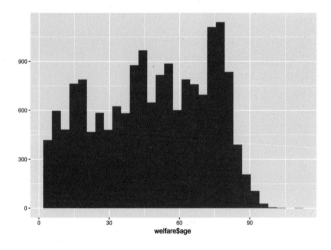

나이와 월급의 관계 분석하기

월급 변수 전처리는 09-2절에서 완료했습니다. 나이와 월급 변수의 전처리 작업이 모두 끝났으니 이제 나이에 따른 월급을 분석할 차례입니다.

1. 나이에 따른 월급 평균표 만들기

먼저 나이별 월급 평균표를 만들겠습니다.

```
age_income <- welfare %>%
  filter(!is.na(income)) %>%
  group_by(age) %>%
  summarise(mean_income = mean(income))

head(age_income)

## # A tibble: 6 × 2
##     age mean_income
##   <dbl>       <dbl>
## 1    20    121.3000
## 2    21    105.5185
## 3    22    130.0923
## 4    23    141.7157
## 5    24    134.0877
## 6    25    144.6559
```

2. 그래프 만들기

앞에서 만든 표를 이용해 그래프를 만들겠습니다. x축을 나이, y축을 월급으로 지정하고 나이에 따른 월급의 변화가 표현되도록 선 그래프를 만들겠습니다.

```
ggplot(data = age_income, aes(x = age, y = mean_income)) + geom_line()
```

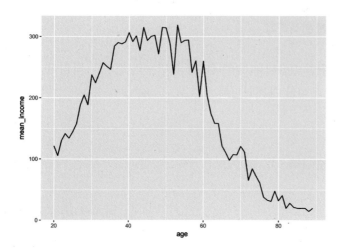

출력된 그래프를 보면 20대 초반에 100만 원가량의 월급을 받고, 이후 지속적으로 증가하는 추세를 보입니다. 50대 무렵 300만 원 초반대로 가장 많은 월급을 받고, 그 이후로 지속적으로 감소하다가 70세 이후에는 20대보다 낮은 월급을 받습니다.

연령대에 따른 월급 차이 - "어떤 연령대의 월급이 가장 많을까?"

앞에서는 각 나이별 평균 월급을 분석했습니다. 이번에는 나이를 연령대로 분류해서 비교해 보겠습니다.

분석 절차

변수 검토 및 전처리
- 연령대
- 월급

➡

변수 간 관계 분석
- 연령대별 월급 평균표 만들기
- 그래프 만들기

 **연령대 변수 검토 및 전처리하기**

파생변수 만들기 - 연령대

앞에서 만든 나이 변수를 이용해 연령대 변수를 만들겠습니다. 표의 기준에 따라 연령대 변수를 만든 후 각 범주에 몇 명이 있는지 살펴보겠습니다.

범주	기준
초년	30세 미만
중년	30~59세
노년	60세 이상

```
welfare <- welfare %>%
  mutate(ageg = ifelse(age < 30, "young",
                       ifelse(age <= 59, "middle", "old")))

table(welfare$ageg)

##
## middle    old  young
##   6049   6281   4334
```

```
qplot(welfare$ageg)
```

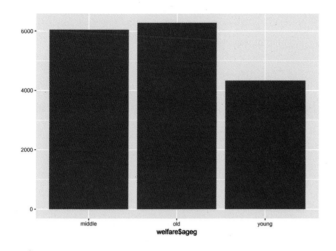

 **연령대에 따른 월급 차이 분석하기**

월급 변수 전처리는 09-2절에서 완료했으니 생략하고 변수 간 관계를 분석하겠습니다.

1. 연령대별로 평균 월급이 다른지 알아보기 위해 연령대별 월급 평균표를 만들겠습니다.
분석 결과를 보면 월급 평균이 초년 163만 원, 중년 281만 원, 노년 125만 원이라는 것을
알 수 있습니다.

```
ageg_income <- welfare %>%
  filter(!is.na(income)) %>%
  group_by(ageg) %>%
  summarise(mean_income = mean(income))

ageg_income

## # A tibble: 3 × 2
##      ageg mean_income
##     <chr>        <dbl>
## 1 middle     281.8871
## 2    old     125.3295
## 3  young     163.5953
```

2. 그래프 만들기

앞에서 만든 표를 이용해 그래프를 만들겠습니다.

```
ggplot(data = ageg_income, aes(x = ageg, y = mean_income)) + geom_col()
```

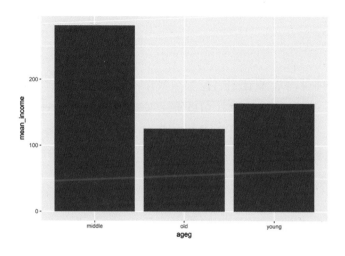

ggplot()은 막대를 변수의 알파벳 순으로 정렬하도록 기본값이 설정되어 있습니다. 막대가 초년, 중년, 노년의 나이 순으로 정렬되도록 설정하겠습니다. scale_x_discrete(limits = c())에 범주 순서를 지정하면 됩니다.

```
ggplot(data = ageg_income, aes(x = ageg, y = mean_income)) +
  geom_col() +
  scale_x_discrete(limits = c("young", "middle", "old"))
```

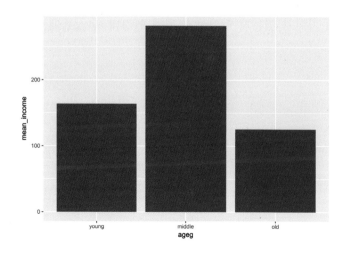

표와 그래프를 보면 중년이 280만 원 정도로 가장 많은 월급을 받는다는 것을 알 수 있습니다. 노년은 125만 원 정도로 초년이 받는 163만 원보다 적은 월급을 받습니다.

09-2절에서는 데이터 전체를 이용해서 성별 월급 차이를 분석했습니다. 그런데 성별 월급 차이는 연령대에 따라 다른 양상을 보일 수 있습니다. 이번에는 성별 월급 차이가 연령대에 따라 다른지 분석해 보겠습니다. 연령대, 성별, 월급 변수 모두 앞에서 전처리 작업을 완료했으니 바로 변수 간 관계를 분석하겠습니다.

분석 절차

변수 검토 및 전처리	변수 간 관계 분석
• 연령대 • 성별 • 월급	• 연령대 및 성별 월급 평균표 만들기 • 그래프 만들기

직접 해보세요! 연령대 및 성별 월급 차이 분석하기

1. 연령대 및 성별 월급 평균표 만들기

각 연령대에서 성별에 따른 월급에 차이가 있는지 알아보기 위해 연령대 및 성별에 따른 월급 평균표를 만들겠습니다.

```
sex_income <- welfare %>%
  filter(!is.na(income)) %>%
  group_by(ageg, sex) %>%
  summarise(mean_income = mean(income))
```

```
sex_income

## Source: local data frame [6 x 3]
## Groups: ageg [?]
##
##     ageg     sex mean_income
##    <chr>   <chr>       <dbl>
## 1 middle female   187.97552
## 2 middle   male   353.07574
## 3    old female    81.52917
## 4    old   male   173.85558
## 5  young female   159.50518
## 6  young   male   170.81737
```

2. 그래프 만들기

앞에서 만든 표를 이용해 그래프를 만들겠습니다. 막대가 연령대별로 표현되도록 x축에
ageg를 지정합니다. 막대가 성별에 따라 다른 색으로 표현되도록 fill에 sex를 지정합니
다. 축 순서는 scale_x_discrete(limits=c())를 이용해 연령대 순으로 설정합니다.

```
ggplot(data = sex_income, aes(x = ageg, y = mean_income, fill = sex)) +
  geom_col() +
  scale_x_discrete(limits = c("young", "middle", "old"))
```

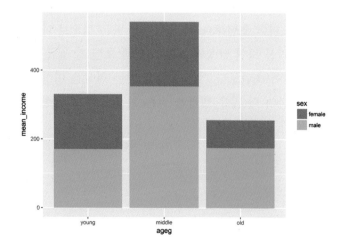

출력된 그래프는 각 성별의 월급이 연령대 막대에 함께 표현되어 있어 차이를 비교하기
어렵습니다. geom_col()의 position 파라미터를 "dodge"로 설정해 막대를 분리하겠습
니다.

```
ggplot(data = sex_income, aes(x = ageg, y = mean_income, fill = sex)) +
  geom_col(position = "dodge") +
  scale_x_discrete(limits = c("young", "middle", "old"))
```

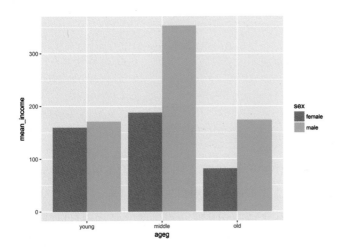

표와 출력된 그래프를 보면 성별 월급 차이의 양상이 연령대별로 다르다는 것을 알 수 있
습니다. 초년에는 차이가 크지 않다가 중년에 크게 벌어져 남성이 166만 원가량 더 많습니
다. 노년에는 차이가 줄어들지만 여전히 남성의 월급이 92만 원가량 더 많습니다.

앞 절에서 연령대별 월급을 분석했을 때 노년이 초년보다 적은 월급을 받는 것으로 나타났
습니다. 하지만 성별로 나눈 이번 분석 결과를 보면 남성의 경우 노년과 초년 간 월급 차이
가 크지 않다는 것을 알 수 있습니다. 노년이 초년보다 적은 월급을 받는 현상은 여성에서
만 나타나고 있습니다. 또한 초년보다 중년이 더 많은 월급을 받는 현상도 주로 남성에서
나타나고, 여성은 큰 차이가 없다는 것을 알 수 있습니다.

 **나이 및 성별 월급 차이 분석하기**

이번에는 연령대로 구분하지 않고 나이 및 성별 월급 평균표를 만들어 그래프로 표현하겠습니다. 그래프는 선 그래프로 만들고, 월급 평균 선이 성별에 따라 다른 색으로 표현되도록 aes()의 col 파라미터에 sex를 지정하겠습니다.

```
# 성별 연령별 월급 평균표 만들기
sex_age <- welfare %>%
  filter(!is.na(income)) %>%
  group_by(age, sex) %>%
  summarise(mean_income = mean(income))


head(sex_age)

## Source: local data frame [6 x 3]
## Groups: age [3]
##
##      age     sex mean_income
##    <dbl>   <chr>       <dbl>
## 1     20  female    147.4500
## 2     20    male     69.0000
## 3     21  female    106.9789
## 4     21    male    102.0500
## 5     22  female    139.8547
## 6     22    male    118.2379
```

```
# 그래프 만들기
ggplot(data = sex_age, aes(x = age, y = mean_income, col = sex)) + geom_line()
```

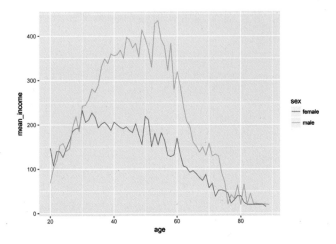

출력된 그래프를 보면 남성의 월급은 50세 전후까지 지속적으로 증가하다가 급격하게 감소하는 반면, 여성은 30세 전후까지 약간 상승하다가 그 이후로는 지속적으로 완만하게 감소한다는 것을 알 수 있습니다. 성별 월급 격차는 30세부터 지속적으로 벌어져 50대 초반에 가장 크게 벌어지고, 이후로 점차 줄어들어 70대 후반이 되면 비슷한 수준이 된다는 것을 알 수 있습니다.

09-6

직업별 월급 차이 – "어떤 직업이 월급을 가장 많이 받을까?"

이번에는 직업별 월급을 분석해 보겠습니다. 먼저 직업 변수를 검토하고 전처리하겠습니다.
월급 변수 전처리 작업은 앞에서 완료했으니 생략하고 변수 간 관계를 분석하겠습니다.

분석 절차

변수 검토 및 전처리		변수 간 관계 분석
• 직업 • 월급	➡	• 직업별 월급 평균표 만들기 • 그래프 만들기

 **직업 변수 검토 및 전처리하기**

1. 변수 검토하기

먼저 직업을 나타낸 code_job 변수를 살펴보겠습니다.

```
class(welfare$code_job)

## [1] "numeric"

table(welfare$code_job)

##
##  111  120  131  132  133  134  135  139  141  149  151  152  153  159  211
##    2   16   10   11    9    3    7   10   35   20   26   18   15   16    8
##  212  213  221  222  223  224  231  232  233  234  235  236  237  239  241
##    4    3   17   31   12    4   41    5    3    6   48   14    2   29   12
...
```

code_job 변수는 직업 코드를 의미합니다. 복지패널데이터에서 직업은 이름이 아니라 직업분류코드로 입력되어 있습니다. 지금 상태로는 분석을 하더라도 코드가 어떤 직업을 의미하는지 알 수 없습니다. 따라서 직업분류코드를 이용해 직업 명칭 변수를 만들어야 합니다.

✔참고 한국복지패널 사이트에서 제공하는 코드북에 직업분류코드 목록(한국표준직업분류 제6차 개정)이 있습니다. 이 목록을 보면 각 코드가 어떤 직업을 의미하는지 알 수 있습니다.

2. 전처리

직업분류코드 목록을 이용해 직업의 명칭으로 된 변수를 만들겠습니다. 먼저 직업분류코드 목록 데이터 프레임을 만들겠습니다. 깃허브(bit.ly/doit_rc)에서 `Koweps_Codebook.xlsx`를 다운로드해 프로젝트 폴더에 삽입한 후 불러오겠습니다. 이 파일의 '직종 코드' 시트에 직업분류코드가 정리되어 있습니다.

엑셀 파일을 불러오기 위해 `readxl` 패키지를 로드합니다. 첫 행을 변수명으로 가져오도록 설정하고, 엑셀 파일의 두 번째 시트에 있는 직업분류코드 목록을 불러오도록 `sheet` 파라미터에 2를 지정합니다.

```
library(readxl)
list_job <- read_excel("Koweps_Codebook.xlsx", col_names = T, sheet = 2)
head(list_job)

## # A tibble: 6 × 2
##   code_job                                job
##      <dbl>                              <chr>
## 1      111        의회의원 고위공무원 및 공공단체임원
## 2      112                            기업고위임원
## 3      120                      행정 및 경영지원 관리자
## 4      131                   연구 교육 및 법률 관련 관리자
## 5      132                         보험 및 금융 관리자
## 6      133                    보건 및 사회복지 관련 관리자

dim(list_job)

## [1] 149    2
```

출력 결과를 보면 직업분류코드 목록이 코드와 직업명 두 변수로 구성되고, 직업이 149개로 분류된다는 것을 알 수 있습니다.

3. left_join()으로 job 변수를 welfare에 결합합니다. welfare와 list_job에 공통으로 들어 있는 code_job 변수를 기준으로 결합하면 됩니다. 결합이 완료되면 wefare의 code_job, job 변수 일부를 출력해 잘 결합됐는지 확인하겠습니다.

```
welfare <- left_join(welfare, list_job, by = "code_job")

welfare %>%
  filter(!is.na(code_job)) %>%
  select(code_job, job) %>%
  head(10)

##    code_job                      job
## 1       942             경비원 및 검표원
## 2       762                    전기공
## 3       530    방문 노점 및 통신 판매 관련 종사자
## 4       999        기타 서비스관련 단순 종사원
## 5       312              경영관련 사무원
## 6       254          문리 기술 및 예능 강사
    ...
```

welfare에 직업 명칭으로 된 job 변수가 결합된 것을 확인할 수 있습니다. 이제 이 변수를 이용해 직업별 월급 차이를 분석하면 됩니다.

 **직업별 월급 차이 분석하기**

월급 변수에 대한 전처리는 09-2절에서 완료했습니다. 월급, 직업 변수의 전처리가 끝났으니 이제 변수 간 관계를 분석하겠습니다.

1. 직업별 월급 평균표 만들기
직업별 월급 평균을 구하겠습니다. 직업이 없거나 월급이 없는 사람은 분석 대상이 아니므로 제외합니다.

```
job_income <- welfare %>%
  filter(!is.na(job) & !is.na(income)) %>%
  group_by(job) %>%
  summarise(mean_income = mean(income))


head(job_income)

## # A tibble: 6 × 2
##                            job mean_income
##                          <chr>       <dbl>
## 1          가사 및 육아 도우미    80.16648
## 2                        간호사   240.68127
## 3          건설 및 광업 단순 종사원   190.12974
## 4          건설 및 채굴 기계운전원   357.97000
## 5       건설 전기 및 생산 관련 관리자   535.80556
## 6            건설관련 기능 종사자   246.63214
```

2. 어떤 직업의 월급이 많은지 알아보기 위해 월급을 내림차순으로 정렬하고 상위 10개를 추출합니다.

```
top10 <- job_income %>%
  arrange(desc(mean_income)) %>%
  head(10)

top10

## # A tibble: 10 × 2
##                                  job mean_income
##                                <chr>       <dbl>
## 1        금속 재료 공학 기술자 및 시험원    845.0667
## 2                      의료진료 전문가    843.6429
## 3      의회의원 고위공무원 및 공공단체임원    750.0000
## 4                  보험 및 금융 관리자    726.1800
## 5                    제관원 및 판금원    572.4067
## 6              행정 및 경영지원 관리자    563.7633
##   ...
```

3. 그래프 만들기

이제 앞에서 만든 표를 이용해 그래프를 만들겠습니다. 직업 이름이 길기 때문에 그래프를 기본값으로 만들면 x축이 서로 겹쳐 알아볼 수 없습니다. coord_flip()을 추가해 막대를 오른쪽으로 90도 회전하겠습니다.

```
ggplot(data = top10, aes(x = reorder(job, mean_income), y = mean_income)) +
  geom_col() +
  coord_flip()
```

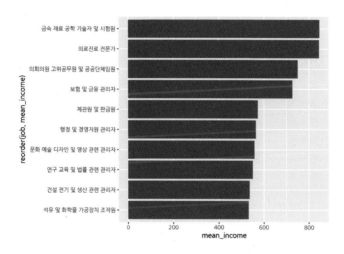

출력된 표와 그래프를 보면 '금속 재료 공학 기술자 및 시험원'이 평균 845만 원으로 가장 많은 월급을 받고, 그 다음으로는 '의료진료 전문가', '의회의원 고위공무원 및 공공단체임원', '보험 및 금융 관리자'의 월급이 많다는 것을 알 수 있습니다.

4. 이번에는 어떤 직업들의 월급이 적은지 알아보기 위해 월급이 하위 10위에 해당하는 직업을 추출하겠습니다. 그래프는 앞에서 만든 상위 10위 그래프와 비교할 수 있도록 y축을 0~850까지 표현되게 설정하겠습니다.

```
# 하위 10위 추출
bottom10 <- job_income %>%
  arrange(mean_income) %>%
  head(10)

bottom10
## # A tibble: 10 × 2
##                            job mean_income
##                          <chr>       <dbl>
## 1            가사 및 육아 도우미    80.16648
## 2               임업관련 종사자    83.33000
## 3     기타 서비스관련 단순 종사원    88.22101
## 4          청소원 및 환경 미화원    88.78775
## 5               약사 및 한약사    89.00000
## 6               작물재배 종사자    92.00000
  ...

# 그래프 만들기
ggplot(data = bottom10, aes(x = reorder(job, -mean_income),
                            y = mean_income)) +
  geom_col() +
  coord_flip() +
  ylim(0, 850)
```

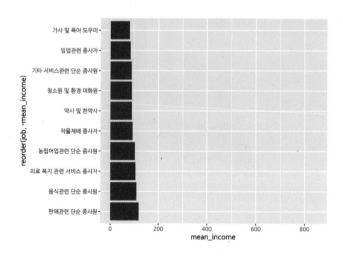

출력된 표와 그래프를 보면 '가사 및 육아 도우미'의 월급이 평균 80만 원으로 가장 적고, 그 뒤로는 '임업관련 종사자', '기타 서비스관련 단순 종사원', '청소원 및 환경 미화원'의 월급이 적다는 것을 알 수 있습니다.

상·하위 분석 결과를 비교하면 가장 많은 월급을 받는 '금속 재료 공학 기술자 및 시험원'이 '가사 및 육아 도우미'의 열 배가 넘는 월급을 받는다는 것을 알 수 있습니다.

성 평등이 상식인 세상이 됐지만 여전히 성별에 따라 다른 직업을 갖는 경향이 있습니다. 성별에 따라 어떤 직업이 많은지 분석해 보겠습니다. 성별, 직업 변수 전처리 작업은 앞에서 완료했으니 생략하고 바로 변수 간 관계를 분석하겠습니다.

분석 절차

변수 검토 및 전처리		변수 간 관계 분석
• 성별	➡	• 성별 직업 빈도표 만들기
• 직업		• 그래프 만들기

 성별 직업 빈도 분석하기

성별 변수 전처리는 09-2절, 직업 변수 전처리는 09-6절에서 완료했으니 생략하고 변수 간 관계를 분석하겠습니다.

1. 성별 직업 빈도표 만들기

각 성별로 직업별 빈도를 구해 상위 10개를 추출하겠습니다.

```
# 남성 직업 빈도 상위 10개 추출
job_male <- welfare %>%
  filter(!is.na(job) & sex == "male") %>%
  group_by(job) %>%
  summarise(n = n()) %>%
  arrange(desc(n)) %>%
  head(10)
```

```
job_male

## # A tibble: 10 × 2
##                        job      n
##                      <chr> <int>
## 1           작물재배 종사자    640
## 2             자동차 운전원    251
## 3           경영관련 사무원    213
## 4               영업 종사자    141
## 5           매장 판매 종사자   132
## 6       제조관련 단순 종사원   104
   ...


# 여성 직업 빈도 상위 10개 추출
job_female <- welfare %>%
  filter(!is.na(job) & sex == "female") %>%
  group_by(job) %>%
  summarise(n = n()) %>%
  arrange(desc(n)) %>%
  head(10)

job_female

## # A tibble: 10 × 2
##                        job      n
##                      <chr> <int>
## 1           작물재배 종사자    680
## 2     청소원 및 환경 미화원    228
## 3           매장 판매 종사자   221
## 4       제조관련 단순 종사원   185
## 5        회계 및 경리 사무원   176
## 6           음식서비스 종사자  149
   ...
```

2. 그래프 만들기

앞에서 만든 성별 직업 빈도표를 이용해 그래프를 만들겠습니다.

```r
# 남성 직업 빈도 상위 10개 직업
ggplot(data = job_male, aes(x = reorder(job, n), y = n)) +
  geom_col() +
  coord_flip()
```

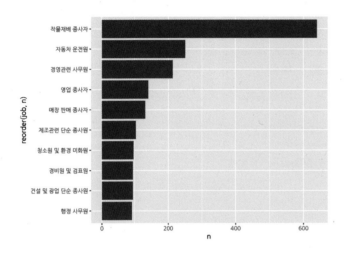

```r
# 여성 직업 빈도 상위 10개 직업
ggplot(data = job_female, aes(x = reorder(job, n), y = n)) +
  geom_col() +
  coord_flip()
```

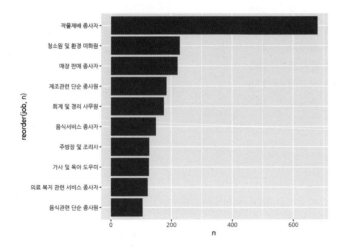

출력된 표와 그래프를 보면 남성들이 가장 많이 가지고 있는 직업은 작물 재배 종사자, 자동차 운전원, 경영관련 사무원, 영업 종사자라는 것을 알 수 있습니다. 여성들이 가장 많이 가지고 있는 직업은 작물재배 종사자, 청소원 및 환경 미화원, 매장 판매 종사자, 제조관련 단순 종사원이라는 것을 알 수 있습니다.

알아두면 좋아요! } `geom_col()` VS `geom_bar()`

원자료를 이용해 막대 그래프를 만들 때는 `geom_bar()`를 사용하고, 요약표를 이용해 막대 그래프를 만들 때는 `geom_col()`을 사용합니다. 여기서는 직업별 빈도표를 이용해 막대 그래프를 만들었기 때문에 `geom_col()`을 사용했습니다.

종교 유무에 따른 이혼율
- "종교가 있는 사람들이 이혼을 덜 할까?"

이번에는 종교가 있는 사람들이 종교가 없는 사람들보다 이혼을 덜 하는지 분석해 보겠습니다. 먼저 종교, 혼인 상태 두 변수를 검토하고 전처리한 후 변수 간 관계를 분석하겠습니다.

분석 절차

변수 검토 및 전처리	변수 간 관계 분석
• 종교	• 종교 유무에 따른 이혼율 표 만들기
• 혼인 상태	• 그래프 만들기

 **종교 변수 검토 및 전처리하기**

1. 변수 검토하기

```
class(welfare$religion)

## [1] "numeric"

table(welfare$religion)

##
##    1    2
## 8047 8617
```

2. 전처리

코드북의 종교 변수에 대한 정보를 바탕으로 전처리를 하겠습니다. 앞의 출력 결과를 보면 1과 2 외에 다른 값이 존재하지 않습니다. 이상치를 결측 처리하는 작업은 생략하고 값의 의미를 이해할 수 있도록 종교 유무에 따라 문자를 부여하겠습니다. 출력 결과를 보면 종교가 있는 사람이 8047명, 종교가 없는 사람이 8617명이라는 것을 알 수 있습니다.

값	내용
1	있음
2	없음
9	모름/무응답

```
# 종교 유무 이름 부여
welfare$religion <- ifelse(welfare$religion == 1, "yes", "no")
table(welfare$religion)

##
##   no  yes
## 8617 8047


qplot(welfare$religion)
```

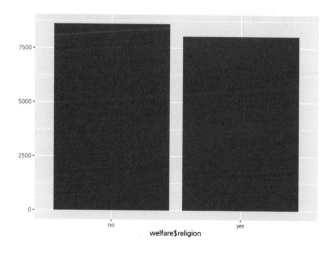

 **혼인 상태 변수 검토 및 전처리하기**

1. 변수 검토하기

```
class(welfare$marriage)

## [1] "numeric"

table(welfare$marriage)

##
##    0    1    2    3    4    5    6
## 2861 8431 2117  712   84 2433   26
```

2. 파생변수 만들기 - 이혼 여부

코드북의 혼인 상태 변수에 대한 정보를 보면 배우자
가 있을 경우 1, 이혼했을 경우 3으로 코딩되어 있습
니다. 이 값을 이용해 이혼 여부를 나타내는 변수를
만들겠습니다.

값	내용
0	비해당(18세 미만)
1	유배우
2	사별
3	이혼
4	별거
5	미혼(18세 이상, 미혼모 포함)
6	기타(사망 등)

```
# 이혼 여부 변수 만들기
welfare$group_marriage <- ifelse(welfare$marriage == 1, "marriage",
                          ifelse(welfare$marriage == 3, "divorce", NA))

table(welfare$group_marriage)

##
##  divorce marriage
##      712     8431
```

```
table(is.na(welfare$group_marriage))

##
## FALSE   TRUE
##  9143   7521

qplot(welfare$group_marriage)
```

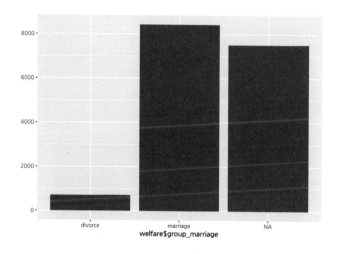

출력 결과를 보면 결혼 상태인 사람은 8431명, 이혼한 사람은 712명이라는 것을 알 수 있습니다. 둘 중 어디에도 속하지 않아 결측치로 분류된 경우가 7521명 있습니다. 이들은 이후 분석에서 제외하겠습니다.

 **종교 유무에 따른 이혼율 분석하기**

1. 종교 유무에 따른 이혼율 표 만들기

종교 유무에 따른 이혼율 표를 만들겠습니다. 먼저 종교 유무 및 결혼 상태별로 나눠 빈도를 구한 뒤 각 종교 유무 집단의 전체 빈도로 나눠 비율을 구합니다. 비율은 round()를 이용해 소수점 첫째 자리까지 표현되도록 합니다.

 알아두면 좋아요! } **반올림이 적용되지 않는다면?**

dplyr은 출력 결과를 데이터 프레임의 업그레이드 버전인 tibble 형태로 만들어 줍니다. tibble은 콘솔 창에 출력할 소수점 자릿수를 가독성이 높은 위치까지 자동으로 결정하기 때문에 round()를 이용해 반올림하더라도 다른 값이 출력될 수 있습니다. dplyr 구문 뒤에 %>% as.data.frame()을 추가하면 round()가 적용된 값을 확인할 수 있습니다.

```
religion_marriage <- welfare %>%
  filter(!is.na(group_marriage)) %>%
  group_by(religion, group_marriage) %>%
  summarise(n = n()) %>%
  mutate(tot_group = sum(n),
         pct = round(n/tot_group*100, 1))

religion_marriage

## Source: local data frame [4 x 5]
## Groups: religion [2]
##
##   religion group_marriage     n tot_group   pct
##      <chr>          <chr> <int>     <int> <dbl>
## 1       no        divorce   384      4602   8.3
## 2       no       marriage  4218      4602  91.7
## 3      yes        divorce   328      4541   7.2
## 4      yes       marriage  4213      4541  92.8
```

dplyr의 count()는 집단별 빈도를 구하는 함수입니다. count()를 이용하고, 비율을 구하는 mutate()를 수정해서 아래와 같은 방식으로도 비율표를 만들 수 있습니다.

```
religion_marriage <- welfare %>%
  filter(!is.na(group_marriage)) %>%
  count(religion, group_marriage) %>%
  group_by(religion) %>%
  mutate(pct = round(n/sum(n)*100, 1))
```

2. 앞에서 만든 표에서 이혼에 해당하는 값만 추출해 이혼율 표를 만들겠습니다.

```
# 이혼 추출
divorce <- religion_marriage %>%
  filter(group_marriage == "divorce") %>%
  select(religion, pct)

divorce

## Source: local data frame [2 x 2]
## Groups: religion [2]
##
##   religion   pct
##      <chr> <dbl>
## 1       no   8.3
## 2      yes   7.2
```

3. 그래프 만들기

이혼율 표를 이용해 그래프를 만들겠습니다.

```
ggplot(data = divorce, aes(x = religion, y = pct)) + geom_col()
```

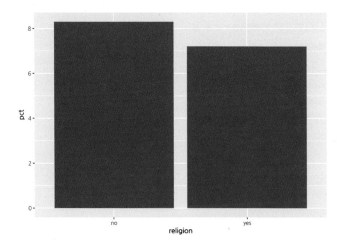

이혼율은 종교가 있는 경우 7.2%, 종교가 없는 경우 8.3%로 나타났습니다. 따라서 종교가 있는 사람들이 이혼을 덜 한다고 볼 수 있습니다.

 연령대 및 종교 유무에 따른 이혼율 분석하기

앞에서는 전체를 대상으로 종교 유무에 따른 이혼율을 분석했습니다. 이번에는 종교 유무에 따른 이혼율이 연령대별로 다른지 알아보겠습니다.

1. 연령대별 이혼율 표 만들기

우선 이혼율이 연령대에 따라 다른지 알아보겠습니다. 연령대 및 결혼 상태별 비율표를 만든 다음, 이혼한 경우를 추출해 이혼율 표를 만들겠습니다.

```
ageg_marriage <- welfare %>%
  filter(!is.na(group_marriage)) %>%
  group_by(ageg, group_marriage) %>%
  summarise(n = n()) %>%
  mutate(tot_group = sum(n),
         pct = round(n/tot_group*100, 1))

ageg_marriage

## Source: local data frame [6 x 5]
## Groups: ageg [3]
##
##      ageg group_marriage     n tot_group    pct
##     <chr>          <chr> <int>     <int>  <dbl>
## 1 middle         divorce   437      4918    8.9
## 2 middle        marriage  4481      4918   91.1
## 3    old         divorce   273      4165    6.6
## 4    old        marriage  3892      4165   93.4
## 5  young         divorce     2        60    3.3
## 6  young        marriage    58        60   96.7
```

count()를 이용하고, 비율을 구하는 mutate()를 수정해서 아래와 같은 방식으로도 비율표를 만들 수 있습니다.

```
ageg_marriage <- welfare %>%
  filter(!is.na(group_marriage)) %>%
  count(ageg, group_marriage) %>%
  group_by(ageg) %>%
  mutate(pct = round(n/sum(n)*100, 1))
```

출력 결과를 보면 이혼율이 연령대별로 다르다는 것을 알 수 있습니다. 또한 초년의 경우 결혼하거나 이혼한 사례가 적다는 것을 알 수 있습니다. 초년은 사례가 부족해 다른 연령대와 비교하기에 적합하지 않으므로 이후 분석 작업에서 제외하겠습니다.

2. 연령대별 이혼율 그래프 만들기

앞에서 만든 표에서 초년을 제외하고, 이혼을 나타내는 값만 추출해 그래프를 만들겠습니다. 출력된 그래프를 보면 노년보다 중년의 이혼율이 더 높다는 것을 알 수 있습니다.

```
# 초년 제외, 이혼 추출
ageg_divorce <- ageg_marriage %>%
  filter(ageg != "young" & group_marriage == "divorce") %>%
  select(ageg, pct)


ageg_divorce

## Source: local data frame [2 x 2]
## Groups: ageg [2]
##
##      ageg   pct
##     <chr> <dbl>
## 1 middle   8.9
## 2    old   6.6

# 그래프 만들기
ggplot(data = ageg_divorce, aes(x = ageg, y = pct)) + geom_col()
```

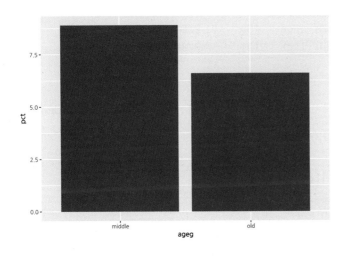

3. 연령대 및 종교 유무에 따른 이혼율 표 만들기

종교 유무에 따른 이혼율 차이가 연령대별로 다른지 알아보겠습니다. 먼저 연령대, 종교 유무, 결혼 상태별로 집단을 나눠 빈도를 구한 뒤, 각 집단 전체 빈도로 나눠 비율을 구합니다. 그런 다음, 이혼에 해당하는 값만 추출해 연령대 및 종교 유무별 이혼율 표를 만들겠습니다.

```
# 연령대, 종교 유무, 결혼 상태별 비율표 만들기
ageg_religion_marriage <- welfare %>%
  filter(!is.na(group_marriage) & ageg != "young") %>%
  group_by(ageg, religion, group_marriage) %>%
  summarise(n = n()) %>%
  mutate(tot_group = sum(n),
         pct = round(n/tot_group*100, 1))

ageg_religion_marriage

## Source: local data frame [8 x 6]
## Groups: ageg, religion [4]
##
##      ageg religion group_marriage     n tot_group    pct
##     <chr>    <chr>          <chr> <int>     <int>  <dbl>
## 1 middle       no        divorce   260      2681    9.7
## 2 middle       no       marriage  2421      2681   90.3
## 3 middle      yes        divorce   177      2237    7.9
## 4 middle      yes       marriage  2060      2237   92.1
## 5    old       no        divorce   123      1884    6.5
## 6    old       no       marriage  1761      1884   93.5
## 7    old      yes        divorce   150      2281    6.6
## 8    old      yes       marriage  2131      2281   93.4
```

count()를 이용하고, 비율을 구하는 mutate()를 수정해서 아래와 같은 방식으로도 비율 표를 만들 수 있습니다.

```
ageg_religion_marriage <- welfare %>%
  filter(!is.na(group_marriage) & ageg != "young") %>%
  count(ageg, religion, group_marriage) %>%
  group_by(ageg, religion) %>%
  mutate(pct = round(n/sum(n)*100, 1))
```

```
# 연령대 및 종교 유무별 이혼율 표 만들기
df_divorce <- ageg_religion_marriage %>%
  filter(group_marriage == "divorce") %>%
  select(ageg, religion, pct)

df_divorce

## Source: local data frame [4 x 3]
## Groups: ageg, religion [4]
##
##       ageg religion   pct
##      <chr>    <chr> <dbl>
## 1 middle       no   9.7
## 2 middle      yes   7.9
## 3    old       no   6.5
## 4    old      yes   6.6
```

4. 연령대 및 종교 유무에 따른 이혼율 그래프 만들기

앞에서 만든 이혼율 표를 이용해 그래프를 만들겠습니다. 종교 유무에 따라 막대 색깔을
다르게 표현하기 위해 fill 파라미터에 religion을 지정합니다. geom_col()의 position
파라미터를 "dodge"로 설정해 막대를 분리합니다.

```
ggplot(data = df_divorce, aes(x = ageg, y = pct, fill = religion )) +
  geom_col(position = "dodge")
```

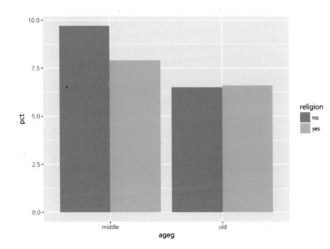

출력된 표와 그래프를 보면 노년은 종교 유무에 따른 이혼율 차이가 0.1%로 작고, 오히려 종교가 있는 사람들의 이혼율이 더 높다는 것을 알 수 있습니다. 반면, 중년은 종교가 없는 사람들의 이혼율이 1.8% 더 높다는 것을 알 수 있습니다.

09-9
지역별 연령대 비율 - "노년층이 많은 지역은 어디일까?"

고령 사회가 되면서 노인들을 위한 시설을 마련하는 일이 점점 더 중요해지고 있습니다. 노인들을 위한 시설을 마련하려면 우선 어느 지역에 노인들이 많이 살고 있는지 알아야 합니다. 지역별 연령대 비율을 분석해 노년층이 많은 지역이 어디인지 알아보겠습니다. 먼저 지역 변수를 검토하고 전처리하겠습니다. 연령대 변수 전처리는 앞에서 완료했으므로 건너뛰고, 변수 간 관계를 분석하겠습니다.

분석 절차

변수 검토 및 전처리	변수 간 관계 분석
• 지역 • 연령대	• 지역별 연령대 비율표 만들기 • 그래프 만들기

➡

 **지역 변수 검토 및 전처리하기**

1. 변수 검토하기

```
class(welfare$code_region)

## [1] "numeric"


table(welfare$code_region)

##
##    1    2    3    4    5    6    7
## 2486 3711 2785 2036 1467 1257 2922
```

2. 전처리

code_region 변수의 값은 7개 권역을 의미하는 지역 코드입니다. 먼저 코드북의 내용을 참고해 지역 코드 목록을 만들겠습니다. 그런 다음, 지역 코드 목록과 welfare에 동시에 들어 있는 code_region 변수를 이용해 welfare에 지역명 변수를 추가하겠습니다.

값	내용
1	서울
2	수도권(인천/경기)
3	부산/경남/울산
4	대구/경북
5	대전/충남
6	강원/충북
7	광주/전남/전북/제주도

```r
# 지역 코드 목록 만들기
list_region <- data.frame(code_region = c(1:7),
                          region = c("서울",
                                     "수도권(인천/경기)",
                                     "부산/경남/울산",
                                     "대구/경북",
                                     "대전/충남",
                                     "강원/충북",
                                     "광주/전남/전북/제주도"))

list_region

##   code_region                region
## 1           1                  서울
## 2           2         수도권(인천/경기)
## 3           3           부산/경남/울산
## 4           4              대구/경북
## 5           5              대전/충남
## 6           6              강원/충북
## 7           7   광주/전남/전북/제주도
```

```
# 지역명 변수 추가
welfare <- left_join(welfare, list_region, by = "code_region")

welfare %>%
  select(code_region, region) %>%
  head

##   code_region region
## 1           1   서울
## 2           1   서울
## 3           1   서울
## 4           1   서울
## 5           1   서울
## 6           1   서울
```

 **직접 해보세요!** **지역별 연령대 비율 분석하기**

연령대 변수 전처리는 앞에서 완료했으니 생략하고 변수 간 관계를 분석하겠습니다.

1. 지역별 연령대 비율표 만들기

지역별 연령대 비율표를 만들겠습니다. 지역 및 연령대별로 나눠 빈도를 구한 뒤, 각 지역의 전체 빈도로 나눠 비율을 구합니다.

```
region_ageg <- welfare %>%
  group_by(region, ageg) %>%
  summarise(n = n()) %>%
  mutate(tot_group = sum(n),
         pct = round(n/tot_group*100, 2))
```

```
head(region_ageg)

## Source: local data frame [6 x 5]
## Groups: region [2]
##
##                  region   ageg     n tot_group    pct
##                  <fctr>  <chr> <int>     <int>  <dbl>
## 1              강원/충북 middle   417      1257  33.17
## 2              강원/충북    old   555      1257  44.15
## 3              강원/충북  young   285      1257  22.67
## 4   광주/전남/전북/제주도 middle   947      2922  32.41
## 5   광주/전남/전북/제주도    old  1233      2922  42.20
## 6   광주/전남/전북/제주도  young   742      2922  25.39
```

count()를 이용하고, 비율을 구하는 mutate()를 수정해서 아래와 같은 방식으로도 비율
표를 만들 수 있습니다.

```
region_ageg <- welfare %>%
  count(region, ageg) %>%
  group_by(region) %>%
  mutate(pct = round(n/sum(n)*100, 2))
```

2. 그래프 만들기

앞에서 만든 표를 이용해 그래프를 만들겠습니다. 연령대 비율 막대를 서로 다른 색으
로 표현하도록 aes의 fill 파라미터에 ageg를 지정합니다. 지역별로 비교하기 쉽도록
coord_flip()을 추가해서 그래프를 오른쪽으로 회전합니다.

```r
ggplot(data = region_ageg, aes(x = region, y = pct, fill = ageg)) +
  geom_col() +
  coord_flip()
```

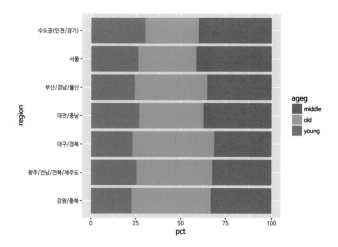

3. 노년층 비율 높은 순으로 막대 정렬하기

앞에서 만든 그래프는 막대가 밑에서부터 지역명 가나다 순으로 정렬되어 있습니다. 막대
를 노년층 비율이 높은 순으로 정렬하겠습니다. 먼저 노년층 비율 순으로 지역명이 정렬된
변수를 만들어야 합니다. 앞에서 만든 표를 노년층 비율 순으로 정렬한 후 지역명만 추출
해 변수를 만듭니다.

```r
# 노년층 비율 내림차순 정렬
list_order_old <- region_ageg %>%
  filter(ageg == "old") %>%
  arrange(pct)

list_order_old

## Source: local data frame [7 x 5]
## Groups: region [7]
##
##               region  ageg     n tot_group   pct
##                <fctr> <chr> <int>     <int> <dbl>
## 1   수도권(인천/경기)   old  1109      3711 29.88
## 2              서울   old   805      2486 32.38
## 3          대전/충남   old   527      1467 35.92
    ...
```

```
# 지역명 순서 변수 만들기
order <- list_order_old$region
order
```

```
## [1] 수도권(인천/경기)       서울                    대전/충남
## [4] 부산/경남/울산          광주/전남/전북/제주도   강원/충북
## [7] 대구/경북
## 7 Levels: 강원/충북 광주/전남/전북/제주도 대구/경북 ... 수도권(인천/경기)
```

지역명이 노년층 비율 순으로 정렬된 order 변수를 활용해 그래프를 만들겠습니다. 앞에서 사용한 그래프 생성 코드에 scale_x_discrete()를 추가하고 limits 파라미터에 order 변수를 지정하면 됩니다. 출력된 그래프를 보면 막대가 노년층 비율이 높은 순으로 정렬된 것을 볼 수 있습니다.

```
ggplot(data = region_ageg, aes(x = region,  y = pct, fill = ageg)) +
  geom_col() +
  coord_flip() +
  scale_x_discrete(limits = order)
```

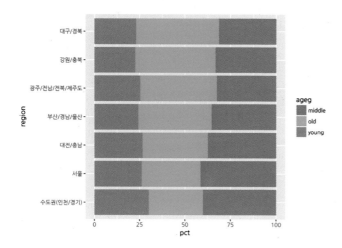

4. 연령대 순으로 막대 색깔 나열하기

앞에서 만든 그래프는 막대 색깔이 young(초년), old(노년), middle(중년) 순으로 나열되어 있습니다. 이를 초년, 중년, 노년의 연령대 순으로 나열되도록 설정하겠습니다. 막대 색깔을 순서대로 나열하려면 fill 파라미터에 지정할 변수의 범주(levels) 순서를 지정하면 됩니다. 현재 ageg 변수는 character 타입이기 때문에 levels가 없습니다.

```
class(region_ageg$ageg)

## [1] "character"

levels(region_ageg$ageg)

## NULL
```

factor()를 이용해 ageg 변수를 factor 타입으로 변환하고, level 파라미터를 이용해 순서를 지정합니다.

✔참고 변수 타입에 대해서는 15-2절을 참고하세요.

```
region_ageg$ageg <- factor(region_ageg$ageg,
                           level = c("old", "middle", "young"))
class(region_ageg$ageg)

## [1] "factor"

levels(region_ageg$ageg)

## [1] "old"    "middle" "young"
```

그래프 생성 코드를 다시 실행하면 막대 색깔이 연령대 순으로 나열되어 지역별 연령대 비율 구성을 쉽게 파악할 수 있습니다. 출력된 그래프를 보면 노년층 비율이 대구/경북, 강원/충북, 광주/전남/전북/제주도 순으로 높다는 것을 알 수 있습니다.

```
ggplot(data = region_ageg, aes(x = region,  y = pct, fill = ageg)) +
  geom_col() +
  coord_flip() +
  scale_x_discrete(limits = order)
```

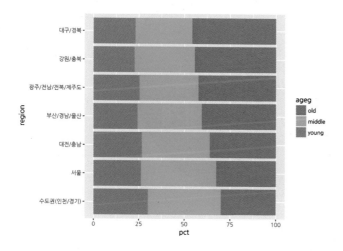

자신만의 데이터 분석 프로젝트를 수행해 보세요!

이제 코드를 따라 하는 단계를 넘어 직접 자신만의 데이터 분석 프로젝트를 진행할 차례입니다. '한국복지패널데이터'에는 앞에서 다룬 7개 변수 외에도 신체 건강, 정신 건강, 가족 간의 관계, 주거 환경, 교육 수준 등 천여 개의 변수가 있습니다. 데이터에 어떤 변수가 있는지 설명되어 있는 조사설계서(코드북)를 보면서 흥미로운 주제를 찾아 자신만의 데이터 분석 프로젝트를 수행해 보세요.

✔️참고 조사설계서는 깃허브에 공유되어 있습니다.

R로 하는 다양한
데이터 분석의 세계

R로 할 수 있는 일은 무궁무진합니다. 다양한 패키지들을 활용할 수 있다는 점이 R 의 가장 큰 장점이지요. 넷째마당에서는 R의 유용한 패키지들을 활용하는 방법을 알아보겠습니다.

10 텍스트 마이닝

11 지도 시각화

12 인터랙티브 그래프

13 통계 분석 기법을 이용한 가설 검정

14 R Markdown으로 데이터 분석 보고서 만들기

15 R 내장 함수, 변수 타입과 데이터 구조

16 데이터 분석 기술을 효율적으로 익히는 방법

10

텍스트 마이닝

문자로 된 데이터에서 가치 있는 정보를 얻어 내는 텍스트 마이닝을 알아봅니다.

| 10-1 힙합 가사 텍스트 마이닝 |
| 10-2 국정원 트윗 텍스트 마이닝 |

10-1
힙합 가사 텍스트 마이닝

문자로 된 데이터에서 가치 있는 정보를 얻어 내는 분석 기법을 '텍스트 마이닝(Text mining)'이라고 합니다. 텍스트 마이닝을 할 때 가장 먼저 하는 작업은 문장을 구성하는 어절들이 어떤 품사로 되어 있는지 파악하는 '형태소 분석(Morphology Analysis)'입니다. 형태소 분석으로 어절들의 품사를 파악한 후 명사, 동사, 형용사 등 의미를 지닌 품사의 단어들을 추출해 각 단어가 얼마나 많이 등장했는지 확인합니다. 텍스트 마이닝을 이용해 SNS나 웹 사이트에 올라온 글을 분석하면 사람들이 어떤 이야기를 나누고 있는지 파악할 수 있습니다. 힙합 음악 가사를 이용해 텍스트 마이닝을 하는 방법을 알아보겠습니다.

 **텍스트 마이닝 준비하기**

KoNLP(Korean Natural Language Processing) 패키지를 이용하면 한글 텍스트의 형태소를 분석할 수 있습니다. KoNLP 패키지를 설치하겠습니다.

1. 자바와 rJava 패키지 설치하기
KoNLP 패키지는 '자바'와 rJava 패키지가 설치되어 있어야 사용할 수 있습니다. 자바와 rJava 패키지는 multilinguer 패키지의 install_jdk()를 이용해 설치할 수 있습니다.

```
install.packages("multilinguer")
library(multilinguer)
install_jdk()
```

✔참고 '자바'는 프로그래밍 언어의 이름입니다.

2. KoNLP 의존성 패키지 설치하기
어떤 패키지는 다른 패키지의 기능을 이용하기 때문에 다른 패키지를 함께 설치해야만 작동합니다. 이처럼 패키지가 의존하고 있는 패키지를 '의존성 패키지'라고 합니다.

KoNLP 패키지를 사용하려면 의존성 패키지들을 먼저 설치해야 합니다.

```
install.packages(c("stringr", "hash", "tau", "Sejong", "RSQLite",
                   "devtools"), type = "binary")
```

3. KoNLP 패키지 설치하기

remotes 패키지의 install_github()를 이용해 깃허브(github)에 있는 KoNLP 패키지를 설치한 다음 로드합니다.

```
install.packages("remotes")
remotes::install_github("haven-jeon/KoNLP",
                        upgrade = "never",
                        INSTALL_opts = c("--no-multiarch"))

library(KoNLP)
```

✔참고 패키지 설치 중 오류가 발생하면 다음 글을 참고하여 다시 설치하세요.
• KoNLP 패키지 설치하기: bit.ly/install_konlp

✔참고 KoNLP 패키지가 이미 설치되어 있으면 ...has not changed since last install 이라는 메시지가 출력됩니다.
이때는 install_github()에 force = T를 입력하면 패키지를 강제로 다시 설치합니다.

4. 형태소 사전 설정하기

KoNLP 패키지가 사용하는 'NIA 사전'은 120만여 개 단어로 구성되어 있습니다. 형태소 분석을 할 때 NIA 사전을 사용하도록 useNIADic()을 실행합니다.

```
useNIADic()
```

✔참고 useNIADic()은 KoNLP 패키지 설치 후 한 번만 실행하면 됩니다. NIA 사전은 한국정보화진흥원에서 개발하여 공개하였습니다.
• K-ICT 빅데이터센터 형태소사전 소개: bit.ly/easytext_21

5. 데이터 준비하기

먼저 깃허브(bit.ly/doit_rd)에서 hiphop.txt 파일을 다운로드해 프로젝트 폴더에 삽입한 다음, readLines()로 불러와 일부를 출력해 보겠습니다. 이 텍스트 파일에는 멜론 차트 랩/힙합 부문 상위 50곡의 가사가 들어 있습니다.

```
# 데이터 불러오기
txt <- readLines("hiphop.txt")
head(txt)

## [1] "\"보고 싶다"              "이렇게 말하니까 더 보고 싶다"
## [3] "너희 사진을 보고 있어도"   "보고 싶다"
## [5] "너무 야속한 시간"         "나는 우리가 밉다"
```

hiphop.txt는 아래와 같은 노래들의 가사로 구성되어 있습니다. 50위 전체 목록은 깃허브에 공유한 SongList.xlsx 파일에 있습니다.

멜론 차트 랩/힙합 부문 2017년 3월 둘째 주

순위	제목	가수
1	봄날	방탄소년단
2	에라 모르겠다	BIGBANG
3	우리집을 못 찾겠군요(Feat. 볼빨간사춘기)	매드클라운
4	기다렸다 가	다이나믹 듀오, 첸(CHEN)
5	당신의 밤(Feat. 오혁)	황광희 X 개코
6	저 별	헤이즈(Heize)
7	마에스트로(Maestro)	창모(CHANGMO)
8	피 땀 눈물	방탄소년단
9	돌아오지마(Feat. 용준형 Of 비스트)	헤이즈(Heize)
10	Not Today	방탄소년단

6. 특수문자 제거하기

문장에 이모티콘이나 특수문자가 포함되어 있으면 오류가 발생할 수 있습니다. 문자 처리 패키지인 `stringr`의 `str_replace_all()`을 이용해 문장에 들어 있는 특수문자를 빈칸으로 수정하겠습니다.

```
install.packages("stringr")
library(stringr)

# 특수문자 제거
txt <- str_replace_all(txt, "\\W", " ")
```

✔참고 \\W는 역슬래시(\ ) 두 개와 대문자 W로 입력해야 합니다. 키보드의 원화(₩) 키를 누르면 역슬래시가 입력됩니다.

✔참고 `str_replace_all()`에 사용된 기호 \\W는 특수문자를 의미하는 '정규 표현식(Regular Expression)'입니다. 정규 표현식을 이용하면 문장의 내용 중 이메일 주소, 전화 번호처럼 특정한 규칙으로 되어 있는 부분을 추출할 수 있습니다.

 **가장 많이 사용된 단어 알아보기**

힙합 가사에 어떤 단어가 많이 사용됐는지 알아보겠습니다.

1. 명사 추출하기

먼저 가사에서 명사를 추출해 보겠습니다. 명사를 보면 문장이 무엇에 대한 내용인지 파악할 수 있습니다. KoNLP의 `extractNoun()`를 이용하면 문장에서 명사를 추출할 수 있습니다.

```
extractNoun("대한민국의 영토는 한반도와 그 부속도서로 한다")

## [1] "대한민국" "영토"      "한반도"    "부속도서" "한"
```

2. 힙합 가사에서 명사를 추출하고, 각 단어가 몇 번씩 사용됐는지 나타낸 빈도표를 만들겠습니다. 빈도표는 테이블(table) 형태이므로 다루기 쉽도록 데이터 프레임으로 변환하고 변수명을 수정하겠습니다.

```
# 가사에서 명사 추출
nouns <- extractNoun(txt)

# 추출한 명사 list를 문자열 벡터로 변환, 단어별 빈도표 생성
wordcount <- table(unlist(nouns))

# 데이터 프레임으로 변환
df_word <- as.data.frame(wordcount, stringsAsFactors = F)

# 변수명 수정
df_word <- rename(df_word,
                  word = Var1,
                  freq = Freq)
```

✓참고 extractNoun()은 출력 결과를 리스트 형태로 반환합니다. table(unlist(nouns))는 리스트로 되어 있는 nouns를 빈도 테이블로 변환하는 기능을 합니다. 리스트에 대해서는 335쪽을 참고하세요.

3. 자주 사용된 단어 빈도표 만들기

가장 많이 사용된 20개 단어를 나타낸 단어 빈도표를 만들겠습니다. 먼저 한 글자로 된 단어는 의미가 없는 경우가 많기 때문에 nchar()를 이용해 두 글자 이상으로 된 단어만 추출하겠습니다.

```
# 두 글자 이상 단어 추출
df_word <- filter(df_word, nchar(word) >= 2)
```

4. 빈도 순으로 정렬한 후 상위 20개 단어를 추출하겠습니다. 출력 결과를 보면 텍스트가 힙합 가사이기 때문에 you, my, YAH 같은 영단어가 많이 사용됐다는 것을 알 수 있습니다.

```
top_20 <- df_word %>%
  arrange(desc(freq)) %>%
  head(20)

top_20

##      word freq
## 1     you   89
## 2      my   86
## 3     YAH   80
## 4      on   76
## 5     하나   75
## 6     오늘   51
    ...
```

 **워드 클라우드 만들기**

워드 클라우드(Word cloud)는 단어의 빈도를 구름 모양으로 표현한 그래프입니다. 워드 클라우드를 만들면 단어의 빈도에 따라 글자의 크기와 색깔이 다르게 표현되기 때문에 어떤 단어가 얼마나 많이 사용됐는지 한눈에 파악할 수 있습니다. 힙합 가사에 자주 사용된 단어로 워드 클라우드를 만들어 보겠습니다.

1. 패키지 준비하기

wordcloud 패키지를 이용하면 워드 클라우드를 만들 수 있습니다. wordcloud 패키지를 설치하고 로드한 후 글자 색깔을 표현하는 데 사용할 RColorBrewer 패키지를 로드하겠습니다. RColorBrewer 패키지는 R에 내장되어 있으니 별도로 설치하지 않아도 됩니다.

```
# 패키지 설치
install.packages("wordcloud")

# 패키지 로드
library(wordcloud)
library(RColorBrewer)
```

2. 단어 색상 목록 만들기

RColorBrewer 패키지의 brewer.pal()을 이용해 단어의 색깔을 지정할 때 사용할 색상 코드(Hex Color Code) 목록을 만듭니다.

```
# Dark2 색상 목록에서 8개 색상 추출
pal <- brewer.pal(8,"Dark2")
```

3. 난수 고정하기

wordcloud()는 함수를 실행할 때마다 난수(무작위로 생성한 수)를 이용해 매번 다른 모양의 워드 클라우드를 만들어 냅니다. 항상 동일한 워드 클라우드가 생성되도록 wordcloud()를 실행하기 전에 set.seed()로 난수를 고정합니다.

```
set.seed(1234)
```

4. 워드 클라우드 만들기

앞에서 만든 `df_word`를 이용해 워드 클라우드를 만들겠습니다. `df_word`는 단어와 단어가 사용된 빈도, 두 변수로 구성된 데이터 프레임입니다.

`wordcloud()`의 파라미터들은 워드 클라우드의 모양을 결정하는 기능을 합니다. 파라미터에 설정한 내용과 뷰어 창 크기에 따라 워드 클라우드 모양이 달라집니다.

```
wordcloud(words = df_word$word,          # 단어
          freq = df_word$freq,           # 빈도
          min.freq = 2,                  # 최소 단어 빈도
          max.words = 200,               # 표현 단어 수
          random.order = F,              # 고빈도 단어 중앙 배치
          rot.per = .1,                  # 회전 단어 비율
          scale = c(4, 0.3),             # 단어 크기 범위
          colors = pal)                  # 색상 목록
```

출력된 워드 클라우드는 많이 사용된 단어일수록 글자가 크고 가운데에 배치되며, 덜 사용된 단어일수록 글자가 작고 바깥쪽에 배치되는 형태로 구성되어 있습니다. 이 워드 클라우드를 보면 힙합 가사에 어떤 단어가 많이 사용됐는지 직관적으로 알 수 있습니다.

5. 단어 색상 바꾸기

단어 색상 목록을 이용하면 워드 클라우드의 단어 색을 바꿀 수 있습니다. 파란색 계열의
색상 목록을 만들어 빈도가 높을수록 진한 파란색으로 표현되도록 만들어 보겠습니다.

```
pal <- brewer.pal(9,"Blues")[5:9]    # 색상 목록 생성
set.seed(1234)                        # 난수 고정

wordcloud(words = df_word$word,       # 단어
          freq = df_word$freq,        # 빈도
          min.freq = 2,               # 최소 단어 빈도
          max.words = 200,            # 표현 단어 수
          random.order = F,           # 고빈도 단어 중앙 배치
          rot.per = .1,               # 회전 단어 비율
          scale = c(4, 0.3),          # 단어 크기 범위
          colors = pal)               # 색상 목록
```

10-2
국정원 트윗 텍스트 마이닝

텍스트 마이닝은 소셜 네트워크에 올라온 글을 통해 사람들이 어떤 생각을 하고 있는지 알아보기 위한 목적으로 자주 활용됩니다. 이번 실습에서는 '국정원 계정 트윗 데이터'를 이용해 텍스트 마이닝을 해 보겠습니다. 이 데이터는 국정원이 대선에 개입한 사실이 밝혀져 논란이 됐던 2013년 6월, 독립 언론 뉴스타파가 인터넷을 통해 공개한 것입니다. 이 데이터는 국정원 계정으로 작성된 3,744개 트윗으로 구성되어 있습니다. 무작위로 나열된 것처럼 보이는 수많은 글 중에서 의도가 분명한 경향성을 발견할 수 있기 때문에 텍스트 마이닝을 연습하는 데 알맞은 데이터입니다.

> **참고** 원본은 뉴스타파 사이트(http://newstapa.tistory.com/598)에서 다운로드할 수 있습니다. 실습에 사용한 데이터는 이 데이터를 일부 정제해 만들었습니다.

 **국정원 트윗 텍스트 마이닝**

1. 데이터 준비하기

먼저 깃허브(bit.ly/doit_re)에서 `twitter.csv` 파일을 다운로드해 프로젝트 폴더에 삽입한 후 불러옵니다. 그런 다음, 한글로 되어 있는 변수명을 다루기 쉽도록 영문자로 수정하고, 특수문자를 제거한 후 일부를 출력해 내용을 확인합니다.

```
# 데이터 로드
twitter <- read.csv("twitter.csv",
                    header = T,
                    fileEncoding = "UTF-8")
```

```
# 변수명 수정
twitter <- rename(twitter,
                  no = 번호,
                  id = 계정이름,
                  date = 작성일,
                  tw = 내용)

# 특수문자 제거
twitter$tw <- str_replace_all(twitter$tw, "\\W", " ")
head(twitter$tw)

## [1] "민주당의 ISD관련 주장이 전부 거짓으로 속속 드러나고있다  미국이 ISD를 장악하고 있다
고 주장하지만 중재인 123명 가운데 미국인은 10명뿐이라고 한다 "
## [2] "말로만 미제타도   사실은 미제환장  김정일 운구차가 링컨 컨티넬탈이던데 북한의 독
재자나 우리나라 종북들이나 겉으로는 노동자  서민을 대변한다면서 고급 외제차  아이팟에 자식들
미국 유학에 환장하는 위선자들인거죠"
   ...
```

2. 단어 빈도표 만들기

트윗에서 명사를 추출하고, 각 단어가 몇 번씩 사용됐는지 나타낸 빈도표를 만듭니다.

```
# 트윗에서 명사추출
nouns <- extractNoun(twitter$tw)

# 추출한 명사 list를 문자열 벡터로 변환, 단어별 빈도표 생성
wordcount <- table(unlist(nouns))

# 데이터 프레임으로 변환
df_word <- as.data.frame(wordcount)

# 변수명 수정
df_word <- rename(df_word,
                  word = Var1,
                  freq = Freq)
```

3. 두 글자 이상으로 된 단어를 추출하고, 빈도 순으로 정렬해 가장 많이 사용된 단어 20개를 추출하겠습니다.

```
# 두 글자 이상 단어만 추출
df_word <- filter(df_word, nchar(word) >= 2)

# 상위 20개 추출
top20 <- df_word %>%
  arrange(desc(freq)) %>%
  head(20)

top20

##        word freq
## 1      종북 2431
## 2      북한 2216
## 3      세력 1162
## 4      좌파  829
## 5    대한민국  804
## 6      우리  780
## 7      들이  566
## 8      국민  550
## 9      친북  430
     ...
```

자주 사용된 단어 목록을 보면 트윗이 어떤 의도로 작성됐는지 가능할 수 있습니다. 북한, 좌파, 친북, 김정일, 천안함, 연평도 등 북한과 관련된 단어들이 자주 사용된 것을 보면, 국정원이 안보 위협을 강조하는 트윗을 주로 작성했다는 것을 알 수 있습니다.

4. 단어 빈도 막대 그래프 만들기

어떤 단어가 많이 사용됐는지 직관적으로 이해할 수 있도록 ggplot2를 이용해 빈도 막대 그래프를 만들겠습니다. 막대는 빈도가 높은 순으로 정렬하겠습니다.

```
library(ggplot2)

order <- arrange(top20, freq)$word                # 빈도 순서 변수 생성

ggplot(data = top20, aes(x = word, y = freq)) +
  ylim(0, 2500) +
  geom_col() +
  coord_flip() +
  scale_x_discrete(limit = order) +               # 빈도순 막대 정렬
  geom_text(aes(label = freq), hjust = 0.1)        # 빈도 표시
```

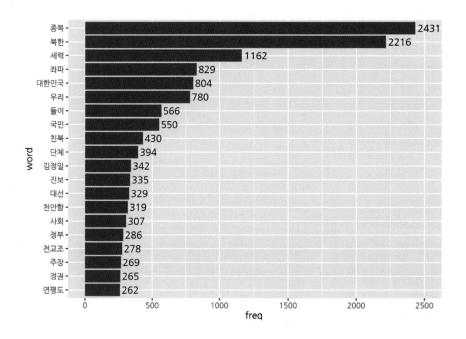

출력된 그래프를 보면 각 단어가 사용된 빈도의 차이가 잘 드러납니다. 가장 많이 사용된 단어인 '북한'이 두 번째로 많이 사용된 '대한민국'의 세 배 가까이 될 정도로 많은 것을 보면 국정원이 북한 관련 이슈에 초점을 맞추고 트윗을 작성했다는 것을 알 수 있습니다.

5. 워드 클라우드 만들기

어떤 단어가 많이 사용됐는지 한눈에 파악할 수 있도록 워드 클라우드를 만들겠습니다. 출력된 워드 클라우드를 보면 '북한'이라는 단어가 다른 단어에 비해 많이 사용됐다는 것을 직관적으로 알 수 있습니다.

```
pal <- brewer.pal(9,"Blues")[5:9]    # 색상 목록 생성
set.seed(1234)                       # 난수 고정

wordcloud(words = df_word$word,      # 단어
          freq = df_word$freq,       # 빈도
          min.freq = 10,             # 최소 단어 빈도
          max.words = 150,           # 표현 단어 수
          random.order = F,          # 고빈도 단어 중앙 배치
          rot.per = 0,               # 회전 단어 비율
          scale = c(6, 0.5),         # 단어 크기 범위
          colors = pal)              # 색상 목록
```

참고한 자료

KoNLP 패키지 개발자 전희원의 글
- 전희원 블로그: http://freesearch.pe.kr
- KoNLP 깃허브: https://github.com/haven-jeon/KoNLP

양우성의 국정원 의심 계정 트윗 분석
- 국정원 의심 계정 트윗 분석: http://wsyang.com/2013/07/newstapa-leaks
- 슬로우뉴스, '종북'을 사랑한 트위터들: 국정원 의심 계정 워드 클라우드 제작자 인터뷰 :
  http://slownews.kr/12329

- 텍스트 마이닝을 자세히 익히고 싶다면 김영우 저자의 후속작
  《Do it! 쉽게 배우는 R 텍스트 마이닝》을 참고하세요.

11

지도 시각화

지도에 지역별 특성을 색깔로 표현한 단계 구분도를 만드는 방법을 알아봅니다.

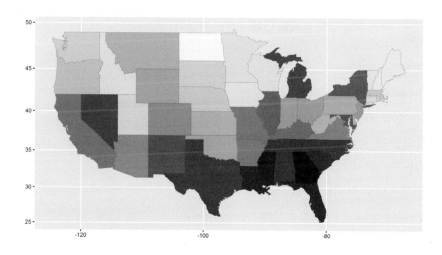

11-1 미국 주별 강력 범죄율 단계 구분도 만들기

11-2 대한민국 시도별 인구, 결핵 환자 수 단계 구분도 만들기

지역별 통계치를 색깔의 차이로 표현한 지도를 '단계 구분도(Choropleth Map)'라고 합니다. 단계 구분도를 보면 인구나 소득 같은 특성이 지역별로 얼마나 다른지 쉽게 이해할 수 있습니다. 미국 주별 강력 범죄율 데이터를 이용해 단계 구분도를 만들어 보겠습니다.

 **미국 주별 강력 범죄율 단계 구분도 만들기**

1. 패키지 준비하기

단계 구분도는 `ggiraphExtra` 패키지를 이용해 쉽게 만들 수 있습니다. 먼저 `ggiraphExtra` 패키지를 이용하는 데 필요한 `mapproj` 패키지를 설치하겠습니다. 그런 다음 `ggiraphExtra` 패키지를 설치하고 로드하겠습니다.

```
install.packages("mapproj")
install.packages("ggiraphExtra")
library(ggiraphExtra)
```

> ✔참고 맥 사용자는 깃허브(bit.ly/doit_rfaq)의 설명 글을 참고해 설치하세요.

2. 미국 주별 범죄 데이터 준비하기

R에 내장된 `USArrests` 데이터는 1973년 미국 주(State)별 강력 범죄율 정보를 담고 있습니다. 이 데이터를 이용해 지도를 만들어 보겠습니다.

```
str(USArrests)

## 'data.frame':    50 obs. of  4 variables:
## $ Murder  : num  13.2 10 8.1 8.8 9 7.9 3.3 5.9 15.4 17.4 ...
## $ Assault : int  236 263 294 190 276 204 110 238 335 211 ...
## $ UrbanPop: int  58 48 80 50 91 78 77 72 80 60 ...
## $ Rape    : num  21.2 44.5 31 19.5 40.6 38.7 11.1 15.8 31.9 25.8 ...
```

```
head(USArrests)
```

```
##             Murder Assault UrbanPop Rape
## Alabama       13.2     236       58 21.2
## Alaska        10.0     263       48 44.5
## Arizona        8.1     294       80 31.0
## Arkansas       8.8     190       50 19.5
## California     9.0     276       91 40.6
## Colorado       7.9     204       78 38.7
```

3. USArrests 데이터는 지역명 변수가 따로 없고, 대신 행 이름(rownames)이 지역명으로 되어 있습니다. tibble 패키지의 rownames_to_column()을 이용해 행 이름을 state 변수로 바꿔 새 데이터 프레임을 만들겠습니다.

뒤에서 사용할 지도 데이터의 지역명 변수는 모든 값이 소문자로 되어 있습니다. 지도 데이터와 동일하게 맞추기 위해 tolower()를 이용해 state의 값을 소문자로 수정하겠습니다.

✔참고 tibble 패키지는 dplyr을 설치하면 자동으로 함께 설치됩니다.

```
library(tibble)

crime <- rownames_to_column(USArrests, var = "state")
crime$state <- tolower(crime$state)

str(crime)
```

```
## 'data.frame':   50 obs. of  5 variables:
##  $ state   : chr  "alabama" "alaska" "arizona" "arkansas" ...
##  $ Murder  : num  13.2 10 8.1 8.8 9 7.9 3.3 5.9 15.4 17.4 ...
##  $ Assault : int  236 263 294 190 276 204 110 238 335 211 ...
##  $ UrbanPop: int  58 48 80 50 91 78 77 72 80 60 ...
##  $ Rape    : num  21.2 44.5 31 19.5 40.6 38.7 11.1 15.8 31.9 25.8 ...
```

4. 미국 주 지도 데이터 준비하기

단계 구분도를 만들려면 지역별 위도, 경도 정보가 있는 지도 데이터가 필요합니다. 미국 주별 위경도 데이터가 들어있는 maps 패키지를 설치하고, ggplot2 패키지의 map_data() 를 이용해 이 데이터를 데이터 프레임 형태로 불러오겠습니다.

```
install.packages("maps")
library(ggplot2)
states_map <- map_data("state")
str(states_map)

## 'data.frame':    15537 obs. of  6 variables:
## $ long     : num  -87.5 -87.5 -87.5 -87.5 -87.6 ...
## $ lat      : num  30.4 30.4 30.4 30.3 30.3 ...
## $ group    : num  1 1 1 1 1 1 1 1 1 1 ...
## $ order    : int  1 2 3 4 5 6 7 8 9 10 ...
## $ region   : chr  "alabama" "alabama" "alabama" "alabama" ...
## $ subregion: chr  NA NA NA NA ...
```

5. 단계 구분도 만들기

지도에 표현할 범죄 데이터와 배경이 될 지도 데이터가 준비되었으니 ggiraphExtra 패키지의 ggChoropleth()를 이용해 단계 구분도를 만들어 보겠습니다.

살인 범죄 건수를 색깔로 표현하기 위해 aes의 fill에 Murder 변수를 지정하고, map_id에 지역 구분 기준이 되는 state 변수를 지정합니다. crime 데이터의 state 변수와 states_map 데이터의 region 변수는 미국 주 이름을 나타내는 동일한 값으로 구성되어 있습니다. 이 변수들이 지도상에서 지역을 구분하는 기준이 됩니다.

```
ggChoropleth(data = crime,            # 지도에 표현할 데이터
             aes(fill = Murder,       # 색깔로 표현할 변수
                 map_id = state),     # 지역 기준 변수
             map = states_map)        # 지도 데이터
```

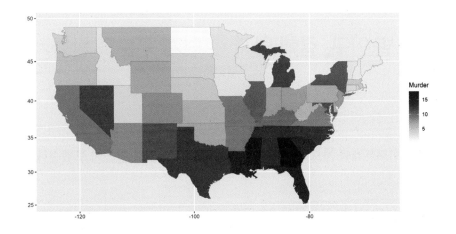

6. 인터랙티브 단계 구분도 만들기

interactive 파라미터를 TRUE로 설정하면, 마우스 움직임에 반응하는 인터랙티브 단계 구분도를 만들 수 있습니다.

```
ggChoropleth(data = crime,            # 지도에 표현할 데이터
             aes(fill = Murder,       # 색깔로 표현할 변수
                 map_id = state),     # 지역 기준 변수
             map = states_map,        # 지도 데이터
             interactive = T)         # 인터랙티브
```

코드를 실행하면 뷰어 창에 단계 구분도가 나타납니다. 지도 위에 마우스 커서를 올려 놓으면 해당 지역의 값이 표시됩니다. 뷰어 창의 [Export → Save as Web Page...]를 클릭하면 HTML 포맷으로 저장할 수 있습니다. 저장된 HTML 파일을 웹 브라우저에서 열면, 마우스 휠을 움직여 지도의 특정 영역을 확대 또는 축소할 수 있습니다.

✓참고 인터랙티브 그래프는 12장에서 자세히 다룹니다.

11-2
대한민국 시도별 인구, 결핵 환자 수 단계 구분도 만들기

이번에는 대한민국의 인구통계와 지도 데이터를 이용해 단계 구분도를 만들어 보겠습니다.

 **대한민국 시도별 인구 단계 구분도 만들기**

kormaps2014 패키지를 이용하면 대한민국의 지역 통계 데이터와 지도 데이터를 사용할 수 있습니다.

1. 패키지 준비하기
먼저 kormaps2014 패키지를 이용하는 데 필요한 stringi 패키지를 설치하겠습니다. 그런 다음, devtools 패키지를 설치한 후 install_github()를 이용해 패키지 개발자가 깃허브에 공유한 kormaps2014 패키지를 설치하고 로드하겠습니다.

```
install.packages("stringi")

install.packages("devtools")
devtools::install_github("cardiomoon/kormaps2014")

library(kormaps2014)
```

> ✔참고 어떤 패키지들은 CRAN에 등록되어 있지 않고 깃허브를 통해 공유됩니다. devtools 패키지의 install_github()를 이용하면 깃허브에 공유된 패키지를 설치할 수 있습니다.

2. 대한민국 시도별 인구 데이터 준비하기
kormaps2014 패키지에는 몇 가지 종류의 지역별 인구통계 데이터가 들어 있습니다. 이 중 시도별 인구통계 정보가 담겨 있는 korpop1 데이터를 이용해 시도별 인구 단계 구분도를 만들겠습니다.

데이터 이름	내용
korpop1	2015년 센서스 데이터(시도별)
korpop2	2015년 센서스 데이터(시군구별)
korpop3	2015년 센서스 데이터(읍면동별)

먼저 str()로 변수를 살펴보겠습니다.

```
str(korpop1)

## 'data.frame':    17 obs. of  25 variables:
## $ C행정구역별_읍면동    : Factor w/ 3819 levels "'00","'03","'04" 455 ...
## $ 행정구역별_읍면동     : Factor w/ 3398 levels "  가경동", 3388 ...
## $ 시점                : int  2015 2015 2015 2015 2015 2015 ...
## $ 총인구_명           : int  9904312 3448737 2466052 2890451 ...
## $ 남자_명             : int  4859535 1701347 1228511 1455017 ...
## $ 여자_명             : int  5044777 1747390 1237541 1435434 ...
##   ...
```

3. 변수명이 한글로 되어 있으면 오류가 발생할 수 있으니 영문자로 수정하겠습니다.

```
library(dplyr)
korpop1 <- rename(korpop1, pop = 총인구_명, name = 행정구역별_읍면동)
```

4. 대한민국 시도 지도 데이터 준비하기

kormaps2014 패키지에는 몇 가지 종류의 지도 데이터가 들어 있습니다. 이 중 시도별 위도, 경도 정보를 담고 있는 kormap1을 지도 데이터로 이용하겠습니다.

데이터 이름	내용
kormap1	2014년 한국 행정 지도(시도별)
kormap2	2014년 한국 행정 지도(시군구별)
kormap3	2014년 한국 행정 지도(읍면동별)

```
str(kormap1)

## 'data.frame':    8831 obs. of  15 variables:
## $ id     : chr  "0" "0" "0" "0" ...
## $ long   : num  138 138 138 138 138 ...
## $ lat    : num  50.7 50.7 50.7 50.7 50.7 ...
## $ order  : int  1 2 3 4 5 6 7 8 9 10 ...
## $ hole   : logi  FALSE FALSE FALSE FALSE FALSE FALSE ...
## $ piece  : Factor w/ 113 levels "1","2","3","4",..: 1 1 1 1 1 1 1 1 1 1 ...
##   ...
```

5. 단계 구분도 만들기

korpop1 데이터의 시도별 인구 변수와 kormap1의 시도별 위경도 데이터를 이용해 단계 구분도를 만들겠습니다. 지역 기준이 되는 code 변수가 숫자 코드로 되어 있기 때문에 지도에 마우스 커서를 올리면 코드가 표시됩니다. 코드 대신 지역명이 표시되도록 tooltip에 지역명 변수 name을 지정하겠습니다. 코드를 실행하면 뷰어 창에 단계 구분도가 생성됩니다. 지도 위에 마우스 커서를 올리면 해당 지역의 인구가 표시됩니다.

```
ggChoropleth(data = korpop1,        # 지도에 표현할 데이터
             aes(fill = pop,        # 색깔로 표현할 변수
                 map_id = code,     # 지역 기준 변수
                 tooltip = name),   # 지도 위에 표시할 지역명
             map = kormap1,         # 지도 데이터
             interactive = T)       # 인터랙티브
```

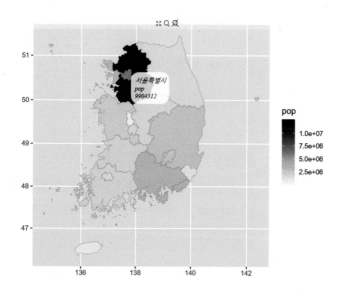

 **대한민국 시도별 결핵 환자 수 단계 구분도 만들기**

kormaps2014 패키지에는 지역별 결핵 환자 수에 대한 정보를 담고 있는 **tbc** 데이터가 있습니다. 이번에는 **tbc** 데이터의 **NewPts**(결핵 환자 수) 변수를 이용해 시도별 결핵 환자 수 단계 구분도를 만들어 보겠습니다.

```
str(tbc)

## 'data.frame':   255 obs. of  5 variables:
##  $ name1 : Factor w/ 18 levels "강원","경기" ...
##  $ code  : int  32 31 38 37 24 22 25 21 11 29 ...
##  $ name  : Factor w/ 17 levels "강원도","경기도" ...
##  $ year  : Factor w/ 15 levels "2001","2002" ...
##  $ NewPts: int  1396 4843 1749 2075 658 1406 1345 3188 11178 NA ...


ggChoropleth(data = tbc,            # 지도에 표현할 데이터
             aes(fill = NewPts,     # 색깔로 표현할 변수
                 map_id = code,     # 지역 기준 변수
                 tooltip = name),   # 지도 위에 표시할 지역명
             map = kormap1,         # 지도 데이터
             interactive = T)       # 인터랙티브
```

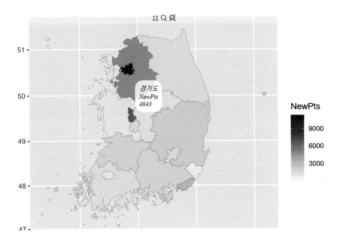

참고한 자료

ggiraphExtra, kormaps2014 패키지 개발자 문건웅의 글
- Introduction to package ggiraphExtra: http://rpubs.com/cardiomoon/231820
- 한국 행정 지도(2014) 패키지 kormaps2014 안내: http://rpubs.com/cardiomoon/222145

12

인터랙티브 그래프

마우스 움직임에 반응해 실시간으로 형태가 변하는 인터랙티브 그래프를 만드는 방법을 알아봅니다.

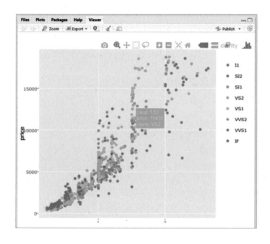 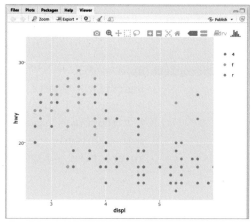

12-1 plotly 패키지로 인터랙티브 그래프 만들기

12-2 dygraphs 패키지로 인터랙티브 시계열 그래프 만들기

12-1

plotly 패키지로 인터랙티브 그래프 만들기

인터랙티브 그래프란?

인터랙티브 그래프(Interactive Graph)란, 마우스 움직임에 반응하며 실시간으로 형태가 변하는 그래프를 말합니다. 인터랙티브 그래프를 만들면 그래프를 자유롭게 조작하면서 관심 있는 부분을 자세히 살펴볼 수 있습니다. 그래프를 HTML 포맷으로 저장하면, 일반 사용자들도 웹 브라우저를 이용해 그래프를 조작할 수 있습니다.

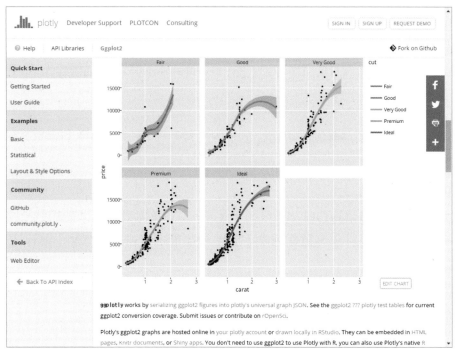

https://plot.ly/ggplot2에 접속하면 plotly 패키지를 이용해 만든 인터랙티브 그래프들을 직접 조작해 볼 수 있습니다.

 **인터랙티브 그래프 만들기**

plotly 패키지로 인터랙티브 그래프를 만드는 방법을 알아보겠습니다.

1. 패키지 준비하기
먼저 plotly 패키지를 설치하고 로드하겠습니다.

```
install.packages("plotly")
library(plotly)
```

2. ggplot2로 그래프 만들기
ggplot2로 만든 그래프를 plotly 패키지의 ggplotly()에 적용하면 인터랙티브 그래프가 만들어집니다. 먼저 ggplot()을 이용해 그래프를 만들어 보겠습니다. mpg 데이터를 이용해 x축에 displ(배기량), y축에 고속도로 hwy(연비)를 지정해 산점도를 만들겠습니다. 산점도의 점을 drv(구동 방식)별로 다른 색으로 표현하도록 col 파라미터에 drv를 지정하겠습니다.

```
library(ggplot2)
p <- ggplot(data = mpg, aes(x = displ, y = hwy, col = drv)) + geom_point()
```

3. 인터랙티브 그래프 만들기
앞에서 만든 그래프를 ggplotly()에 적용해 인터랙티브 그래프를 만들어 보겠습니다. 아래 코드를 실행하면 R 스튜디오 오른쪽 아래에 있는 뷰어 창에 그래프가 생성됩니다.

```
ggplotly(p)
```

산점도의 점 위에 마우스 커서를 올리면 값이 나타납니다.

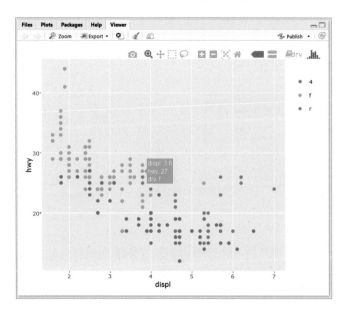

마우스를 드래그하면 특정 영역을 확대할 수 있습니다. 그래프 위에서 더블클릭하면 다시
원래대로 되돌아옵니다.

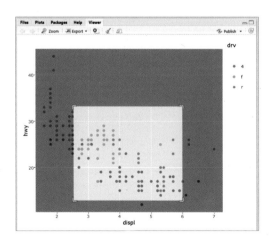
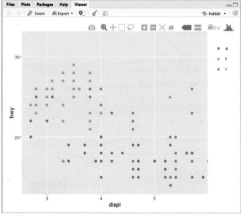

4. HTML로 저장하기

뷰어 창에서 [Export → Save as Web Page...]를 클릭하면 인터랙티브 그래프를 HTML 포맷으로 저장할 수 있습니다. HTML 파일은 웹 브라우저에서 열어볼 수 있기 때문에 R을 시용하지 않는 사용자들도 그래프를 볼 수 있습니다.

5. 인터랙티브 막대 그래프 만들기

산점도 외에도 `ggplot2` 패키지로 만든 그래프는 `ggplotly()`를 이용해 인터랙티브 그래프로 만들 수 있습니다. `ggplot2` 패키지에 내장된 `diamonds` 데이터를 이용해 막대 그래프를 만든 후 `ggplotly()`에 적용해 인터랙티브 그래프를 만들어 보겠습니다. `diamonds`는 다이아몬드 5만여 개의 캐럿, 컷팅 방식, 가격 등의 속성을 담은 데이터입니다.

```
p <- ggplot(data = diamonds, aes(x = cut, fill = clarity)) +
  geom_bar(position = "dodge")

ggplotly(p)
```

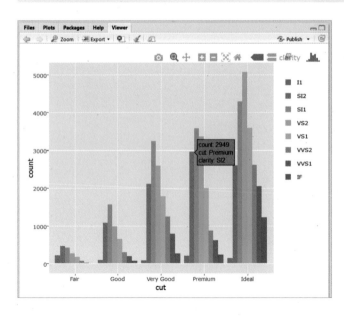

12-2

dygraphs 패키지로 인터랙티브 시계열 그래프 만들기

이번에는 시간에 따른 데이터의 변화를 표현한 인터랙티브 시계열 그래프를 만들어 보겠습니다. 인터랙티브 시계열 그래프를 이용하면 마우스로 시간 축을 움직이면서 시간에 따라 데이터가 어떻게 변하는지 자세히 살펴볼 수 있습니다.

 **인터랙티브 시계열 그래프 만들기**

dygraphs 패키지로 인터랙티브 시계열 그래프를 만드는 방법을 알아보겠습니다. ggplot2 패키지에 내장된 economics 데이터를 이용해 그래프를 만들겠습니다. economics는 실업자 수, 저축률 등 1967~2015년 미국의 월별 경제 지표를 담은 데이터입니다.

1. 먼저 dygraphs 패키지를 설치하고 로드합니다.

```
install.packages("dygraphs")
library(dygraphs)
```

2. economics 데이터를 불러옵니다.

```
economics <- ggplot2::economics
head(economics)

## # A tibble: 6 × 6
##          date   pce    pop psavert uempmed unemploy
##        <date> <dbl>  <int>   <dbl>   <dbl>    <int>
## 1 1967-07-01 507.4 198712    12.5     4.5     2944
## 2 1967-08-01 510.5 198911    12.5     4.7     2945
## 3 1967-09-01 516.3 199113    11.7     4.6     2958
## 4 1967-10-01 512.9 199311    12.5     4.9     3143
## 5 1967-11-01 518.1 199498    12.5     4.7     3066
## 6 1967-12-01 525.8 199657    12.1     4.8     3018
```

3. dygraphs 패키지를 이용해 인터랙티브 시계열 그래프를 만들려면 데이터가 시간 순서 속성을 지니는 xts 데이터 타입으로 되어 있어야 합니다. xts()를 이용해 economics 데이터의 unemploy(실업자 수)를 xts 타입으로 변경하겠습니다.

```
library(xts)
eco <- xts(economics$unemploy, order.by = economics$date)
head(eco)

##                [,1]
## 1967-07-01 2944
## 1967-08-01 2945
## 1967-09-01 2958
## 1967-10-01 3143
## 1967-11-01 3066
## 1967-12-01 3018
```

✔참고 xts 패키지는 R에 내장되어 있으니 별도로 설치하지 않아도 됩니다.

4. 인터랙티브 시계열 그래프 만들기

dygraphs 패키지의 dygraph()를 이용해 인터랙티브 시계열 그래프를 만들어 보겠습니다.
앞에서 생성한 eco를 dygraph()에 적용하면 뷰어 창에 인터랙티브 시계열 그래프가 생성됩니다.

```
dygraph(eco)  # 그래프 생성
```

선 위에 마우스 커서를 올리면 그래프 오른쪽 위에 날짜와 실업자 수가 표시됩니다.

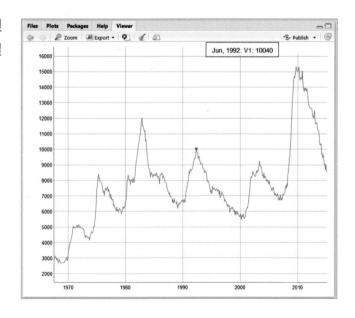

마우스를 드래그하면 특정 기간만 확대할 수 있고, 더블클릭하면 다시 원래대로 되돌아옵니다.

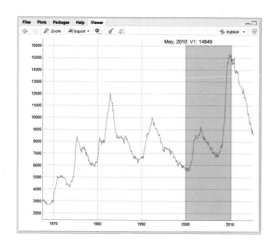
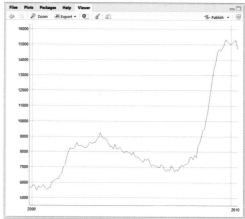

5. dygraph()에 %>%를 이용해 dyRangeSelector()를 추가하면 그래프 아래에 날짜 범위 선택 기능이 추가됩니다. 버튼을 움직여 특정 기간만 선택할 수 있고, 범위를 정한 뒤 좌우로 움직이면 시간에 따라 데이터가 어떻게 변하는지 알 수 있습니다.

```
# 날짜 범위 선택 기능
dygraph(eco) %>% dyRangeSelector()
```

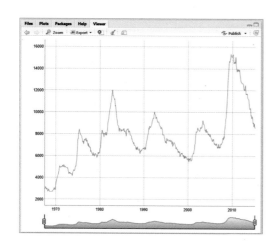
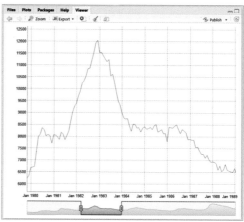

6. 여러 값 표현하기

인터랙티브 시계열 그래프에 여러 값을 동시에 표현할 수 있습니다. economics 데이터의 unemploy(실업자 수)와 psavert(저축률)를 그래프에 함께 표현해 보겠습니다.

먼저 unemploy 변수와 psavert 변수를 xts 타입으로 바꾸겠습니다. unemploy 변수는 값이 1,000명 단위로 되어 있는데, psavert와 비교해 보기 쉽도록 1,000으로 나눠 100만 명 단위로 수정하겠습니다.

```
# 저축률
eco_a <- xts(economics$psavert, order.by = economics$date)

# 실업자 수
eco_b <- xts(economics$unemploy/1000, order.by = economics$date)
```

7. 앞에서 만든 두 데이터를 cbind()를 이용해 가로로 결합하고, 변수명을 알아보기 쉽도록 수정하겠습니다. eco2는 데이터 프레임이 아니라 xts 타입이기 때문에 rename()을 적용할 수 없으므로 colnames()를 이용해 변수명을 수정하겠습니다.

```
eco2 <- cbind(eco_a, eco_b)                      # 데이터 결합
colnames(eco2) <- c("psavert", "unemploy")  # 변수명 바꾸기
head(eco2)

##            psavert unemploy
## 1967-07-01   12.5    2.944
## 1967-08-01   12.5    2.945
## 1967-09-01   11.7    2.958
## 1967-10-01   12.5    3.143
## 1967-11-01   12.5    3.066
## 1967-12-01   12.1    3.018
```

8. 데이터가 준비되었으니 dygraph()를 이용해 그래프를 만들겠습니다.

```
dygraph(eco2) %>% dyRangeSelector()
```

코드를 실행하면 뷰어 창에 저축률과 실업자 수가 함께 표현된 인터랙티브 시계열 그래프 가 생성됩니다. 선 위에 마우스 커서를 올리면 그래프 오른쪽 위에 두 변수의 값이 동시에 표시됩니다.

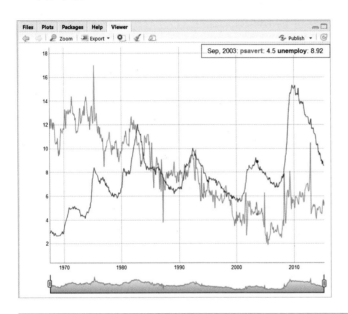

참고한 자료
- Plotly ggplot2 Library: https://plot.ly/ggplot2
- dygraphs for R: http://rstudio.github.io/dygraphs

통계 분석 기법을 이용한 가설 검정

통계 분석을 이용해 가설을 검정하는 방법을 알아봅니다.

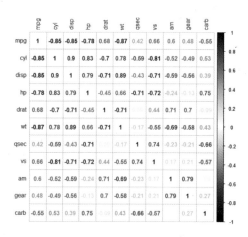
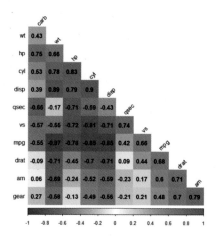

13-1 통계적 가설 검정이란?

13-2 t 검정 - 두 집단의 평균 비교

13-3 상관분석 - 두 변수의 관계성 분석

13-1
통계적 가설 검정이란?

기술 통계와 추론 통계

통계 분석은 기술 통계와 추론 통계로 나눌 수 있습니다. 데이터를 요약해 설명하는 통계 기법을 '기술 통계(Descriptive statistics)'라고 합니다. 예를 들어, 사람들이 받는 월급을 집계해 전체 월급 평균을 구한다면 이는 '기술 통계 분석'입니다.

'추론 통계(Inferential statistics)'는 단순히 숫자를 요약하는 것을 넘어 어떤 값이 발생할 확률을 계산하는 통계 기법입니다. 예를 들어, 수집된 데이터에서 성별에 따라 월급에 차이가 있는 것으로 나타났을 때, 이런 차이가 우연히 발생할 확률을 계산합니다. 만약 이런 차이가 우연히 나타날 확률이 작다면 성별에 따른 월급 차이가 통계적으로 유의하다(statistically significant)고 결론 내립니다. 반대로 이런 차이가 우연히 나타날 확률이 크다면 성별에 따른 월급 차이가 통계적으로 유의하지 않다(not statistically significant)고 결론 내립니다.

일반적으로 통계 분석을 수행했다는 것은 추론 통계를 이용해 가설 검정을 했다는 의미입니다. 기술 통계 분석에서 집단 간 차이가 있는 것으로 나타났더라도 이는 우연에 의한 차이일 수 있습니다. 데이터를 이용해 신뢰할 수 있는 결론을 내리려면 유의확률을 계산하는 통계적 가설 검정 절차를 거쳐야 합니다.

통계적 가설 검정

유의확률을 이용해 가설을 검정하는 방법을 '통계적 가설 검정(Statistical hypothesis test)'이라고 합니다. '유의확률(Significance probability, p-value)'은 실제로는 집단 간 차이가 없는데 우연히 차이가 있는 데이터가 추출될 확률을 의미합니다.

통계 분석을 실시한 결과 유의확률이 크게 나타났다면 '집단 간 차이가 통계적으로 유의하지 않다'고 해석합니다. 이는 실제로 차이가 없더라도 우연에 의해 이 정도의 차이가 관찰될 가능성이 크다는 의미입니다. 반대로 유의확률이 작다면 '집단 간 차이가 통계적으로 유의하다'고 해석합니다. 이는 실제로 차이가 없는데 우연히 이 정도의 차이가 관찰될 가능성이 작다, 우연이라고 보기 힘들다는 의미입니다.

이 장에서는 통계적 가설 검정 기법 중에서 두 집단의 평균에 차이가 있는지 검정하는 t 검정과 두 변수가 관련이 있는지 검정하는 상관분석을 알아보겠습니다.

13-2

t 검정 - 두 집단의 평균 비교

't 검정(t-test)'은 두 집단의 평균에 통계적으로 유의한 차이가 있는지 알아볼 때 사용하는 통계 분석 기법입니다. R에 내장된 `t.test()`를 이용해 t 검정을 할 수 있습니다.

 **compact 자동차와 suv 자동차의 도시 연비 t 검정**

ggplot2 패키지의 `mpg` 데이터로 t 검정을 수행해서 `"compact"` 차종과 `"suv"` 차종이 도시 연비에서 통계적으로 유의한 차이가 있는지 알아보겠습니다.

1. 먼저 `mpg` 데이터를 불러와 `class`, `cty` 변수만 남긴 뒤 `class` 변수가 `"compact"`인 자동차와 `"suv"`인 자동차를 추출하겠습니다.

```r
mpg <- as.data.frame(ggplot2::mpg)

library(dplyr)
mpg_diff <- mpg %>%
  select(class, cty) %>%
  filter(class %in% c("compact", "suv"))

head(mpg_diff)

##      class cty
## 1 compact  18
## 2 compact  21
## 3 compact  20
## 4 compact  21
## 5 compact  16
## 6 compact  18
```

```
table(mpg_diff$class)

##
## compact      suv
##      47       62
```

2. `t.test()`를 이용해 t 검정을 하겠습니다. 앞에서 추출한 `mpg_diff` 데이터를 지정하고, ~ 기호를 이용해 비교할 값인 **cty**(도시 연비) 변수와 비교할 집단인 **class**(자동차 종류) 변수를 지정합니다. t 검정은 비교하는 집단의 분산(값이 퍼져 있는 정도)이 같은지 여부에 따라 적용하는 공식이 다릅니다. 여기서는 집단 간 분산이 같다고 가정하고 `var.equal`에 T를 지정하겠습니다.

✔️참고 `t.test()`는 R에 내장된 함수입니다.

```
t.test(data = mpg_diff, cty ~ class, var.equal = T)

##
##   Two Sample t-test
##
## data:  cty by class
## t = 11.917, df = 107, p-value < 2.2e-16 ❶
## alternative hypothesis: true difference in means is not equal to 0
## 95 percent confidence interval:
##  5.525180 7.730139
## sample estimates:                                   ❷
## mean in group compact      mean in group suv
##             20.12766               13.50000
```

❶ 출력된 t 검정 결과에서 'p-value'가 유의확률을 의미합니다. 일반적으로 유의확률 5%를 판단 기준으로 삼고, p-value가 0.05 미만이면 '집단 간 차이가 통계적으로 유의하다'고 해석합니다. 실제로는 차이가 없는데 이런 정도의 차이가 우연히 관찰된 확률이 5%보다 작다면, 이 차이를 우연이라고 보기 어렵다고 결론 내리는 것입니다. 'p-value < 2.2e-16'은 유의확률이 2.2 앞에 0이 16개 있는 값(2.2×10의 -16승)보다 작다는 의미입니다. p-value가 0.05보다 작기 때문에 이 분석 결과는 'compact 와 suv 간 평균 도시 연비 차이가 통계적으로 유의하다'고 해석할 수 있습니다.

❷ 'sample estimates' 부분을 보면 각 집단의 **cty** 평균이 나타나 있습니다. "**compact**"는 20인 반면, "**suv**"는 13이므로, "**suv**"보다 "**compact**"의 도시 연비가 더 높다고 할 수 있습니다.

 **일반 휘발유와 고급 휘발유의 도시 연비 t 검정**

이번에는 일반 휘발유(Regular)를 사용하는 자동차와 고급 휘발유(Premium)를 사용하는 자동차 간 도시 연비 차이가 통계적으로 유의한지 알아보겠습니다. 두 연료를 사용하는 자동차를 추출한 후 t 검정을 실시하겠습니다.

```
mpg_diff2 <- mpg %>%
  select(fl, cty) %>%
  filter(fl %in% c("r", "p"))  # r:regular, p:premium

table(mpg_diff2$fl)

##
##   p   r
##  52 168

t.test(data = mpg_diff2, cty ~ fl, var.equal = T)

##
##   Two Sample t-test
##
## data:  cty by fl
## t = 1.0662, df = 218, p-value = 0.2875
## alternative hypothesis: true difference in means is not equal to 0
## 95 percent confidence interval:
##  -0.5322946  1.7868733
## sample estimates:
## mean in group p mean in group r
##        17.36538        16.73810
```

분석 결과를 보면 p-value가 0.05보다 큰 0.2875입니다. 실제로는 차이가 없는데 우연에 의해 이런 차이가 관찰될 확률이 28.75%라는 의미입니다. 따라서 '일반 휘발유와 고급 휘발유를 사용하는 자동차 간 도시 연비 차이가 통계적으로 유의하지 않다'고 결론 내릴 수 있습니다. 출력 결과의 'sample estimates' 부분을 보면 고급 휘발유 자동차의 도시 연비 평균이 0.6 정도 높지만 이런 정도의 차이는 우연히 발생했을 가능성이 크다고 해석하는 것입니다.

13-3
상관분석 - 두 변수의 관계성 분석

'상관분석(Correlation Analysis)'은 두 연속 변수가 서로 관련이 있는지 검정하는 통계 분석 기법입니다. 상관분석을 통해 도출한 상관계수(Correlation Coefficient)로 두 변수가 얼마나 관련되어 있는지, 관련성의 정도를 파악할 수 있습니다. 상관계수는 0~1 사이의 값을 지니고 1에 가까울수록 관련성이 크다는 것을 의미합니다. 상관계수가 양수면 정비례, 음수면 반비례 관계임을 의미합니다.

 실업자 수와 개인 소비 지출의 상관관계

ggplot2 패키지의 economics 데이터를 이용해서 unemploy(실업자 수)와 pce(개인 소비 지출) 간에 통계적으로 유의한 상관관계가 있는지 알아보겠습니다. R에 내장된 cor.test()를 이용하면 상관분석을 할 수 있습니다.

```
economics <- as.data.frame(ggplot2::economics)
cor.test(economics$unemploy, economics$pce)

##
##  Pearson's product-moment correlation
##
## data:  economics$unemploy and economics$pce
## t = 18.605, df = 572, p-value < 2.2e-16 ❶
## alternative hypothesis: true correlation is not equal to 0
## 95 percent confidence interval:
##  0.5603164 0.6625460
## sample estimates:
##       cor
## 0.6139997 ❷
```

❶ 출력 결과를 보면 p-value가 0.05 미만이므로, 실업자 수와 개인 소비 지출의 상관이 통계적으로 유의하다고 해석할 수 있습니다.

❷ 출력 결과 맨 아래 'cor'이 상관계수를 의미합니다. 상관계수가 양수 0.61이므로, 실업자 수와 개인 소비 지출은 한 변수가 증가하면 다른 변수가 증가하는 정비례 관계임을 알 수 있습니다.

 **상관행렬 히트맵 만들기**

여러 변수의 관련성을 한 번에 알아보고자 할 경우, 모든 변수의 상관 관계를 나타낸 상관 행렬(Correlation Matrix)을 만듭니다. 상관행렬을 보면 어떤 변수끼리 관련이 크고 적은지 파악할 수 있습니다.

R에 내장된 `mtcars` 데이터를 이용해 상관행렬을 만들어 보겠습니다. `mtcars`는 자동차 32종의 11개 속성에 대한 정보를 담고 있는 데이터입니다.

1. `cor()`을 이용하면 상관행렬을 만들 수 있습니다. 상관행렬을 만든 후 소수점 셋째 자리에서 반올림해 출력하겠습니다.

```
head(mtcars)

##                    mpg cyl disp  hp drat    wt  qsec vs am gear carb
## Mazda RX4         21.0   6  160 110 3.90 2.620 16.46  0  1    4    4
## Mazda RX4 Wag     21.0   6  160 110 3.90 2.875 17.02  0  1    4    4
## Datsun 710        22.8   4  108  93 3.85 2.320 18.61  1  1    4    1
## Hornet 4 Drive    21.4   6  258 110 3.08 3.215 19.44  1  0    3    1
## Hornet Sportabout 18.7   8  360 175 3.15 3.440 17.02  0  0    3    2
## Valiant           18.1   6  225 105 2.76 3.460 20.22  1  0    3    1

car_cor <- cor(mtcars)   # 상관행렬 생성
round(car_cor, 2)        # 소수점 셋째 자리에서 반올림해 출력

##        mpg   cyl  disp    hp  drat    wt  qsec    vs    am  gear  carb
## mpg   1.00 -0.85 -0.85 -0.78  0.68 -0.87  0.42  0.66  0.60  0.48 -0.55
## cyl  -0.85  1.00  0.90  0.83 -0.70  0.78 -0.59 -0.81 -0.52 -0.49  0.53
## disp -0.85  0.90  1.00  0.79 -0.71  0.89 -0.43 -0.71 -0.59 -0.56  0.39
## hp   -0.78  0.83  0.79  1.00 -0.45  0.66 -0.71 -0.72 -0.24 -0.13  0.75
## drat  0.68 -0.70 -0.71 -0.45  1.00 -0.71  0.09  0.44  0.71  0.70 -0.09
...
```

출력된 상관행렬을 보면 `mtcars`의 11개 변수가 서로 얼마나 관련되어 있는지 알 수 있습니다.

❶ mpg(연비) 행과 cyl(실린더 수) 열이 교차되는 부분을 보면 상관계수가 -0.85이므로, 연비가 높을수록 실린더 수가 적은 경향이 있다는 것을 알 수 있습니다.

❷ cyl(실린더 수)과 wt(무게)의 상관계수가 0.78이므로, 실린더 수가 많을수록 자동차가 무거운 경향이 있다는 것을 알 수 있습니다.

2. 여러 변수로 상관행렬을 만들면 너무 많은 숫자로 구성되기 때문에 변수들의 관계를 파악하기 쉽지 않습니다. 이럴 때 `corrplot` 패키지의 `corrplot()`을 이용해 상관행렬을 히트맵 (heat map)으로 만들면 변수들의 관계를 쉽게 파악할 수 있습니다. 히트맵은 값의 크기를 색깔로 표현한 그래프입니다. 앞에서 만든 상관행렬을 히트맵으로 만들어 보겠습니다.

```
install.packages("corrplot")
library(corrplot)


corrplot(car_cor)
```

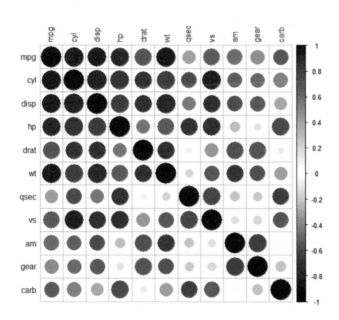

출력된 히트맵을 보면 상관계수가 클수록 원의 크기가 크고 색깔이 진합니다. 상관계수가 양수면 파란색, 음수면 빨간색 계열로 표현되어 있습니다. 원의 크기와 색깔을 보면 상관관계의 정도와 방향을 쉽게 파악할 수 있습니다.

3. `corrplot()`의 파라미터를 이용해 그래프 형태를 다양하게 바꿀 수 있습니다. `method`에 `"number"`를 지정해 원 대신 상관계수가 표현되게 설정하겠습니다.

```
corrplot(car_cor, method = "number")
```

	mpg	cyl	disp	hp	drat	wt	qsec	vs	am	gear	carb
mpg	1	-0.85	-0.85	-0.78	0.68	-0.87	0.42	0.66	0.6	0.48	-0.55
cyl	-0.85	1	0.9	0.83	-0.7	0.78	-0.59	-0.81	-0.52	-0.49	0.53
disp	-0.85	0.9	1	0.79	-0.71	0.89	-0.43	-0.71	-0.59	-0.56	0.39
hp	-0.78	0.83	0.79	1	-0.45	0.66	-0.71	-0.72	-0.24	-0.13	0.75
drat	0.68	-0.7	-0.71	-0.45	1	-0.71	0.09	0.44	0.71	0.7	-0.09
wt	-0.87	0.78	0.89	0.66	-0.71	1	-0.17	-0.55	-0.69	-0.58	0.43
qsec	0.42	-0.59	-0.43	-0.71	0.09	-0.17	1	0.74	-0.23	-0.21	-0.66
vs	0.66	-0.81	-0.71	-0.72	0.44	-0.55	0.74	1	0.17	0.21	-0.57
am	0.6	-0.52	-0.59	-0.24	0.71	-0.69	-0.23	0.17	1	0.79	
gear	0.48	-0.49	-0.56	-0.13	0.7	-0.58	-0.21	0.21	0.79	1	0.27
carb	-0.55	0.53	0.39	0.75	-0.09	0.43	-0.66	-0.57		0.27	1

4. 이번에는 다양한 파라미터를 지정해 보겠습니다. 그래프 색깔을 바꾸기 위해 `colorRampPalette()`를 이용해 색상 코드 목록을 생성하는 `col()` 함수를 만들어 파라미터에 활용하겠습니다.

```
col <- colorRampPalette(c("#BB4444", "#EE9988", "#FFFFFF", "#77AADD",
                          "#4477AA"))

corrplot(car_cor,
         method = "color",        # 색깔로 표현
         col = col(200),          # 색상 200개 선정
         type = "lower",          # 왼쪽 아래 행렬만 표시
         order = "hclust",        # 유사한 상관계수끼리 군집화
         addCoef.col = "black",   # 상관계수 색깔
         tl.col = "black",        # 변수명 색깔
         tl.srt = 45,             # 변수명 45도 기울임
         diag = F)                # 대각 행렬 제외
```

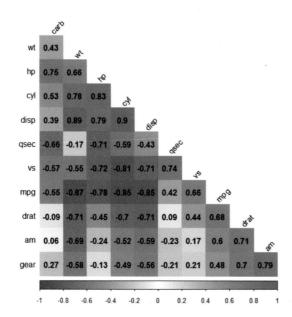

14

R Markdown으로 데이터 분석 보고서 만들기

코드, 설명 글, 그래프가 잘 표현된 데이터 분석 보고서를 만드는 방법을 알아봅니다.

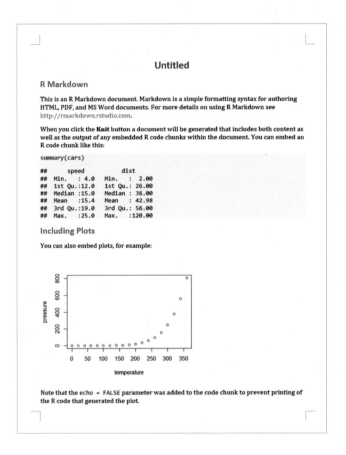

14-1 신뢰할 수 있는 데이터 분석 보고서 만들기

14-2 R 마크다운 문서 만들기

14-1
신뢰할 수 있는 데이터 분석 보고서 만들기

데이터 분석 결과를 잘 전달하려면 코드와 결과물이 설명 글과 함께 어우러진 데이터 분석 보고서를 작성해야 합니다. 그래야만 독자가 분석 과정을 명확히 이해할 수 있고, 직접 코드를 실행하면서 동일한 결과가 도출되는지 확인하거나 자신의 분석 작업에 활용할 수 있습니다.

R 마크다운(R Markdown)을 활용하면 데이터 분석의 전 과정을 담은 보고서를 쉽게 만들 수 있습니다. HTML, 워드, PDF 등 다양한 포맷으로 저장할 수 있기 때문에 별도의 문서 작성 소프트웨어를 사용하지 않고도 훌륭한 데이터 분석 보고서를 만들 수 있습니다. 이 책도 R 마크다운을 이용해 만들었습니다.

데이터 분석 보고서를 신뢰할 수 있으려면 동일한 분석 과정을 거쳤을 때 동일한 분석 결과가 반복되어 나오도록 재현성(Reproducibility)을 갖춰야 합니다. R 마크다운을 이용하면 분석 과정과 결과를 자세하게 기술할 수 있기 때문에 재현성을 갖춘 데이터 분석 보고서를 만들 수 있습니다.

14-2
R 마크다운 문서 만들기

 **R 마크다운으로 데이터 분석 보고서 만들기**

R 마크다운을 이용해 데이터 분석 보고서를 만들어 보겠습니다.

1. [File → New File → R Markdown]을 클릭하면 마크다운 문서 생성 창이 열립니다.

> ✔️참고 R 마크다운 문서를 처음 만들면 `rmarkdown` 패키지를 설치할지 묻는 창이 나타납니다. [YES]를 클릭하면 자동으로 패키지를 설치합니다.

HTML, PDF, Word 중에서 저장할 문서 포맷을 정하고 [OK]를 클릭하면 마크다운 문법으로 작성된 예제 문서가 만들어집니다. HTML로 설정된 상태에서 [OK]를 눌러 다음 단계로 진행하겠습니다.

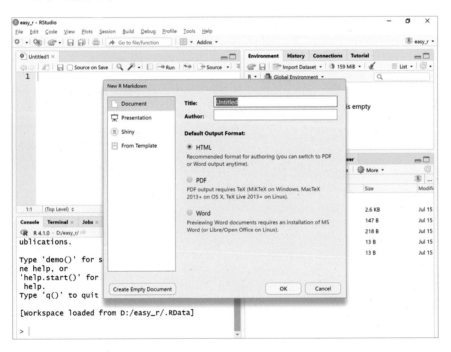

2. 문서 생성하기

마크다운 창 메뉴에서 뜨개질 모양의 버튼을 클릭하면 R 마크다운 문서 파일(*.Rmd)을 저장하는 창이 열립니다. 파일명을 입력하고 저장하면 마크다운 문서가 HTML 포맷으로 변환되고, 새 창이 열립니다. Rmd 파일과 변환된 HTML 파일은 프로젝트 폴더에 저장됩니다.

> **✔ 참고** 버튼 오른쪽에 있는 버튼을 클릭한 후 [Preview in Viewer Pane]을 클릭하면 HTML 문서가 R 스튜디오 오른쪽 아래에 있는 뷰어 창에 출력됩니다.

3. 버튼 오른쪽 화살표를 클릭하면 R 마크다운 문서를 HTML, PDF, Word 파일로 변환할 수 있는 메뉴가 나타납니다. [Knit to Word]를 클릭해 Word 문서를 만들어 보겠습니다. 변환된 문서 파일은 프로젝트 폴더에 저장됩니다.

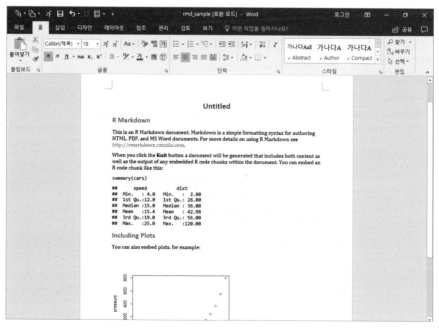

마크다운 문법

마크다운 문법은 특수문자를 활용해 문서 양식을 결정하는 형태로 구성됩니다. 아래 코드 블럭의 내용은 마크다운 문법이고, 오른쪽 그림은 HTML로 변환한 결과물입니다.

마크다운 문법

```
# 데이터 분석 보고서 만들기

## R 마크다운이란?

마크다운 문법으로 코드를 작성해 [HTML](https://ko.wikipedia.org/wiki/HTML)로 변환할 수
있습니다. R 마크다운을 이용하면 분석 과정과 결과를 자세하게 기술할 수 있기 때문에 **재현 가능
성**을 갖춘 *데이터 분석 보고서*를 만들 수 있습니다.

### R 마크다운 문법 예제

아래와 같이 작성하면 코드와 함께 `summary(cars)`를 실행한 결과물이 출력됩니다.

``` {r}
summary(cars)
```

별도로 이미지 파일을 붙여 넣는 작업을 하지 않아도 코드 아래에 그래프를 삽입할 수 있습니다.

``` {r}
library(ggplot2)
qplot(data = mpg, x = drv, fill = drv)
```
```

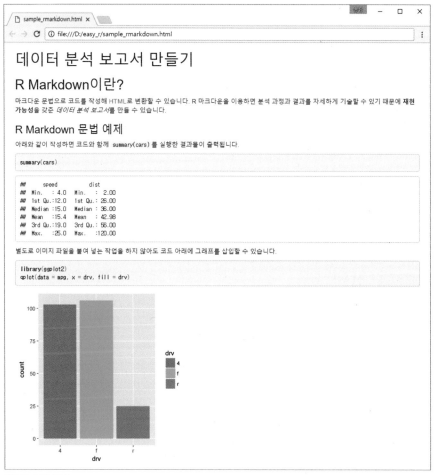

HTML 변환 결과

R 마크다운 문서를 PDF 파일로 저장하려면 아래 절차에 따라 프로그램과 패키지를 설치해야 합니다. 설치는 처음 한 번만 하면 되고, 이후에는 바로 🖱️ ▾ 버튼을 클릭하면 됩니다.

1. TeX 소프트웨어를 설치합니다.
   • 윈도우 - MiKTeX 설치 : https://miktex.org/download
   • 맥 - MacTeX 설치(사파리로 접속) : http://tug.org/mactex

2. R 스튜디오를 재실행한 후 R 마크다운 문서 상단의 output 부분을 아래와 같이 수정합니다.

```
---
output:
  pdf_document:
    latex_engine: xelatex
mainfont: MalgunGothic
---
```

3. 마크다운 창 메뉴에서 🖱️ ▾ 버튼 오른쪽의 화살표 버튼을 클릭한 다음 [Knit to PDF]를 클릭합니다. 'Package Installation' 창이 나타나면 맨 아래 'Always show this dialog before installing packages'의 체크를 해제한 후 [Install]을 클릭합니다.

 양식 적용하기

문자 앞뒤에 특수문자를 넣으면 양식이 결정됩니다. *은 기울임체, **은 강조체, ~~은 취소선을 만듭니다. 대괄호와 괄호를 이용해 하이퍼링크를 삽입할 수 있습니다. #은 제목을 만드는데, # 개수에 따라 레벨이 결정됩니다. 문장 안에 코드를 입력할 경우 코드 앞뒤에 backtick 기호(`)를 입력하면 해당 부분만 음영 처리됩니다. backtick 기호는 Esc 키 아래에 있는 ~ 키를 누르면 입력됩니다.

마크다운 문법

문자 앞뒤에 *특수문자*를 넣으면 기울임체가 됩니다.

문자 앞뒤에 **특수문자**를 넣으면 강조체가 됩니다.

문자 앞뒤에 ~~특수문자~~를 넣으면 취소선을 만듭니다.

문자 앞뒤에 [특수문자](http://www.google.com/search?q=special+character)를 넣으면 하이퍼링크를 만듭니다.

1 단계 제목
2 단계 제목
3 단계 제목
4 단계 제목

데이터 앞부분 일부를 출력하려면 `head()`를 이용하면 됩니다. `tail()`은 데이터 뒷부분 일부를 출력하는 기능을 합니다.

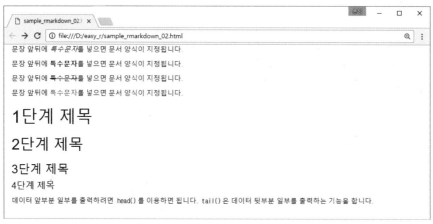

HTML 변환 결과

코드와 실행 결과

코드 청크(Code chunk) 안에 코드를 입력하면 코드와 실행 결과를 출력할 수 있습니다. Ctrl + Alt + I 를 누르면 코드 청크가 삽입됩니다.

```{r}
summary(cars)

library(ggplot2)
qplot(data = mpg, x = drv, fill = drv)
```

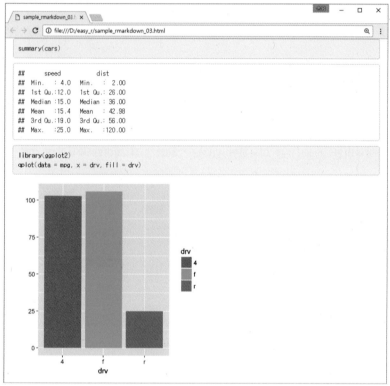

HTML 변환 결과

15

R 내장 함수, 변수 타입과 데이터 구조

이 장에서는 R 내장 함수를 이용해 데이터를 추출하는 방법을 알아봅니다. 그리고 R에서 사용하는 변수의 타입과 데이터 구조들을 알아봅니다.

연속 변수

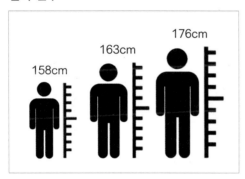

범주 변수

15-1 R 내장 함수로 데이터 추출하기

15-2 변수 타입

15-3 데이터 구조

15-1
R 내장 함수로 데이터 추출하기

dplyr 패키지를 사용하지 않고 R에 기본적으로 내장되어 있는 함수들만 사용해도 데이터를 추출하는 작업을 할 수 있습니다. dplyr이 내장 함수에 비해 사용하기 쉽고 처리 속도도 빠르지만 다른 사용자들이 만든 코드를 이해하고 활용하려면 내장 함수를 사용하는 방법도 알아 두어야 합니다. 또한 내장 함수는 다른 함수들과 조합해 활용할 수 있다는 이점이 있습니다.

 **행 번호로 행 추출하기**

1. csv_exam.csv 파일을 활용해 내장 함수로 데이터를 추출하는 방법을 알아보겠습니다. 먼저 깃허브에 공유한 csv_exam.csv 파일을 불러들여 데이터 프레임을 생성하겠습니다.

```
exam <- read.csv("csv_exam.csv")
```

2. 내장 함수는 데이터 프레임명 뒤에 대괄호 []를 붙여 조건을 입력하는 형태로 구성합니다. 우선 대괄호 안에 아무런 조건을 지정하지 않고 전체 데이터를 출력해 보겠습니다.

```
exam[]   # 조건 없이 전체 데이터 출력

##    id class math english science
## 1   1     1   50      98      50
## 2   2     1   60      97      60
## 3   3     1   45      86      78
## 4   4     1   30      98      58
## 5   5     2   25      80      65
## 6   6     2   50      89      98
   ...
```

3. 원하는 데이터를 추출하려면 대괄호에 조건을 지정하면 됩니다. 대괄호 안 쉼표를 기준으로 왼쪽은 행에 대한 조건, 오른쪽은 열(변수)에 대한 조건을 의미합니다. 대괄호의 쉼표 왼쪽에 행 번호를 입력해 행을 추출하겠습니다.

```
exam[1,]  # 1행 추출
##   id class math english science
## 1  1     1   50      98      50

exam[2,]  # 2행 추출
##   id class math english science
## 2  2     1   60      97      60
```

쉼표 왼쪽에 1을 입력하면 첫 번째 행이 출력되고, 2를 입력하면 두 번째 행이 출력됩니다. 대괄호 안에 입력하는 숫자는 인덱스(Index) 값입니다. 인덱스는 데이터의 위치 또는 순서를 의미하는 값입니다. 쉼표 왼쪽에 1을 입력하면 행의 인덱스 값이 1인 첫 번째 행을 가리키게 됩니다. 인덱스를 이용해 데이터를 추출하는 작업을 '인덱싱(Indexing)'이라고 합니다.

 **조건을 충족하는 행 추출하기**

1. 쉼표 왼쪽에 조건을 입력하면 조건에 맞는 행을 추출할 수 있습니다.

```
exam[exam$class == 1,]   # class가 1인 행 추출

##   id class math english science
## 1  1     1   50      98      50
## 2  2     1   60      97      60
## 3  3     1   45      86      78
## 4  4     1   30      98      58

exam[exam$math >= 80,]   # 수학 점수가 80점 이상인 행 추출

##    id class math english science
## 7   7     2   80      90      45
## 8   8     2   90      78      25
## 18 18     5   80      78      90
## 19 19     5   89      68      87
```

2. 대괄호 안에 &와 |를 사용해 여러 조건을 동시에 충족하거나 하나 이상 충족하는 행을 추출할 수 있습니다. dplyr과 달리 **내장 함수에서는 조건을 입력할 때 변수명 앞에 데이터 프레임 이름을 반복해 써야 합니다.**

```
# 1반 이면서 수학 점수가 50점 이상
exam[exam$class == 1 & exam$math >= 50,]

##    id class math english science
## 1  1     1   50      98      50
## 2  2     1   60      97      60


# 영어 점수가 90점 미만이거나 과학 점수가 50점 미만
exam[exam$english < 90 | exam$science < 50,]

##    id class math english science
## 3  3     1   45      86      78
## 5  5     2   25      80      65
## 6  6     2   50      89      98
## 7  7     2   80      90      45
## 8  8     2   90      78      25
   ...
```

 **직접 해보세요!** **열 번호로 변수 추출하기**

행을 추출할 때와 마찬가지 방식으로 대괄호 안 쉼표 오른쪽에 조건을 입력해 원하는 변수를 추출할 수 있습니다.

```
exam[,1]  # 첫 번째 열 추출

##  [1]  1  2  3  4  5  6  7  8  9 10 11 12 13 14 15 16 17 18 19 20


exam[,2]  # 두 번째 열 추출

##  [1] 1 1 1 1 2 2 2 2 3 3 3 3 4 4 4 4 5 5 5 5


exam[,3]  # 세 번째 열 추출

##  [1] 50 60 45 30 25 50 80 90 20 50 65 45 46 48 75 58 65 80 89 78
```

대괄호 안에 입력하는 숫자는 열 위치를 의미하는 인덱스 값입니다. exam의 변수들은 id, class, math, english, science의 순서로 구성되므로 열 인덱스가 1이면 첫 번째 열에 위치한 id를 가리킵니다. exam[,1]은 id 변수를 지칭하므로, 실행하면 id 변수의 값이 순서대로 출력됩니다. 이와 같은 원리로 exam[,2]는 class를, exam[,3]은 math를 출력합니다.

✔️참고 변수를 하나만 추출할 경우 추출된 데이터는 데이터 프레임이 아니라 연속 값이 됩니다. 따라서 출력하면 연속 값으로 구성된 변수를 출력할 때처럼 가로로 나열됩니다. 2개 이상의 변수를 추출하면 데이터 프레임의 형태가 됩니다. 반면 dplyr 패키지의 select()는 변수가 하나만 있어도 데이터 프레임 형태로 추출합니다.

변수명으로 변수 추출하기

데이터에 변수가 많으면 각각의 변수가 몇 번째 열에 위치하는지 파악하는 게 쉽지 않습니다. 예를 들어, 변수가 1,000개로 구성되어 있고 추출하려는 변수가 500번대에 위치해 있다면 인덱스 값을 알아 내기 힘듭니다. 그래서 변수를 추출할 때는 인덱스보다는 변수명을 활용하는 게 편리합니다.

1. 변수명을 이용해 변수를 추출해 보겠습니다. **쉼표 오른쪽에 따옴표와 함께 변수명을 입력하면 됩니다.**

```
exam[, "class"]   # class 변수 추출

##  [1] 1 1 1 1 2 2 2 2 3 3 3 3 4 4 4 4 5 5 5 5

exam[, "math"]    # math 변수 추출

##  [1] 50 60 45 30 25 50 80 90 20 50 65 45 46 48 75 58 65 80 89 78
```

2. c()를 이용하면 여러 변수를 동시에 추출할 수 있습니다.

```
exam[,c("class", "math", "english")]  # class, math, english 변수 추출

##    class math english
## 1      1   50      98
## 2      1   60      97
## 3      1   45      86
## 4      1   30      98
## 5      2   25      80
## 6      2   50      89
   ...
```

쉼표의 왼쪽과 오른쪽에 동시에 조건을 입력하면 행과 변수 조건이 모두 충족되는 데이터를 추출합니다.

```
# 행, 변수 모두 인덱스
exam[1,3]

## [1] 50

# 행 인덱스, 열 변수명
exam[5, "english"]

## [1] 80

# 행 부등호 조건, 열 변수명
exam[exam$math >= 50, "english"]

##  [1] 98 97 89 90 78 98 65 56 98 68 78 68 83

# 행 부등호 조건, 열 변수명
exam[exam$math >= 50, c("english", "science")]

##    english science
## 1       98      50
## 2       97      60
## 6       89      98
## 7       90      45
## 8       78      25
## 10      98      45
    ...
```

dplyr과 내장 함수의 차이

아래는 동일한 문제를 해결하는 두 가지 방식의 코드입니다. 둘을 비교해 보면 `dplyr` 코드가 논리의 흐름대로 구조화되어 있기 때문에 내장 함수에 비해 가독성이 높고 이해하기 쉽다는 것을 알 수 있습니다.

문제) 수학 점수 50 이상, 영어 점수 80 이상인 학생들을 대상으로 각 반의 전 과목 총평균을 구하라.

내장 함수 코드

```
exam$tot <- (exam$math + exam$english + exam$science)/3
aggregate(data=exam[exam$math >= 50 & exam$english >= 80,], tot~class, mean)
```

✔참고 `aggregate()`는 범주별 요약 통계량을 구하는 R 내장 함수입니다.

dplyr 코드

```
exam %>%
  filter(math >= 50 & english >= 80) %>%
  mutate(tot = (math + english + science)/3) %>%
  group_by(class) %>%
  summarise(mean = mean(tot))
```

✔참고 R 내장 함수를 자세히 알아보려면 `help(package = base)`를 실행하거나 RStudio에서 만든 Base R 치트시트(http://bit.ly/2a9qaa)를 참고하세요.

mpg 데이터를 이용해 분석 문제를 해결해 보세요.

아래는 `dplyr` 패키지 함수들을 이용해 `"compact"`와 `"suv"` 차종의 '도시 및 고속도로 통합 연비' 평균을 구하는 코드입니다.

```
mpg <- as.data.frame(ggplot2::mpg)                        # mpg 데이터 불러오기

mpg %>%
  mutate(tot = (cty + hwy)/2) %>%                         # 통합 연비 변수 생성
  filter(class == "compact" | class == "suv") %>%         # compact, suv 추출
  group_by(class) %>%                                     # class별 분리
  summarise(mean_tot = mean(tot))                         # tot 평균 산출

## # A tibble: 2 × 2
##     class mean_tot
##     <chr>    <dbl>
## 1 compact 24.21277
## 2     suv 15.81452
```

Q1 `dplyr` 대신 R 내장 함수를 이용해 `"suv"`와 `"compact"`의 '도시 및 고속도로 통합 연비' 평균을 구해 보세요.

힌트 우선 cty와 hwy를 이용해 '통합 연비 변수'를 만드세요. 그런 다음, class가 `"compact"`인 행과 `"suv"`인 행을 추출해 두 종류의 데이터를 만드세요. 이렇게 만든 두 데이터를 이용해 통합 연비 변수 평균을 각각 구하면 됩니다.

정답: 369쪽

15-2
변수 타입

변수에는 여러 가지 타입(Type, 속성)이 있습니다. 함수에 따라 적용할 수 있는 변수 타입이 다르기 때문에 분석을 하기 전에 변수 타입이 무엇인지 확인해야 합니다. 함수를 실행했을 때 오류가 발생하거나 예상과 다른 결과가 출력되면 변수 타입을 확인하고 함수에 맞게 변경해야 합니다.

변수의 종류

변수는 연속 변수와 범주 변수로 분류할 수 있습니다. 변수의 값이 똑같이 숫자로 되어 있더라도 변수 종류가 무엇인지에 따라 사용할 수 있는 분석 방법이 다릅니다.

연속 변수

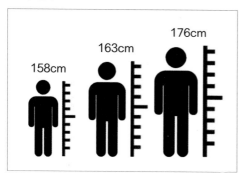

범주 변수

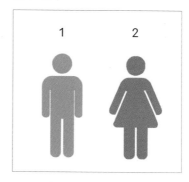

1. 연속 변수 - Numeric 타입

연속 변수(Continuous Variable)는 키, 몸무게, 소득처럼 연속적이고 크기를 의미하는 값으로 구성된 변수입니다. 숫자가 크기를 지니기 때문에 더하기 빼기, 평균 구하기 등 산술을 할 수 있습니다. 연속 변수는 '양적 변수(Quantitative Variable)'라고도 합니다. R에서 연속 변수는 'numeric(뉴머릭)'으로 표현됩니다.

2. 범주 변수 - Factor 타입

범주 변수(Categorical Variable)는 값이 대상을 분류하는 의미를 지니는 변수입니다. 예를 들어 성별 변수는 남자는 1, 여자는 2로 각 범주를 분류합니다. 숫자가 크기를 의미하지 않기 때문에 더하거나 평균을 구하는 등 산술을 할 수 없습니다. 범주 변수는 숫자가 대상을 지칭하는 이름과 같은 역할을 하기 때문에 '명목 변수(Nominal Variable)'라고도 합니다. R에서 범주 변수는 'factor(펙터)'로 표현됩니다.

변수	Data Type	예
연속 변수	Numeric	키(..., 151, 152, ...), 몸무게(..., 58, 59, ...)
범주 변수	Factor	성별(1, 2), 지역(1, 2, 3, 4)

 **변수 타입 간 차이 알아보기**

변수 타입 간에 어떤 차이가 있는지 직접 분석하면서 비교해 보겠습니다.

1. 먼저 몇 개의 숫자로 구성된 numeric 타입 변수와 factor 타입 변수를 생성합니다. factor 타입 변수는 `factor()`를 이용해 만들 수 있습니다.

```
var1 <- c(1,2,3,1,2)          # numeric 변수 생성
var2 <- factor(c(1,2,3,1,2))  # factor 변수 생성
```

2. 생성한 두 변수를 출력해 어떤 차이가 있는지 살펴보겠습니다.

```
var1   # numeric 변수 출력

## [1] 1 2 3 1 2

var2   # factor 변수 출력

## [1] 1 2 3 1 2
## Levels: 1 2 3
```

numeric 변수인 var1을 실행하면 변수에 들어 있는 값들이 한 줄로 출력되는 반면, factor 변수인 var2를 실행하면 두 줄이 출력됩니다. var2 출력 결과를 보면 첫 번째 줄에는 var1 과 마찬가지로 변수에 들어 있는 값들이 출력되고, 두 번째 줄에는 값이 어떤 범주로 구성 되는지 의미하는 Levels가 출력됩니다. Levels를 보면 var2가 1, 2, 3 세 범주로 구성된다 는 것을 알 수 있습니다. 이처럼 factor 변수는 값을 지니는 동시에 값의 범주를 의미하는 Levels 정보를 지니고 있습니다.

3. factor 변수는 연산이 안 된다

numeric 변수로는 연산할 수 있지만 factor 변수로는 연산할 수 없습니다. 두 변수로 간단 한 연산을 해 보겠습니다.

```
var1+2   # numeric 변수로 연산

## [1] 3 4 5 3 4

var2+2   # factor 변수로 연산

## Warning in Ops.factor(var2, 2): '+' not meaningful for factors
## [1] NA NA NA NA NA
```

var1은 연산 결과가 출력되지만 var2는 숫자형 문법을 적용할 수 없다는 경고 메시지가 출력됩니다. factor 변수는 데이터가 숫자로 되어 있지만 크기가 아니라 범주를 의미하기 때문에 연산할 수 없는 것입니다.

4. 변수 타입 확인하기

class()를 이용하면 변수의 타입이 무엇인지 확인할 수 있습니다.

```
class(var1)

## [1] "numeric"

class(var2)

## [1] "factor"
```

5. factor 변수의 구성 범주 확인하기

levels()를 이용하면 factor 변수의 값이 어떤 범주로 구성되는지 알 수 있습니다. factor
가 아닌 numeric 변수를 적용하면 출력할 값이 없다는 의미의 NULL이 출력됩니다.

```
levels(var1)

## NULL

levels(var2)

## [1] "1" "2" "3"
```

6. 문자로 구성된 factor 변수

factor 변수는 숫자로 구성될 수도 있지만 문자로 구성될 수도 있습니다. 문자 변수와 문자
로 구성된 factor 변수를 만들어 차이를 살펴보겠습니다.

```
var3 <- c("a", "b", "b", "c")          # 문자 변수 생성
var4 <- factor(c("a", "b", "b", "c"))  # 문자로 된 factor 변수 생성

var3
## [1] "a" "b" "b" "c"

var4
## [1] a b b c
## Levels: a b c
```

var3을 실행하면 변수에 들어 있는 문자들이 한 줄로 출력됩니다. 반면, var4는 첫 번째 줄
에는 변수에 들어 있는 문자들이 출력되고, 두 번째 줄에는 Levels가 출력됩니다. Levels
를 보면 var2의 값이 a, b, c 세 범주로 구성된다는 것을 알 수 있습니다.

7. class()로 변수의 타입을 확인하면 var3는 문자를 의미하는 character가 출력되는 반
면, var4는 factor가 출력됩니다.

```
class(var3)
```

```
## [1] "character"
```

```
class(var4)
```

```
## [1] "factor"
```

8. 함수마다 적용 가능한 변수 타입이 다르다

함수마다 적용할 수 있는 변수 타입이 다릅니다. 함수를 활용하려면 먼저 변수가 함수에
적용할 수 있는 타입인지 확인해야 합니다. 예를 들어, 평균을 구하는 함수 mean()에는
numeric 변수만 적용할 수 있습니다. factor 변수를 mean()에 적용하면 에러 메시지가
출력됩니다.

mean()에 var1과 var2를 적용해 보겠습니다. var1은 numeric 타입이기 때문에 결과가
출력되지만 var2는 factor 타입이기 때문에 경고 메시지가 출력됩니다.

```
mean(var1)
```

```
## [1] 1.8
```

```
mean(var2)
```

```
## Warning in mean.default(var2): argument is not numeric or logical:
## returning NA
## [1] NA
```

 **변수 타입 바꾸기**

함수를 실행했는데 예상치 못한 결과가 나왔다면 변수가 함수에 적용할 수 있는 타입인지
확인해야 합니다. 타입이 맞지 않다면 함수에 적용할 수 있도록 변환한 후 코드를 다시 실
행하면 됩니다.

1. 변수의 타입을 변환하는 방법을 알아보겠습니다. 앞에서 생성한 `var2`는 숫자로 구성되어 있지만 factor 변수이기 때문에 `mean()`에 적용할 수 없었습니다. 이 경우 변수 타입을 numeric으로 변환해야 합니다. `as.numeric()`을 이용하면 변수 타입을 numeric으로 변환할 수 있습니다. 변환한 후 `mean()`에 적용하면 정상적으로 결과가 출력됩니다.

```
var2 <- as.numeric(var2)   # numeric 타입으로 변환
mean(var2)                 # 함수 재적용

## [1] 1.8
```

2. numeric 타입으로 변환됐기 때문에 `class()`에 적용하면 numeric이 출력됩니다. factor 타입이 아니라서 범주를 지니지 않으므로 `levels()`에 적용하면 `NULL`이 출력됩니다.

```
class(var2)     # 타입 확인

## [1] "numeric"

levels(var2)    # 범주 확인

## NULL
```

`as.numeric()`처럼 `as.`으로 시작하는 함수들은 변수의 타입을 바꾸는 기능을 합니다. 이런 함수들을 '변환 함수(Coercion Function)'라고 합니다.

함수	기능
as.numeric()	numeric으로 변환
as.factor()	factor로 변환
as.character()	character로 변환
as.Date()	Date로 변환
as.data.frame()	Data Frame으로 변환

다양한 변수 타입들

numeric, factor 외에도 다양한 변수 타입이 있고, 타입마다 활용 방식과 적용할 수 있는
함수가 다릅니다. 함수를 적용했는데 예상과 다른 결과가 나타나면 함수에 적용할 수 있는
타입의 변수를 사용했는지 확인해야 합니다.

Data Type	의미	값
numeric	실수	1, 12.3
integer	정수	1L, 23L
complex	복소수	3 + 2i
character	문자	"male", "%FEMALE#", "123"
logical	논리	TRUE, FALSE, T, F
factor	범주	1, 2, a, b
Date	날짜	"2014-04-16", "16/04/14"

 mpg 데이터의 drv 변수는 자동차의 구동 방식을 나타냅니다. mpg 데이터를 이용해 아래
문제를 해결해 보세요.

Q1 drv 변수의 타입을 확인해 보세요.

Q2 drv 변수를 as.factor()를 이용해 factor 타입으로 변환한 후 다시 타입을 확인해 보세요.

Q3 drv가 어떤 범주로 구성되는지 확인해 보세요.

정답: 370쪽

15-3
데이터 구조

이 책은 가장 많이 사용되는 데이터 구조(Data Structures)인 데이터 프레임을 중심으로 R 문법을 다루고 있습니다. 데이터 프레임 외에도 다양한 데이터 구조가 있고, 데이터 구조에 따라 활용 방법에 차이가 있습니다. 각 데이터 구조의 특징을 알아보겠습니다.

데이터 구조	차원	특징
벡터(Vactor)	1차원	한 가지 변수 타입으로 구성
데이터 프레임(Data Frame)	2차원	다양한 변수 타입으로 구성
매트릭스(Matrix)	2차원	한 가지 변수 타입으로 구성
어레이(Array)	다차원	2차원 이상의 매트릭스
리스트(List)	다차원	서로 다른 데이터 구조 포함

데이터 구조 비교하기

1. 벡터

벡터(Vactor)는 하나의 값 또는 여러 개의 값으로 구성된 데이터 구조입니다. 여러 변수 타입을 섞을 수 없고, 한 가지 타입으로만 구성할 수 있습니다.

```
# 벡터 만들기
a <- 1
a

## [1] 1

b <- "hello"
b

## [1] "hello"
```

```
# 데이터 구조 확인
class(a)

## [1] "numeric"

class(b)

## [1] "character"
```

2. 데이터 프레임

데이터 프레임(Data Frame)은 행과 열로 구성된 2차원 데이터 구조입니다. 다양한 변수 타입으로 구성할 수 있습니다.

```
# 데이터 프레임 만들기
x1 <- data.frame(var1 = c(1,2,3),
                 var2 = c("a","b","c"))
x1

##   var1 var2
## 1    1    a
## 2    2    b
## 3    3    c

# 데이터 구조 확인
class(x1)

## [1] "data.frame"
```

3. 매트릭스

매트릭스(Matrix)는 데이터 프레임과 마찬가지로 행과 열로 구성된 2차원 데이터 구조지만, 한 가지 변수 타입으로만 구성할 수 있습니다.

```
# 매트릭스 만들기 - 1~12로 2열
x2 <- matrix(c(1:12), ncol = 2)
x2

##      [,1] [,2]
## [1,]   1    7
## [2,]   2    8
## [3,]   3    9
## [4,]   4   10
## [5,]   5   11
## [6,]   6   12

# 데이터 구조 확인
class(x2)
## [1] "matrix"
```

4. 어레이

어레이(Array)는 2차원 이상으로 구성된 매트릭스입니다. 매트릭스와 마찬가지로 한 가지 변수 타입으로만 구성할 수 있습니다.

```
# array 만들기 - 1~20으로 2행 x 5열 x 2차원
x3 <- array(1:20, dim = c(2, 5, 2))
x3

## , , 1
##
##      [,1] [,2] [,3] [,4] [,5]
## [1,]   1    3    5    7    9
## [2,]   2    4    6    8   10
##
## , , 2
##
##      [,1] [,2] [,3] [,4] [,5]
## [1,]  11   13   15   17   19
## [2,]  12   14   16   18   20
```

```
# 데이터 구조 확인
class(x3)
## [1] "array"
```

5. 리스트

리스트(List)는 모든 데이터 구조를 포함하는 데이터 구조입니다. 여러 데이터 구조를 합해 하나의 리스트로 만들 수 있습니다.

```
# 리스트 생성 - 앞에서 생성한 데이터 구조 활용
x4 <- list(f1 = a,     # 벡터
           f2 = x1,    # 데이터 프레임
           f3 = x2,    # 매트릭스
           f4 = x3)    # 어레이


x4


## $f1
## [1] 1
##
## $f2
##   var1 var2
## 1    1    a
## 2    2    b
## 3    3    c
##
## $f3
##      [,1] [,2]
## [1,]    1    7
## [2,]    2    8
## [3,]    3    9
## [4,]    4   10
## [5,]    5   11
## [6,]    6   12
##
## $f4
## , , 1
##
##      [,1] [,2] [,3] [,4] [,5]
## [1,]    1    3    5    7    9
```

```
## [2,]    2    4    6    8   10
##
## , , 2
##
##      [,1] [,2] [,3] [,4] [,5]
## [1,]   11   13   15   17   19
## [2,]   12   14   16   18   20

# 데이터 구조 확인
class(x4)

## [1] "list"
```

함수의 결과물이 리스트 형태로 반환되는 경우가 많기 때문에 리스트는 R에서 특히 중요
한 데이터 구조입니다. 리스트를 활용하면 함수의 결과물에서 특정 값을 추출할 수 있습니
다. 예를 들어 boxplot() 출력 결과는 리스트 형태이기 때문에 리스트 구조를 다루는 문법
을 이용하면 원하는 값을 추출할 수 있습니다.

```
mpg <- ggplot2::mpg
x <- boxplot(mpg$cty)
x

## $stats
##      [,1]
## [1,]    9
## [2,]   14
## [3,]   17
## [4,]   19
## [5,]   26
   ...
## $out
## [1] 28 28 33 35 29
##
## $group
## [1] 1 1 1 1 1
##
## $names
## [1] "1"
```

boxplot(mpg$cty)의 출력 결과로 만든 x는 내부에 매트릭스 구조로 된 stats, 벡터 구조로 된 out 등 여러 형태의 데이터 구조를 담고 있습니다. $ 기호와 [] 기호를 이용하면 리스트 내부의 값을 추출할 수 있습니다.

```
x$stats[,1]      # 요약 통계량 추출

## [1]  9 14 17 19 26

x$stats[,1][3]   # 중앙값 추출

## [1] 17

x$stats[,1][2]   # 사분위수 추출

## [1] 14
```

 **정리하기**

앞에서 다룬 내용을 요약해 보겠습니다.

```
## 1.데이터 추출하기
exam[1,]                                      # 행 번호로 행 추출
exam[exam$class == 1,]                        # 조건을 충족하는 행 추출
exam[exam$class == 1 & exam$math >= 50,]      # 여러 조건을 충족하는 행 추출

exam[,1]                                      # 열 번호로 변수 추출
exam[, "class"]                               # 변수명으로 변수 추출
exam[,c("class", "math", "english")]          # 변수명으로 여러 변수 추출
exam[1,3]                                     # 행, 변수 동시 추출 - 인덱스
exam[exam$math >= 50, "english"]              # 행, 변수 동시 추출 - 조건문, 변수명


## 2.변수 타입
var <- c(1,2,3,1,2)                           # numeric 변수 만들기
var <- factor(c(1,2,3,1,2))                   # factor 변수 만들기
var <- factor(c("a", "b", "b", "c"))          # 문자로 구성된 factor 변수 만들기

class(var)                                    # 변수 타입 확인하기
levels(var)                                   # factor 변수의 구성 범주 확인
var <- as.numeric(var)                        # factor 타입을 numeric 타입으로 변환하기


## 3.데이터 구조
a <- 1                                        # 벡터 만들기
b <- "hello"
x1 <- data.frame(var1 = c(1,2,3),             # 데이터 프레임 만들기
                 var2 = c("a","b","c"))
x2 <- matrix(c(1:12), ncol = 2)               # 매트릭스 만들기
x3 <- array(1:20, dim=c(2, 5, 2))             # 어레이 만들기
x4 <- list(f1 = a,                            # 리스트 만들기
           f2 = x1,
           f3 = x2,
           f4 = x3)


# 리스트 활용하기
x <- boxplot(mpg$cty)   # 상자 그림 만들기
x$stats[,1]             # 요약 통계량 추출
```

16

데이터 분석 기술을 효율적으로 익히는 방법

데이터 분석 기술을 익혀 나갈 분들에게 도움이 될 만한 공부 방법과 팁을 담았습니다.

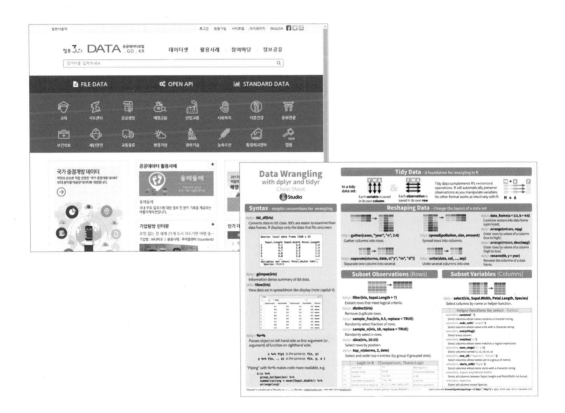

16-1 집중할 방향 정하기

16-2 데이터 분석 기술을 효율적으로 익히는 방법

16-3 오픈 소스 생태계와 어울리기

16-1
집중할 방향 정하기

데이터는 눈에 보이지 않기 때문에 사람마다 다른 정의를 내립니다. 개념 정의가 다양한 만큼 데이터를 다루는 분야도 다양해서 스스로를 데이터 분석가라고 칭하는 사람들을 보면 서로 다른 일을 하고 있는 경우가 많습니다. 데이터 분석을 처음 익히기 시작한 사람들에게 이런 상황은 혼란스러울 수 있습니다. 데이터 분석의 숲에서 길을 잃지 않으려면 관련 분야에 어떤 것들이 있는지 이해하고, 자신이 집중할 곳을 명확히 정해야 합니다.

데이터 분석 관련 분야 살펴보기

데이터 분석(Data Analytics)
데이터를 이용해 현상을 해석하거나, 변수 간의 관계를 검증하거나, 미래를 예측하는 예측 모형을 만드는 등 데이터 분석에 초점을 둔 분야입니다. 이런 일을 하는 사람을 '데이터 분석가(Data Analyst)'라고 합니다. 이 분야에서 일하려면 R과 같은 데이터 분석 도구를 다룰 수 있어야 하고 통계 분석, 머신러닝 등 데이터 분석 관련 지식을 갖춰야 합니다. 이 책에서 다룬 내용은 주로 이 분야와 관련이 있습니다.

데이터 엔지니어링(Data Engineering)
운영 중인 서비스나 장비에서 다량의 데이터가 지속적으로 발생한다면 데이터를 효율적으로 저장하고 추출할 수 있도록 데이터베이스를 구축해야 합니다. 데이터베이스를 구축하고 관리하는 일을 하는 사람들을 데이터 분석가와 구분해 '데이터 엔지니어(Data Engineer)'라고 합니다. 이 분야에서 일하려면 하둡(Hadoop), 스팍(Spark)과 같은 분산 처리 시스템을 다룰 수 있어야 합니다.

데이터 시각화(Data Visualization)
데이터를 쉽게 이해할 수 있도록 이미지로 표현하는 분야입니다. 데이터 분석에서는 주로 분석을 통해 요약된 데이터를 시각화하는 반면, 이 분야는 상대적으로 원자료 자체를 시각화하는 데 중점을 둡니다. 또한 데이터의 변화나 사용자의 조작에 따라 실시간으로 모양이 바뀌는 인터랙티브 그래프를 웹 페이지에 구현하기도 합니다. 이 분야의 일을 하려면 D3.js, 태블로(Tableau)와 같은 데이터 시각화 도구를 다룰 수 있어야 합니다.

웹 애널리틱스(Web Analytics)

인터넷 사용자들의 웹 서비스 이용 행태를 중점적으로 분석하는 분야입니다. 웹 로그 (Weblog)를 분석해 사용자들이 언제 많이 접속하는지, 어떤 주제의 콘텐츠를 많이 공유하는지, 어떤 링크를 통해 방문하는지 등 웹 서비스 운영에 도움이 되는 정보를 도출합니다. 이 분야의 일을 하려면 구글 애널리틱스(Google Analytics) 같은 웹 로그 분석 전문 도구를 다룰 수 있어야 합니다.

데이터 분석과 관련된 일을 하다 보면 네 가지 분야 모두 어느 정도는 다루게 됩니다. 하지만 각 분야는 데이터를 활용하는 목적이 다르기 때문에 작업 방식에 차이가 있고, 필요한 기술과 지식도 조금씩 다릅니다. 데이터 분석을 처음 익히기 시작한 입문자라면 우선 주력할 한 가지 분야를 정해 중점적으로 관련 기술을 익힌 후 점차 다른 영역으로 넓혀 가는 게 좋습니다.

16-2
데이터 분석 기술을 효율적으로 익히는 방법

분석 도구에 익숙해지기

데이터 분석 기술을 지속적으로 익히려면 우선 한 가지 데이터 분석 도구를 능숙하게 다룰
수 있어야 합니다. R을 주력 분석 도구로 선택했다면 목적에 따라 데이터를 자유롭게 다룰
수 있을 정도로 익숙해져야 합니다. 이 책의 실습 문제들을 스스로 해결할 수 있을 정도로
익숙해졌다면 관심 분야에 따라 필요한 패키지들을 익히면 됩니다. 패키지마다 사용법이
조금씩 다르지만, 작동 원리가 비슷하기 때문에 어렵지 않게 익힐 수 있습니다. 기초 문법
을 좀 더 다지고 싶다면 아래 자료들을 참고하세요.

RStudio Primers

RStudio Primers(rstudio.cloud/learn/primers)는 R 기초 문법을 익힐 수 있게 도와주는 사이
트입니다. 웹 브라우저에 구현된 R 콘솔 창을 이용해 분석 문제를 풀면서 자연스럽게 R 문법
을 익히게 됩니다.

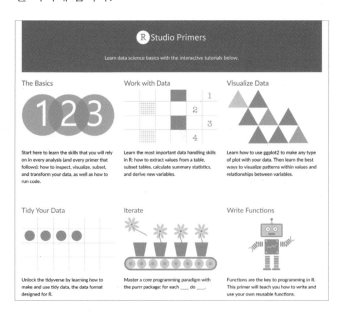

Coursera - R Programming

대표적인 MOOC 온라인 강의 서비스인 코세라의 R 기초 코스(www.coursera.org/learn/r-programming)입니다. 동영상 강의를 보고 과제를 해결하면서 차근차근 R 문법을 익힐 수 있습니다. 강의에 참여하는 것은 무료이고, 코스 이수 후 일정 금액을 지불하면 이수증을 받을 수 있습니다.

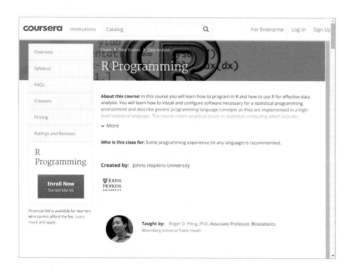

Quick-R

Quick-R(www.statmethods.net)은 R 기초 문법과 자주 사용되는 핵심 기능들이 잘 요약되어 있는 사이트입니다.

자신만의 데이터 분석 프로젝트 진행하기

가장 효율적으로 R을 익히는 방법은 자신만의 데이터 분석 프로젝트를 진행하는 것입니다. 회사에 있는 데이터를 활용해 평소 가지고 있던 생각이 데이터로 드러나는지 분석해 보는 것도 좋은 방법입니다. 특히 한 프로젝트를 처음부터 끝까지 R만 활용해 완수하면 단 기간에 실력을 늘릴 수 있습니다. 물론 처음에는 익숙하지 않기 때문에 고생하겠지만, 부 딪히는 문제들을 해결해 나가는 과정에서 노하우를 습득하게 됩니다.

공공데이터 활용하기

가지고 있는 데이터가 없다면 공공데이터를 활용하면 됩니다. 2013년 '공공데이터의 제공 및 이용 활성화에 관한 법률'이 시행되면서 공공기관에서 축적한 데이터들이 공개되고 있 습니다. 관심 분야의 공공데이터를 활용해 자신만의 데이터 분석 프로젝트를 진행해 보세 요. 흥미를 유지하면서 데이터 분석 실력을 쌓을 수 있습니다. 아래는 공공데이터를 다운 로드할 수 있는 대표적인 서비스들입니다.

- 공공데이터포털: http://www.data.go.kr
- 서울 열린데이터 광장: http://data.seoul.go.kr
- 한국복지패널: https://www.koweps.re.kr

데이터 저널리스트되기

공공데이터를 활용하기로 했다면 데이터 저널리즘(Data Journalism)에 관심을 가져 보세요. 데이터 저널리즘이란, 데이터에서 새롭고 흥미로운 사실을 발견해 기사화하는 언론 활동을 의미합니다. 데이터 저널리스트가 되면 데이터 분석 기술을 사회에 도움이 되는 데 활용할 수 있습니다. 기자가 아니더라도 누구든지 오마이뉴스 같은 매체에 기사를 송고할 수 있습니다. 저도 데이터 저널리즘 전문 매체 '데이터 저널'을 운영하면서 오마이뉴스에 기사를 송고하고 있습니다. 아래 자료를 참고하세요.

- 데이터 저널 오마이뉴스 송고 기사: http://bit.ly/ohmyjournal
- 데이터 저널: http://datajournal.kr

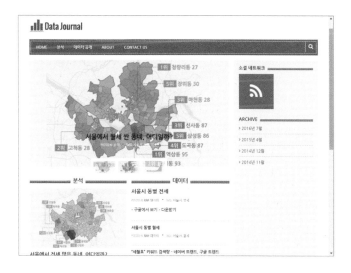

실용주의적으로 접근하기

종종 데이터 분석에 필요한 지식을 기초부터 착실히 다지겠다는 마음으로 두꺼운 수학 전공 서적이나 프로그래밍 관련 책으로 공부를 시작하는 분들이 있습니다. 데이터 분석이 통계학적 지식과 프로그래밍 기술에 기반을 두고 있으니 연구자가 될 목적이라면 이런 접근은 정공법으로 추천할 만합니다. 하지만 데이터 분석을 학문의 대상으로 삼아 접근하면 방대한 지식과 기술에 질려 금방 지치게 됩니다. 데이터 분석을 현업에 활용하려는 목적이라면 어떤 분석 기술로 어떤 문제를 해결할 수 있는지, 실용주의적인 측면에서 접근하는 게 좋습니다.

엔진 작동 원리를 자세히 알지 못해도 자동차를 운전할 수 있는 것과 마찬가지입니다. 액

셀러레이터를 밟으면 차가 움직이고 브레이크를 밟으면 멈춘다는 정도만 알아도 운전을 시작할 수 있습니다. 어느 정도 운전에 익숙해지고 나서 좀 더 효율적으로 자동차를 운행하고자 한다면 그때 자동차의 작동 원리를 익혀도 늦지 않습니다. 데이터 분석도 마찬가지입니다. 우선 간단한 분석 기술을 익혀 현업에 적용해 보고, 성능을 개선하거나 좀 더 복잡한 문제를 해결하고자 할 때 관련 지식을 늘려 가는 것입니다. 필요한 지식을 모두 습득한 후에 시작하기보다는 우선 작은 기술을 적용해 본 다음 조금씩 지식을 늘려 가는 방법을 추천합니다.

16-3
오픈 소스 생태계와 어울리기

거인의 어깨에 올라서기

R은 오픈 소스 생태계에서 지속적으로 발전하고 있습니다. R 사용자들은 필요한 도구를 처음부터 직접 만들기보다 기존에 다른 사용자들이 만들어 놓은 도구를 활용하며 조금씩 발전시키는 방식으로 작업합니다. R 생태계를 탐방하면서 전 세계 사용자들이 이룩해 놓은 기술을 응용하는 것이야말로 R의 강점을 제대로 활용하는 것입니다.

구글링하기

오픈 소스 생태계에 들어가는 가장 좋은 방법은 '구글 검색'입니다. 데이터 분석가들은 문제에 봉착하면 책을 찾기보다 구글링을 합니다. 대부분의 문제는 구글링으로 금세 훌륭한 해결 방법을 찾을 수 있습니다. R 사용자들은 질문 글이나 답변 글을 올릴 때 코드도 함께 올립니다. 이런 코드를 자신이 봉착한 문제를 해결하는 데 활용할 수 있습니다.

구글링을 하는 요령은 검색하고자 하는 내용 앞에 'R'을 붙이는 것입니다. 예를 들어, 변수명을 바꾸는 방법을 알고자 한다면 'r change variable name'처럼 단어를 나열해 검색하면 됩니다. 검색 결과 위쪽에 나타나는 자료일수록 많은 사람들이 참고하는 자료입니다. 대부분의 문제는 검색 결과 첫 페이지의 자료들만 읽어봐도 해결 방법을 찾을 수 있습니다.

구글링하면서 가장 많이 참고하게 되는 사이트는 '스택 오버플로(stackoverflow.com)'입니다. 추천을 많이 받은 답변일수록 위쪽에 표시됩니다. 초보자가 봉착하는 문제들은 스택 오버플로의 글을 참고하면 대부분 해결할 수 있습니다.

치트 시트 활용하기

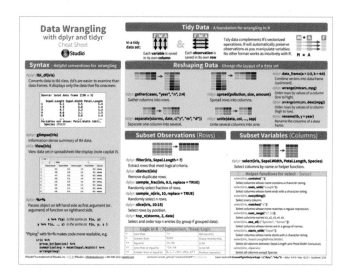

자주 사용하는 함수와 파라미터를 요약한 매뉴얼을 '치트 시트(Cheat Sheet)'라고 합니다. 문법이 기억나지 않거나 궁금한 기능이 있을 때 유용하게 활용할 수 있습니다. 치트 시트 는 사용자들이 만들어 공유하기도 하고, 패키지 개발자가 직접 제작해 배포하기도 합니다. 모든 패키지에 치트 시트가 있는 것은 아니지만, 인기 있는 패키지들은 대부분 만들어져 있습니다.

구글에서 'r 패키지명 cheat sheet'로 검색하면 치트 시트를 찾을 수 있습니다. 예를 들 어 ggplot2의 치트 시트를 찾으려면 'r ggplot2 cheat sheet'로 검색하면 됩니다. dplyr, ggplot2, rmarkdown 등 RStudio에서 개발한 대표적인 패키지들은 R 스튜디오에서 [Help → Cheatsheets]에 들어가면 링크가 있습니다.

R 코드 공유하기

R이 강력한 데이터 분석 도구인 이유는 사용자들이 분석 과정에서 얻은 지식과 노하우를 공유하는 문화를 가지고 있기 때문입니다. R 사용자들은 자신이 작성한 코드를 공개하고 서로 조언하는 데 익숙합니다. 누군가 코드를 공개하면 더 좋은 방법을 제안하고, 다른 사 람의 코드를 자신의 분석에 응용하고, 응용한 코드를 다시 공개합니다. 이런 과정을 거치 면서 분석 기술이 지속적으로 발전합니다.

입문자라면 코드를 공유하는 게 특히 도움이 됩니다. 경험 많은 분석가들로부터 책에도 없는 실용적인 조언을 얻을 수 있기 때문입니다. 데이터 분석가들이 활동하는 온라인 커뮤니티에 자신이 작성한 코드를 업로드해 보세요. 블로그를 개설해 분석 과정을 포스팅하는 것도 좋은 방법입니다.

온라인 커뮤니티 가입하기

아래는 국내 R 사용자들이 활동하는 대표적인 페이스북 커뮤니티들입니다. 커뮤니티에 가입해 최신 정보를 접하면서 사람들이 주고받는 댓글을 읽다 보면 R의 세계에 깊숙이 빠져들게 될 것입니다.

R Korea

- KRSG(Korean R Study Group): https://www.facebook.com/groups/krstudy
- KRUG(Korean R User Group): https://www.facebook.com/groups/KoreaRUsers

산업계, 학계의 R 고수들이 활동하고 있는 대표적인 R 사용자 커뮤니티입니다. 매년 콘퍼런스를 개최해 다양한 노하우를 아낌없이 공유하고 있습니다.

싸이그래머(Psygrammer)

https://www.facebook.com/groups/psygrammer

심리학 전공자들이 프로그래밍과 데이터 분석을 공부하면서 시작된 스터디 그룹입니다. 지금은 여러 분야의 전문가들이 함께 모여 R, 파이썬, 기계 학습, 웹 개발, 뇌 과학, 인공지능 등을 공부하고 있습니다. 서울을 중심으로 거의 매일 오프라인 모임이 열리고 누구든 자유롭게 참여할 수 있습니다.

통계마당

https://www.facebook.com/groups/632755063474501

통계 분석에 관심 있는 사람이라면 대부분 가입할 정도로 회원이 많은 커뮤니티입니다. 다양한 분야의 전공자들이 활동하고 있어서 질문을 올리면 통계학과 교수, 연구원, 현업 데이터 분석가로부터 답변을 받을 수 있습니다.

데이터 분석 커뮤니티

```
https://www.facebook.com/groups/datacommunity
```

제가 진행하는 데이터 분석 강의에 참여한 분들과 함께 운영하고 있는 커뮤니티입니다. 이제 막 입문한 분들이 주로 활동하고 있습니다. 데이터 분석을 익히는 데 도움이 되는 유용한 정보와 팁을 공유하고, 오프라인 스터디 그룹을 만들어 함께 공부하기도 합니다.

다양한 패키지 익히기

R의 가장 큰 장점은 유용한 새 패키지들이 끊임없이 만들어진다는 것입니다. 다룰 수 있는 패키지가 많을수록 데이터를 수월하게 분석할 수 있습니다.

패키지 찾기

자신이 관심을 가지고 있는 데이터 분석 분야에서 어떤 패키지가 많이 사용되는지 검색해 보세요. 예를 들어, 텍스트 데이터를 분석할 때 사용하는 패키지를 찾는다면 구글에서 'r text analysis package'라는 키워드로 검색하면 됩니다. 검색 결과에서 자주 등장하는 패키지일수록 참고할 설명 자료와 예제 코드를 찾기 쉽습니다.

tidyverse 패키지들

뉴질랜드 출신의 통계학자 해들리 위컴(Hadley Wickham)이 개발한 'tidyverse' 패키지들을 익히시길 추천합니다. RStudio의 Chief Scientist이기도 한 해들리 위컴은 이 책에서 중요하게 다루고 있는 `dplyr`, `ggplot2`를 개발한 것으로 유명합니다. 'tidyverse'는 해들리 위컴이 개발한 패키지들을 묶어 부르는 이름입니다. 사용 방식이 서로 비슷해서 익히기 쉽고, 특히 여러 패키지의 함수들을 결합해서 활용할 수 있다는 장점이 있습니다. 사용자가 많기 때문에 인터넷에서 참고할 예제 코드를 찾기도 쉽습니다.

```
http://tidyverse.org
```

RStudio에서 개발한 패키지들

RStudio는 유용한 패키지들을 지속적으로 개발하고 있습니다. RStudio에서 개발한 패키지들은 사용자가 많아 참고할 코드를 찾기 쉽고, 매뉴얼과 치트 시트가 잘 만들어져 있다는 장점이 있습니다.

> https://www.rstudio.com/products/rpackages

R 활용 사례를 볼 수 있는 사이트들

아래는 다양한 분야의 데이터 분석 사례와 패키지 활용법이 공유되는 사이트입니다. R 생태계의 최신 동향을 파악하는 데 도움이 됩니다.

> - R-bloggers: https://www.r-bloggers.com
> - R 사용자 컨퍼런스: https://www.r-project.org/conferences
> - xwMOOC 데이터 과학: http://statkclee.github.io/data-science

정답

77쪽   혼자서 해보기

Q1

```
score <- c(80, 60, 70, 50, 90)
score
## [1] 80 60 70 50 90
```

Q2

```
mean(score)
## [1] 70
```

Q3

```
mean_score <- mean(score)
mean_score
## [1] 70
```

88쪽   혼자서 해보기

Q1

```
# 데이터 프레임 만들기
sales <- data.frame(fruit = c("사과", "딸기", "수박"),
                    price = c(1800, 1500, 3000),
                    volume = c(24, 38, 13))

# 데이터 프레임 출력하기
sales
##   fruit price volume
## 1  사과  1800     24
## 2  딸기  1500     38
## 3  수박  3000     13
```

Q2

```
mean(sales$price)    # 가격 평균
## [1] 2100

mean(sales$volume)   # 판매량 평균
## [1] 25
```

112쪽 **혼자서 해보기**

Q1

```
mpg <- as.data.frame(ggplot2::mpg)        # mpg 데이터 불러오기
mpg_new <- mpg                            # 복사본 만들기
```

Q2

```
mpg_new <- rename(mpg_new, city = cty)     # cty를 city로 수정
mpg_new <- rename(mpg_new, highway = hwy)  # hwy를 highway로 수정
```

Q3

```
head(mpg_new)                              # 데이터 일부 출력
```

123쪽 **분석 도전!**

문제 1

```
midwest <- as.data.frame(ggplot2::midwest)
head(midwest)
tail(midwest)
View(midwest)
dim(midwest)
str(midwest)
summary(midwest)
... (결과 생략)
```

문제 2

```
library(dplyr)
midwest <- rename(midwest, total = poptotal)
midwest <- rename(midwest, asian = popasian)
```

정답

문제 3

```
midwest$ratio <- midwest$asian/midwest$total*100
hist(midwest$ratio)
```

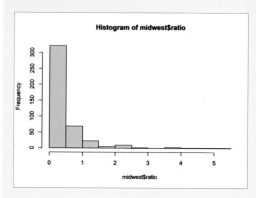

문제 4

```
mean(midwest$ratio)
## [1] 0.4872462

midwest$group <- ifelse(midwest$ratio > 0.4872462, "large", "small")
```

문제 5

```
table(midwest$group)

##
## large small
##   119   318

library(ggplot2)
qplot(midwest$group)
```

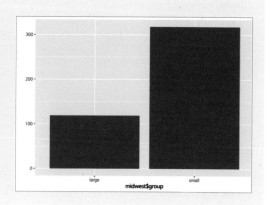

Q1

```
mpg <- as.data.frame(ggplot2::mpg)      # mpg 데이터 불러오기

mpg_a <- mpg %>% filter(displ <= 4)  # displ 4 이하 추출
mpg_b <- mpg %>% filter(displ >= 5)  # displ 5 이상 추출

mean(mpg_a$hwy)    # displ 4 이하 hwy 평균
## [1] 25.96319

mean(mpg_b$hwy)    # displ 5 이상 hwy 평균
## [1] 18.07895
```

Q2

```
mpg_audi <- mpg %>% filter(manufacturer == "audi")       # audi 추출
mpg_toyota <- mpg %>% filter(manufacturer == "toyota")   # toyota 추출

mean(mpg_audi$cty)     # audi의 cty 평균
## [1] 17.61111

mean(mpg_toyota$cty)   # toyota의 cty 평균
## [1] 18.52941
```

Q3

```
# manufacturer가 chevrolet, ford, honda에 해당하면 추출
mpg_new <- mpg %>% filter(manufacturer %in% c("chevrolet", "ford", "honda"))
mean(mpg_new$hwy)
## [1] 22.50943
```

정답

138쪽 **혼자서 해보기**

Q1

```
mpg <- as.data.frame(ggplot2::mpg)   # mpg 데이터 불러오기

df <- mpg %>% select(class, cty)     # class, cty 변수 추출
head(df)                             # df 일부 출력

##     class cty
## 1 compact  18
## 2 compact  21
## 3 compact  20
## 4 compact  21
## 5 compact  16
## 6 compact  18
```

Q2

```
df_suv <- df %>% filter(class == "suv")         # class가 suv인 행 추출
df_compact <- df %>% filter(class == "compact") # class가 compact인 행 추출

mean(df_suv$cty)                                # suv의 cty 평균
## [1] 13.5

mean(df_compact$cty)                            # compact의 cty 평균
## [1] 20.12766
```

Q1

```
mpg <- as.data.frame(ggplot2::mpg)               # mpg 데이터 불러오기

mpg %>%
  filter(manufacturer == "audi") %>%              # audi 추출
  arrange(desc(hwy)) %>%                          # hwy 내림차순 정렬
  head(5)                                         # 5행까지 출력

## manufacturer       model displ year cyl       trans drv cty hwy fl   class
## 1         audi          a4   2.0 2008   4 manual(m6)   f  20  31  p compact
## 2         audi          a4   2.0 2008   4   auto(av)   f  21  30  p compact
## 3         audi          a4   1.8 1999   4   auto(l5)   f  18  29  p compact
## 4         audi          a4   1.8 1999   4 manual(m5)   f  21  29  p compact
## 5         audi a4 quattro   2.0 2008   4 manual(m6)   4  20  28  p compact
```

Q1

```
mpg <- as.data.frame(ggplot2::mpg)               # mpg 데이터 불러오기
mpg_new <- mpg                                   # 복사본 만들기

mpg_new <- mpg_new %>% mutate(total = cty + hwy) # 합산 변수 만들기
```

Q2

```
mpg_new <- mpg_new %>% mutate(mean = total/2)    # 평균 변수 만들기
```

정답

Q3

```
mpg_new %>%
  arrange(desc(mean)) %>%   # 내림차순 정렬
  head(3)                    # 상위 3행 출력

##   manufacturer       model displ year cyl       trans drv cty hwy fl
## 1   volkswagen new beetle   1.9 1999   4 manual(m5)   f  35  44  d
## 2   volkswagen       jetta   1.9 1999   4 manual(m5)   f  33  44  d
## 3   volkswagen new beetle   1.9 1999   4   auto(l4)   f  29  41  d
##         class total mean
## 1 subcompact    79 39.5
## 2    compact    77 38.5
## 3 subcompact    70 35.0
```

Q4

```
mpg %>%
  mutate(total = cty + hwy,    # 합산 변수 만들기
         mean = total/2) %>%   # 평균 변수 만들기
  arrange(desc(mean)) %>%      # 내림차순 정렬
  head(3)                       # 상위 3행 출력

##   manufacturer       model displ year cyl       trans drv cty hwy fl
## 1   volkswagen new beetle   1.9 1999   4 manual(m5)   f  35  44  d
## 2   volkswagen       jetta   1.9 1999   4 manual(m5)   f  33  44  d
## 3   volkswagen new beetle   1.9 1999   4   auto(l4)   f  29  41  d
##         class total mean
## 1 subcompact    79 39.5
## 2    compact    77 38.5
## 3 subcompact    70 35.0
```

358 정답

150쪽 **혼자서 해보기**

Q1

```
mpg <- as.data.frame(ggplot2::mpg)   # mpg 데이터 불러오기

mpg %>%
  group_by(class) %>%                # class별 분리
  summarise(mean_cty = mean(cty))    # cty 평균 구하기

## # A tibble: 7 × 2
##        class mean_cty
##        <chr>    <dbl>
## 1    2seater 15.40000
## 2    compact 20.12766
## 3    midsize 18.75610
## 4    minivan 15.81818
## 5     pickup 13.00000
## 6 subcompact 20.37143
## 7        suv 13.50000
```

Q2

```
mpg %>%
  group_by(class) %>%                    # class별 분리
  summarise(mean_cty = mean(cty)) %>%    # cty 평균 구하기
  arrange(desc(mean_cty))                # 내림차순 정렬하기

## # A tibble: 7 × 2
##        class mean_cty
##        <chr>    <dbl>
## 1 subcompact 20.37143
## 2    compact 20.12766
## 3    midsize 18.75610
## 4    minivan 15.81818
## 5    2seater 15.40000
## 6        suv 13.50000
## 7     pickup 13.00000
```

정답

Q3

```
mpg %>%
  group_by(manufacturer) %>%           # manufacturer별 분리
  summarise(mean_hwy = mean(hwy)) %>%  # hwy 평균 구하기
  arrange(desc(mean_hwy)) %>%          # 내림차순 정렬하기
  head(3)                              # 상위 3행 출력

## # A tibble: 3 × 2
##   manufacturer mean_hwy
##          <chr>    <dbl>
## 1        honda 32.55556
## 2   volkswagen 29.22222
## 3      hyundai 26.85714
```

Q4

```
mpg %>%
  filter(class == "compact") %>%  # compact 추출
  group_by(manufacturer) %>%      # manufacturer별 분리
  summarise(count = n()) %>%      # 빈도 구하기
  arrange(desc(count))            # 내림차순 정렬

## # A tibble: 5 × 2
##   manufacturer count
##          <chr> <int>
## 1         audi    15
## 2   volkswagen    14
## 3       toyota    12
## 4       subaru     4
## 5       nissan     2
```

157쪽　혼자서 해보기

Q1

```
mpg <- as.data.frame(ggplot2::mpg)      # mpg 데이터 불러오기
mpg <- left_join(mpg, fuel, by = "fl")  # mpg에 연료 가격 변수 추가
```

Q2

```
mpg %>%
  select(model, fl, price_fl) %>%   # model, fl, price_fl 추출
  head(5)                            # 앞부분 일부 출력

##   model fl price_fl
## 1    a4  p     2.76
## 2    a4  p     2.76
## 3    a4  p     2.76
## 4    a4  p     2.76
## 5    a4  p     2.76
```

160쪽　**분석 도전!**

문제 1

```
# midwest 불러오기
midwest <- as.data.frame(ggplot2::midwest)

# midwest에 백분율 변수 추가
midwest <- midwest %>%
  mutate(ratio_child = (poptotal-popadults)/poptotal*100)
```

문제 2

```
midwest %>%
  arrange(desc(ratio_child)) %>%    # ratio_child 내림차순 정렬
  select(county, ratio_child) %>%   # county, ratio_child 추출
  head(5)                            # 상위 5행 출력

##       county ratio_child
## 1   ISABELLA    51.50117
## 2 MENOMINEE    50.59126
## 3     ATHENS    49.32073
## 4    MECOSTA    49.05918
## 5     MONROE    47.35818
```

정답

문제 3

```
# midwest에 grade 변수 추가
midwest <- midwest %>%
  mutate(grade = ifelse(ratio_child >= 40, "large",
                        ifelse(ratio_child >= 30, "middle", "small")))

# 미성년 비율 등급 빈도표
table(midwest$grade)

##
##  large middle  small
##     32    396      9
```

문제 4

```
midwest %>%
  mutate(ratio_asian = (popasian/poptotal)*100) %>%   # 백분율 변수 추가
  arrange(ratio_asian) %>%                            # 내림차순 정렬
  select(state, county, ratio_asian) %>%              # 변수 추출
  head(10)                                            # 상위 10행 출력

##     state     county ratio_asian
## 1      WI  MENOMINEE  0.00000000
## 2      IN     BENTON  0.01059210
## 3      IN    CARROLL  0.01594981
## 4      OH     VINTON  0.02703190
## 5      WI       IRON  0.03250447
## 6      IL      SCOTT  0.05315379
## 7      IN       CLAY  0.06071645
## 8      MI     OSCODA  0.06375925
## 9      OH      PERRY  0.06654625
## 10     IL      PIATT  0.07074865
```

170쪽 **혼자서 해보기**

Q1

```
table(is.na(mpg$drv))   # drv 결측치 빈도표 출력

##
## FALSE
##   234

table(is.na(mpg$hwy))   # hwy 결측치 빈도표 출력

##
## FALSE   TRUE
##   229      5
```

Q2

```
mpg %>%
  filter(!is.na(hwy)) %>%        # 결측치 제외
  group_by(drv) %>%              # drv별 분리
  summarise(mean_hwy = mean(hwy))  # hwy 평균 구하기

## # A tibble: 3 × 2
##     drv mean_hwy
##   <chr>    <dbl>
## 1     4 19.24242
## 2     f 28.20000
## 3     r 21.00000
```

정답

178쪽 **혼자서 해보기**

Q1

```
# 이상치 확인
table(mpg$drv)

##
##   4   f   k   r
## 100 106   4  24

# drv가 4, f, r이면 기존 값 유지, 그 외 NA 할당
mpg$drv <- ifelse(mpg$drv %in% c("4", "f", "r"), mpg$drv, NA)

# 이상치 확인
table(mpg$drv)

##
##   4   f   r
## 100 106  24
```

Q2

```
# 상자 그림 생성 및 통계치 산출
boxplot(mpg$cty)$stats

##        [,1]
## [1,]     9
## [2,]    14
## [3,]    17
## [4,]    19
## [5,]    26
```

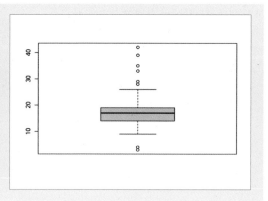

```
# 9~26 벗어나면 NA 할당
mpg$cty <- ifelse(mpg$cty < 9 | mpg$cty > 26, NA, mpg$cty)

# 상자 그림 생성
boxplot(mpg$cty)
```

Q3

```
mpg %>%
  filter(!is.na(drv) & !is.na(cty)) %>%   # 결측치 제외
  group_by(drv) %>%                        # drv별 분리
  summarise(mean_cty = mean(cty))          # cty 평균 구하기

## # A tibble: 3 × 2
##     drv mean_cty
##   <chr>    <dbl>
## 1     4 14.24742
## 2     f 19.47000
## 3     r 13.95833
```

정답

Q1

```
ggplot(data = mpg, aes(x = cty, y = hwy)) + geom_point()
```

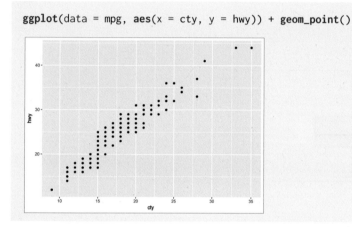

Q2

```
ggplot(data = midwest, aes(x = poptotal, y = popasian)) +
  geom_point() +
  xlim(0, 500000) +
  ylim(0, 10000)
```

✔참고 한 화면에 나타내기에 너무 큰 숫자는 지수 표기법(Exponential Notation)에 따라 표현됩니다. 위 그래프는 인구가 10만 단위를 넘기 때문에 x축이 지수로 표현되었습니다. '1e+05'는 '1 × 10의 5승', 10만을 의미합니다. 축을 정수로 표현하려면 options(scipen = 99)를 실행한 후 그래프를 만들면 됩니다. options(scipen = 0)를 실행하면 다시 지수로 표현됩니다. 설정한 옵션은 R 스튜디오를 재실행하면 원상 복구됩니다.

Q1

```
# mpg 데이터 불러오기
mpg <- as.data.frame(ggplot2::mpg)

# 평균 표 생성
df <- mpg %>%
  filter(class == "suv") %>%
  group_by(manufacturer) %>%
  summarise(mean_cty = mean(cty)) %>%
  arrange(desc(mean_cty)) %>%
  head(5)

# 그래프 생성
ggplot(data = df, aes(x = reorder(manufacturer, -mean_cty),
                      y = mean_cty)) + geom_col()
```

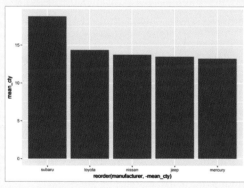

정답

Q2

```
ggplot(data = mpg, aes(x = class)) + geom_bar()
```

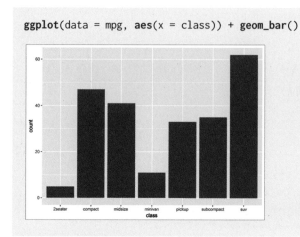

195쪽   **혼자서 해보기**

Q1

```
ggplot(data = economics, aes(x = date, y = psavert)) + geom_line()
```

Q1

```r
mpg <- as.data.frame(ggplot2::mpg)

class_mpg <- mpg %>%
  filter(class %in% c("compact", "subcompact", "suv"))

ggplot(data = class_mpg, aes(x = class, y = cty)) + geom_boxplot()
```

Q1

```r
mpg$tot <- (mpg$cty + mpg$hwy)/2            # 통합 연비 변수 만들기

df_comp <- mpg[mpg$class == "compact",]   # compact 추출
df_suv <- mpg[mpg$class == "suv",]        # suv 추출

mean(df_comp$tot)                          # compact의 tot 평균 산출
## [1] 24.21277

mean(df_suv$tot)                           # suv의 tot 평균 산출
## [1] 15.81452
```

정답

331쪽   **혼자서 해보기**

Q1

```
class(mpg$drv)                    # 타입 확인
## [1] "character"
```

Q2

```
mpg$drv <- as.factor(mpg$drv)   # factor로 변환
class(mpg$drv)                   # 타입 확인
## [1] "factor"
```

Q3

```
levels(mpg$drv)                   # 범주 확인
## [1] "4" "f" "r"
```

함수명

arrange()	125, 139, 149
as.data.frame()	106, 330
as.numeric()	329, 330
bind_rows()	125, 155
boxplot()	175, 336
c()	61
class()	213, 327
colnames()	296
colorRampPalette()	306
coord_flip()	237, 242, 257
cor()	304
cor.test()	303
count()	248, 257
data.frame()	86, 87
dim()	100, 103, 107
dygraph()	294
dyRangeSelector()	295
extractNoun()	268
factor()	326
filter()	125, 126, 136, 149
geom_bar()	192, 199, 243
geom_boxplot()	196, 199
geom_col()	190, 192, 199
geom_line()	194, 199
geom_point()	184, 185, 199
ggChoropleth()	282
ggplot()	70, 187, 227
ggplotly()	290
group_by()	125, 145, 149
head()	101, 106, 149
hist()	116
ifelse()	117, 119, 143
install.packages()	71
install_github()	284
is.na()	163
left_join()	125, 152
levels()	328
library()	73
load()	96
map_data()	282
max()	67, 147
mean()	67, 147
median()	147
min()	67, 147
mutate()	125, 142, 149
n()	147
na.omit()	166
paste()	68
prop.table()	248,
qplot()	73, 75, 119, 188
read.csv()	94, 97
read.spss()	210
read_excel()	90, 91
readLines()	266
rename()	110
reorder()	191
rm()	96
round()	247
rownames_to_column()	281
save()	96
scale_x_discrete()	259
sd()	147
select()	125, 134, 136
seq()	62, 74
set.seed()	270
str()	100, 103
str_replace_all()	268
sum()	147
summarise()	125, 145, 149
summary()	100, 104, 105
t.test()	300
table()	118, 163
tail()	100, 102, 106
tolower()	281
View()	100, 102
write.csv()	95
xlim()	185
xts()	294
ylim()	185

패키지명

corrplot	305
devtools	284
dplyr	110, 125, 148
dygraphs	293
foreign	210
ggiraphExtra	280
ggplot2	70, 106, 182, 198
KoNLP	265
kormaps2014	284, 286
plotly	181, 290
readxl	90
rmarkdown	310
stringi	284
stringr	268
tibble	281
wordcloud	270, 271

한글

가설 검정	299
결측치	162
결측치 대체법	168
공공데이터	344
관측치	104, 108, 185
구글 애널리틱스	341
그래프	27, 45, 181
극단치	174, 175, 197
극단치 경계	175
글로벌 옵션	54
기술 통계	299
난수	270
내장 함수	95, 318

네트워크 그래프	181	상관계수	303	중첩 조건문	119
논리 연산자	133	상관분석	303	지도 그래프	181
논리형 벡터	93	상관행렬	304	지도 시각화	19
단계 구분도	280	상수	59	추론 통계	299
더블 콜론	106	상자 그림	174, 196	축 범위	183, 185
데이터 구조	332	선 그래프	184, 194	치트 시트	198, 348
데이터 분석	17, 21, 23, 340	소셜 네트워크 분석	18	캐글	23
변환 함수	330	소스 창	38, 40	컬럼	81, 82
데이터 분석 도구	17, 21, 29	스크립트	40, 49	컴파일러	35
데이터 분석 보고서	309, 310	시계열 그래프	194, 293	케이스	82
데이터 분석 절차	212	아랫수염	175, 197	코드 청크	315
데이터 시각화	18, 340	어레이	332, 334	코드북	211
데이터 엔지니어링	340	에러 메시지	203	콘솔 창	39
데이터 저널리즘	345	엑셀 파일	89	콜론	62
데이터 전처리	125	연속 변수	325	텍스트 마이닝	18, 265
데이터 프레임	81, 85, 95, 333	열	81	통계 분석	17, 299
등호	60, 127	오픈 소스	25, 347	통계치	176
로	82	외부 데이터	89	파라미터	62, 68, 127
리스트	335	요약 통계량	104, 105	파생변수	113, 142
마크다운 문법	312, 314	요약 통계량 함수	147	파이썬	29, 349
막대 그래프	73, 119, 189	워닝 메시지	203	파이프 연산자	127
매개변수	68	워드 클라우드	270	파일 창	38, 44
매치 연산자	132	워킹 디렉터리	45, 48, 53	패키지	70
매트릭스	332, 333	웹 애널리틱스	341	프로그래밍 방식	28
머신러닝	18, 26, 70	윗수염	175, 197	프로젝트 옵션	54
명목 변수	326	유의확률	299	프롬프트	34
버블 차트	181	이미지 분석	19	함수	62, 66, 100
버티컬 바	130, 202	이상치	171	행	82
범주 변수	326	인덱스	35, 57, 319	형태소 분석	265
벡터	332	인덱싱	319	환경 창	38, 43
변수	43, 59, 81	인코딩	56, 205	할당 연산자	60
변수 검토	212, 216	인터랙티브 그래프	289	히스토그램	116
변수 타입	93, 325	인터프리터	35	히스토리 창	44
변수명	61, 110	자동 줄바꿈 옵션	54	히트맵	304
비정형 데이터	26	전처리	212		
빅데이터	84	정규 표현식	268		
빈도표	118, 120	정형 데이터	26	영문	
사운드 분석	20	조건문	115, 117		
산술 연산자	133	주석	57	Arithmetic Operators	133
산점도	183	주식 분석	19	Array	332, 334

Assignment Operators	60	Index	35, 57, 319	Soft-wrap	54
Bar Chart	189	Indexing	319	stats	176
Box Plot	196	Inferential statistics	299	t 검정	300
Case	82	Interactive Graph	289	Text mining	265
Categorical Variable	326	Interpreter	35	Time Series Chart	194
Cheat Sheet	198, 348	kaggle	23	t-test	300
Choropleth Map	280	Line Chart	194	USArrests 데이터	280
Code chunk	315	List	332, 335	Vactor	332
Codebook	211	Logical Operators	133	Variable	59, 81
Coercion Fuction	330	Logical Vectors	93	Vertical Bar	130
Column	81	Matching Operator	132	Web Analytics	341
Compiler	35	Matrix	332, 333	Word cloud	270
Constant	59	Missing Value	162	Working Directory	44, 45, 53
Continuous variable	325	Morphology Analysis	265		
Correlation Analysis	303	mpg 데이터	74, 101, 106		
Correlation Coefficient	303	NA	162	기호 및 숫자	
Correlation Matrix	304	Nominal Variable	326		
CRAN	26, 32	Numeric	108, 325, 326	!=	128, 133
CSV 파일	89, 93	Outlier	171	$	114, 337
Data Analytics	340	packages	45, 55, 70	%>%	127, 134, 136
Data Engineering	340	parameter	68	%in%	132, 133
Data Frame	81, 333	pipe operator	127	&	130, 133, 165, 320
Data Journalism	345	Project Options	54	:	62
Data Preprocessing	125	prompt	34	::	106
Data Structures	332	p-value	299, 301	[]	318, 337
Data Visualization	340	python	29	\ \ W	268
Derived Variable	113	R	17, 21	|	130, 133
Descriptive statistics	299	R GUI	34	<	133
dplyr 함수	125, 136, 149	R Markdown	45, 309	<-	43, 60, 132
economics 데이터	194, 293	R 그래프	181	<=	133
Encoding	56	R 다운로드	32	==	133
Factor	94, 156, 326	R 마크다운	55, 309, 311	>	133
Global Options	54, 55	R 스튜디오	32, 36, 38	>=	133
Google Analytics	341	R 스튜디오 다운로드	36	1사분위수	105, 175, 197
Graph	181	RDS 파일	96	2사분위수	175, 197
GUI 방식	28	Regular Expression	268	3D 그래프	181
heat map	305	Reproducibility	28, 309	3사분위수	105, 175, 197
Help 함수	45, 76, 108	Row	82		
IDE	32	Scatter Plot	183		
Imputation	168	Significance probability	299		

Basic Programming Course

B 기초 프로그래밍 코스

Do it!
점프 투 파이썬 — 전면 개정판

하루 한 시간이면 당신도 프로그램을 만들 수 있다!
초보자의 마음을 가장 잘 이해하고, 프로그래밍의 재미를 알려주는 책

난이도 ● 박응용 지음 | 18,800원

파이썬
분야
1위!

Do it!
C 언어 입문

실무 20년, 현업 프로그래머가
초보자를 위해 엮었다!

난이도 ● 김성엽 지음 | 25,000원

Do it!
자바 프로그래밍 입문

개발 10년, 강의 10년! 명강사의
기초 튼튼 코딩 밥상!

난이도 ● 박은종 지음 | 25,000원

Do it!
자료구조와 함께 배우는
알고리즘 입문 — C 언어 편

263개의 도해와 114개의 예제로
자료구조와 알고리즘을 쉽게 배운다!

난이도 ● ● 시바타 보요 지음 | 22,000원

Do it!
자료구조와 함께 배우는
알고리즘 입문 — JAVA 편

220개의 도해와 88개의 예제로
꼼꼼한 코드 설명과 그림으로 이해하기 쉽다!

난이도 ● ● 시바타 보요 지음 | 22,000원

Do it!
자료구조와 함께 배우는
알고리즘 입문 — 파이썬 편

213개의 그림과 136개의 실전 예제로
빠르고 쉽게 배운다!

난이도 ● ● 시바타 보요 지음 | 22,000원

Do it!
파이썬 생활 프로그래밍

뼛속까지 문과생인 지리학 박사가 집필한
파이썬 생활 프로그래밍 책!

난이도 ● ● 김창현 지음 | 20,000원

● 문과생과 비전문가도 보는 책   ● ● ● / ● ● ● ● 해당 분야의 이해가 조금 필요한 책

프로그래머들은 기계를 어떻게 훈련시킬까?

결코 변하지 않을 '인공 지능, 기계 학습의 작동 원리'를 파악하라!

구글 엔지니어링 팀 수석 리더가 전하는 인공 지능의 비밀

기계는 어떻게 생각하는가?

알파고부터 자율 주행차까지! 기계 학습 구현 사례와 작동 원리

HOW SMART MACHINES THINK

마이크로소프트 CTO 케빈 스콧 강력 추천!

숀 게리시 지음 | 이수겸 옮김 **이지스퍼블리싱**

숀 게리시 지음 | 448쪽 | 18,000원

자율 주행차, 넷플릭스, 게임 에이전트, IBM 왓슨, 알파고

다섯 가지 대표 사례로 인공 지능과 기계 학습의 원리를 배운다!

비전공자도 쉽게 이해할 수 있는 언어로 설명했다!

복잡하고 어려운 개념 용어는 그림과 각주로 친절하게 설명한다!

인공 지능 분야 진출을 꿈꾸는 **프로그래머**

기술 혁신을 알아야 할 **비즈니스 리더**

인공 지능, 기계 학습 관련 뉴스를 읽고 싶은 **독자** 모두에게 추천!